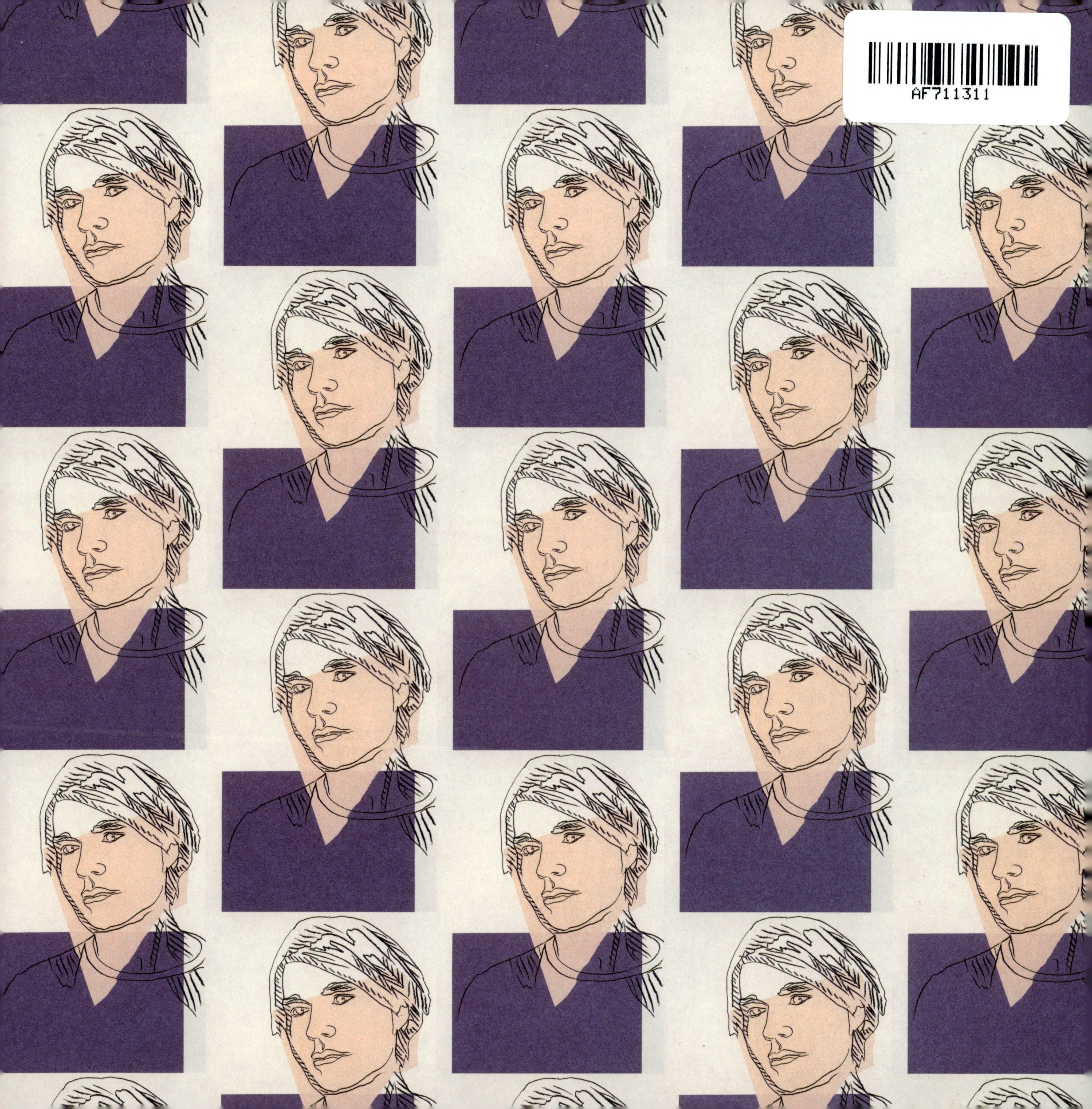

ANDY WARHOL

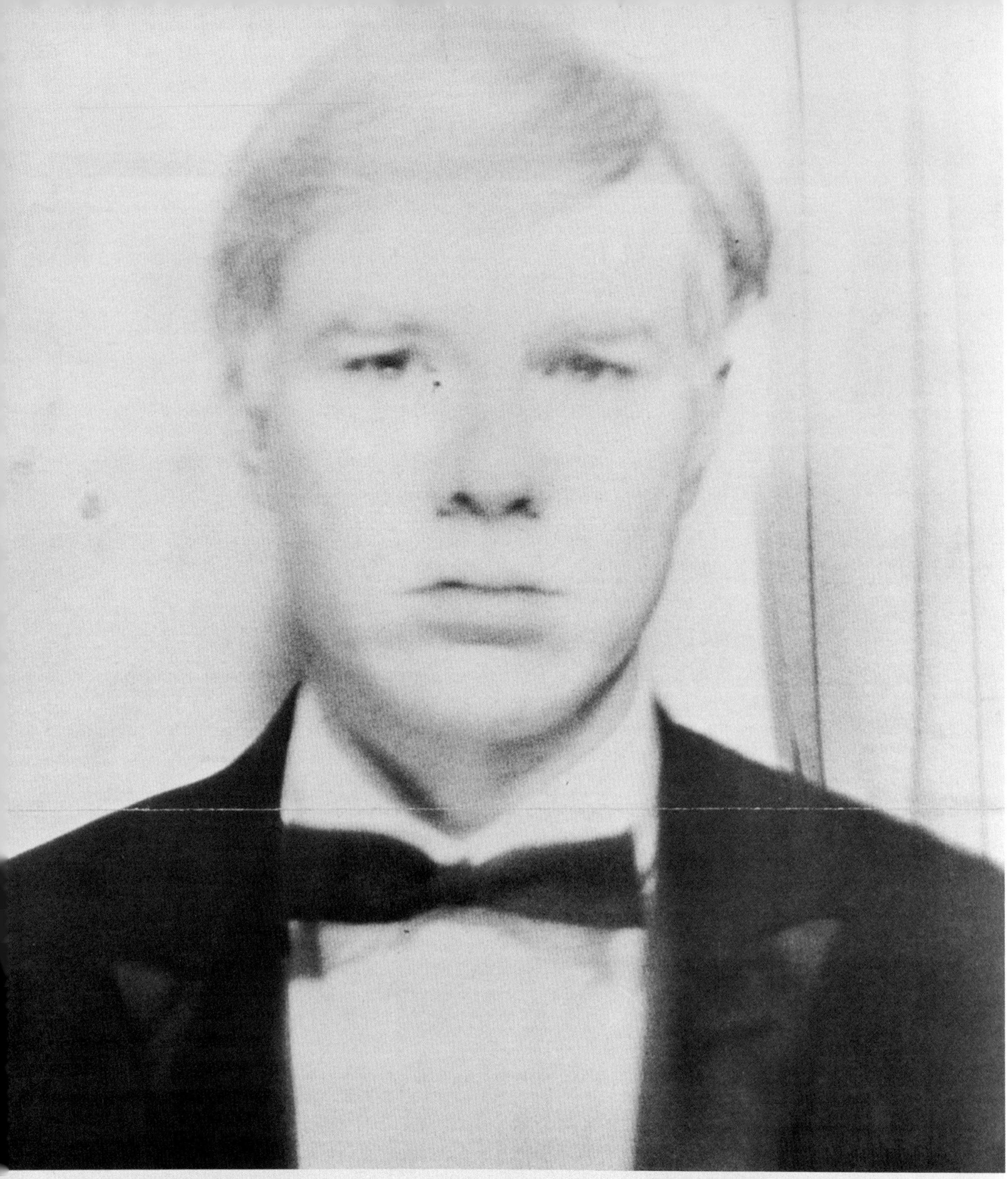

Photo & text by G. R. Swenson

THE PERSONALITY OF THE ARTIST

An understanding of the works of Angus Sinclair, the late Scottish philosopher, might be helpful in understanding the paintings and boxes of Andy Warhol, although the artist might deny it. As for Warhol's images, we ought to be wary of reading any articulated philosophy into them. If anything, these objects on canvas and store boxes speak the "language in which inanimate things speak" (the language Hofmannsthal's Lord Chandos wanted to learn). "I want to be a machine," the painter has said, misleading many; his work does suppress those symptoms of modern art — personality and creativity — which have been sanctified to the point of blasphemy.

Art criticism has been as resistant to allowing the object to *make* feelings as most psychiatrists have been to allowing, for example, the head of government as a source for personal neurosis (except psychoanalytically through identification, a childhood fear of sexual authority, etc.). The paintings and boxes of Warhol *are* feelings, as much as paint in Abstract-Expressionist painting is paint; the artist's works have almost nothing to do with his white streaked hair or his pale skin.

Sinclair, in the "Sensations, Perceptions, Feelings, Emotions and Things" chapter of *Conditions of Knowing*, states that "experiencing things and objects as things and objects is the outcome of holding certain attitudes, and to hold and apply these requires a constant effort." That suggests an attitude to which few of us have come. Sinclair, in a footnote, suggests that we could probably develop a sensitivity to radar if it became necessary. To try to understand works of art which are not the result of personality may make us aware of an analogous need.

With a touch of prescience, Warhol's specific art has provided us with a means of seeing and feeling a place (things) which we have not seen and possibly have not sensed before.

APRIL 21 - MAY 9 OPENING 5-7, APRIL 21 STABLE GALLERY 33 EAST 74TH STREET, NEW YORK

Dietmar Elger (Hrg. / Ed.)

ANDY WARHOL

SELBSTPORTRAITS / SELF-PORTRAITS

Hatje Cantz

6 **VORWORT**
8 FOREWORD

10 **ANDY WARHOLS MASKEN**
21 ANDY WARHOL'S DISGUISES
Robert Rosenblum

31 **ANDY WARHOL. DER FOTOAUTOMAT ALS PORTRAITSTUDIO**
45 ANDY WARHOL. THE PHOTOMAT SELF-PORTRAITS
Keith Hartley

55 **KONSTRUKTION EINES POP-IMAGES**
73 THE CONSTRUCTION OF A POP IMAGE
Roland Wäspe

94 **DIE BESTE AMERIKANISCHE ERFINDUNG ÜBERHAUPT – EINFACH VERSCHWINDEN ZU KÖNNEN**
119 THE BEST AMERICAN INVENTION – TO BE ABLE TO DISAPPEAR
Dietmar Elger

143 **BIOGRAFIE**
144 BIOGRAPHY

145 **DANK / LEIHGEBER**
145 ACKNOWLEDGEMENTS / LENDERS

146 **LISTE DER AUSGESTELLTEN WERKE**
146 LIST OF EXHIBITED WORKS

153 **FOTO- UND BILDNACHWEIS**
153 PHOTO AND IMAGE CREDITS

VORWORT

Andy Warhol gehört zu den populärsten und meistausgestellten Künstlern des 20. Jahrhunderts. Sein Werk und sein Auftreten in der Öffentlichkeit sind zum Inbegriff der amerikanischen Pop Art geworden. Warhol hatte bereits eine erfolgreiche Karriere als Werbegrafiker hinter sich, als er Anfang der sechziger Jahre begann, kommerzielle Motive und industrielle Techniken wie den Siebdruck in die Kunst zu übertragen. Kein anderer Künstler hat es so wie Andy Warhol verstanden, Motiven aus den Massenmedien eine malerische Präsenz zu verleihen. Seine Portraits, »Disaster«-Serien und »Brillo«-Boxen wurden zu den Leitbildern eines ganzen Jahrzehnts. Die in Siebdruckgemälden endlos wiederholten Darstellungen von Marilyn Monroe, Liz Taylor und Elvis, von Campbell's-Suppendosen, der trauernden Jackie, elektrischen Stühlen oder der Mona Lisa haben unseren Blick für die Welt der Medien und des Konsums geschärft. Dabei ist Warhols Position durchaus ambivalent. Während er in den frühen sechziger Jahren als distanzierter Beobachter der Gesellschaft und der Medien begonnen hatte, entwickelte sich Warhol später mehr und mehr zu einer ihrer treibenden Kräfte und wurde schließlich selbst zum Star. Die dabei entstandenen ebenso charismatischen wie enigmatischen Selbstportraits sind unmittelbarer Reflex dieser Entwicklung.

Andy Warhol hat sich seit seiner Jugend in Zeichnungen, Gemälden und Fotografien immer wieder selbst dargestellt. Die letzten Selbstportraits entstanden nur wenige Monate vor seinem frühen Tod im Februar 1987. Wie nur ganz wenige Künstler des 20. Jahrhunderts war Warhol auch eine öffentliche Person, deren Image und Aura die Menschen ebenso sehr interessierte und faszinierte wie sein Werk. Die Selbstportraits markieren hierbei tatsächlich die Schnittmenge zwischen der Medienfigur Andy Warhol und seinem künstlerischen Schaffen. Für das Verständnis von beiden sind sie deshalb von zentraler Bedeutung. Angesichts der zahlreichen Ausstellungsprojekte zu dem Künstler, die neben umfangreichen Retrospektiven scheinbar keinen Aspekt seiner Arbeit ausgelassen haben, erscheint es umso erstaunlicher, dass sich bislang noch keine Ausstellung dem Thema von Andy Warhols Selbstportraits zugewandt hat. Unsere Präsentation kann nicht nur ungewöhnlich zahlreiche und auch für Kenner des Werkes überraschend vielfältige Selbstportraits aus vierzig Jahren künstlerischer Arbeit zeigen. Die thematische Konzentration ermöglicht es dem Betrachter auch, die Werke und Warhols spezifische Rolle als Kunst- und Medienstar präziser zu betrachten und beide intensiver zu diskutieren, als dies bislang möglich war.

Dietmar Elger hat die Idee zu der Ausstellung bereits 1997 entwickelt und das Projekt seitdem hartnäckig vorangetrieben. Ohne die großzügige Bereitschaft zahlreicher öffentlicher und privater Leihgeber, uns ihre wertvollen Werke von Andy Warhol anzuvertrauen, wäre diese Ausstellung nicht möglich gewesen. Bei ihnen wie bei all jenen, die uns bei den Vorbereitungen unterstützt haben, möchten wir uns ganz herzlich bedanken. Ihrem Engagement ist es zu verdanken, dass zahlreiche Schlüsselwerke zu dem Thema in der Ausstellung gezeigt werden können. Wir sind vor allem dem Andy Warhol Museum in Pittsburgh und der Andy Warhol Foundation in New York verbunden, ebenso wie der Sammlung Brandhorst, Sammlung Froehlich, Pamela and Richard Kramlich, Marsha and Jeffrey Perelman, James Warhola, Collection van Zon und jenen privaten Sammlern, die namentlich nicht genannt werden möchten. Wir danken den Galerien und Kunsthändlern Thomas Ammann Fine Art, Zürich; Galerie Bruno

Bischofberger, Zürich; Galerie Daniel Blau, München; Jablonka Galerie, Köln; Anton Kern Gallery, New York; Neal Meltzer Fine Art, New York; Nolan/Eckman Gallery, New York; Van de Weghe Fine Art, New York und ganz besonders Anthony d'Offay, London.

Aus den folgenden öffentlichen und privaten Museen durften wir auf großzügige Leihgaben zählen: Tate, London; Wilhelm-Hack-Museum, Ludwigshafen am Rhein; Pinakothek der Moderne, München; Städtische Galerie im Lenbachhaus, München; Philadelphia Museum of Art, Philadelphia; Fondation Beyeler, Riehen/Basel; Musée d'art moderne, Saint-Etienne; National Gallery of Art, Washington, D.C.

Wir freuen uns besonders, dass sich drei Museen in drei europäischen Ländern für diese Ausstellung zusammengefunden haben und ihre Interessen und ihre Mittel bündeln konnten, um ein einzigartiges Projekt zu verwirklichen, das in enger Partnerschaft von privaten und öffentlichen Institutionen entstand. Wir sind ausdrücklich den Stiftungen und Unternehmen verbunden, die unser ehrgeiziges Ziel zu ihrem eigenen gemacht und durch ihre großzügige finanzielle Unterstützung die Realisierung der Ausstellung ermöglicht haben. Die Präsentation in St. Gallen wird unterstützt von der Alexander Schmidheiny Stiftung, dem Lotteriefonds des Kantons St. Gallen, der Stadt St. Gallen, der Bank CA St. Gallen, der Helvetia Patria Versicherungen, Basel und St. Gallen und der Raiffeisen-Gruppe Schweiz, in Hannover von der Niedersächsischen Lottostiftung und der Hannover Marketing Gesellschaft. Schließlich möchten wir den Mitarbeitern in den drei Museen für ihr Engagement bei der Vorbereitung und der Vermittlung der Ausstellung unseren herzlichen Dank aussprechen.

Roland Wäspe
Kunstverein St. Gallen
Kunstmuseum

Prof. Dr. Ulrich Krempel
Sprengel Museum Hannover

Sir Timothy Clifford
National Galleries of Scotland

FOREWORD

Andy Warhol is one of the most popular and widely exhibited artists of the twentieth century. His art and his public image have become practically synonymous with American Pop Art. Warhol had already established himself as a successful commercial artist by the early sixties, when he began transposing commercial motifs and industrial techniques – among them the silkscreen printing process – into art. No other artist before or since has succeeded in imbuing images from the mass media with such striking painterly presence. His portraits, *Disaster* series and Brillo boxes became guiding symbols of an entire decade. Presented in endless repetition in silkscreen paintings, the images of Marilyn Monroe, Liz Taylor and Elvis, Campbell's soup cans, the grieving Jackie Kennedy, electric chairs and the *Mona Lisa* have sharpened our eye for the world of the media and mass consumption. Yet Warhol's position is highly ambivalent. Having begun as a detached observer in the early sixties, he later became one of the driving forces of his time and a society and media star in his own right. The equally charismatic and enigmatic self-portraits done during those years mirror that development.

Andy Warhol produced numerous self-portraits in drawings, paintings and photographs dating back to his youth. The last self-portraits were completed only months before his untimely death in February 1987. More than most twentieth-century artists, Warhol was also a public figure whose image and aura interested and fascinated people as much as his art. Indeed, the self-portraits represent the common ground shared by Warhol the media celebrity and Warhol the artist, and thus they are crucial to our understanding of both. In light of the many exhibition projects devoted to Andy Warhol, including major retrospective surveys and theme-based shows highlighting virtually every aspect of his work, one is astonished to realise that no previous exhibition has focused specifically on the self-portraits. Our presentation features an unusually broad range of self-portraits whose diversity is surprising even to those familiar with Warhol's oeuvre. By narrowing the perspective to this single theme, the exhibition also enables viewers to examine the works and Warhol's role as an art and media celebrity more closely and to discuss both with greater insight than has ever been possible before.

Dietmar Elger developed the idea for this exhibition in 1997 and has pursued the project tenaciously ever since. This show would not have been possible without the generous support of the many public and private lenders who have entrusted us with valuable works by Andy Warhol. We wish to thank them as well as everyone who provided support during the preparation phase. Their commitment has enabled us to present numerous key works of relevance to the theme in this exhibition. We are grateful above all to the Andy Warhol Museum in Pittsburgh and the Andy Warhol Foundation in New York, to the Sammlung Brandhorst, the Sammlung Froehlich, Pamela and Richard Kramlich, Marsha and Jeffrey Perelman, James Warhola, the Collection van Zon and to the private collectors who wish to remain anonymous. Thanks are due as well to a number of galleries and art dealers: Thomas Ammann Fine Art, Zurich; Galerie Bruno Bischofberger, Zurich; Galerie Daniel Blau, Munich; Jablonka Galerie, Cologne; Anton Kern Gallery, New York; Neal Meltzer Fine Art, New York; Nolan/Eckman Gallery, New York; Van de Weghe Fine Art, New York; and especially Anthony d'Offay, London. We were also able to rely on generous loans of works from the following public and private museums: Tate, London; the Wilhelm-Hack-Museum, Ludwigshafen am

Rhein; the Pinakothek der Moderne, Munich; the Städtische Galerie im Lenbachhaus, Munich; the Philadelphia Museum of Art, Philadelphia; the Fondation Beyeler, Riehen/Basel; the Musée d'art moderne, Saint-Etienne; and the National Gallery of Art, Washington, D.C.

We are especially pleased that three museums in European countries have joined forces for this exhibition and succeeded in consolidating their interests and resources in the interest of realising a unique project developed in close partnership involving private and public institutions. We are particularly grateful to the foundations and corporate organisations that embraced our ambitious goal and provided the generous financial support that was necessary to realise the exhibition. The sponsors of the presentation in St. Gallen are the Alexander Schmidheiny Stiftung, the Lotteriefonds des Kantons St. Gallen, the City of St. Gallen, the Bank CA St. Gallen, the HelvetiaPatria Versicherungen, Basel and St. Gallen, and the Raiffeisen-Gruppe, Switzerland. The show in Hannover is being sponsored by the Niedersächsischen Lottostiftung and the Hannover Marketing Gesellschaft. Last but not least, we wish to thank the staffs of the three museums for their commitment and effort in preparing and presenting the exhibition.

Roland Wäspe
Kunstverein St. Gallen
Kunstmuseum

Prof. Dr. Ulrich Krempel
Sprengel Museum Hannover

Sir Timothy Clifford
National Galleries of Scotland

ANDY WARHOLS MASKEN

Robert Rosenblum

Von Selbstportraits erwartet man gewöhnlich, dass sie die persönliche Seite eines Künstlers zeigen, so wie Briefe oder Tagebücher. Wenn sich Rembrandt, Vincent van Gogh oder Pablo Picasso malten – so die herkömmliche Vorstellung –, erforschten sie mit unzensierter, erschütternder Offenheit ihr Spiegelbild oder jenes Bild, das sie vor ihrem inneren Auge von sich sahen. Allzu oft allerdings trügt diese Annahme. Künstler lieben es, wie Schauspieler in Rollen zu schlüpfen: der zuversichtliche Jüngling, der bange Liebhaber, der gereifte Weltmann, der Greis im Schatten des Todes. Selbstportraits sind stets auch Inszenierungen, selbst wenn sie vorgeben, einen Blick auf die Seele ihres Schöpfers zu werfen. Jean Cocteau hat diese Problematik auf den Punkt gebracht. In der Blütezeit des Kubismus zeichnete er eine Serie von Selbstportraits, in der er seine Kleidung, Frisur und Ohren bis ins kleinste Detail wiedergibt. Der ovale Umriss des Gesichts bleibt jedoch unausgefüllt – keine Augen, keine Nase, kein Mund, nur eine eiförmige Kontur (Abb. S. 21). Noch hat der Künstler die fehlende Maske der Selbstenthüllung nicht aufgesetzt; und uns bleibt nichts übrig, als uns auszumalen, wer diese interessante Persönlichkeit denn sein könnte, die uns hier ihr Gesicht als eine völlige Leere präsentiert. Am Ende wissen wir alles und nichts. Wie jedes andere künstlerische Werk auch ist das Selbstportrait eine Fiktion, unabhängig davon, ob es als Offenbarung konzipiert ist oder etwas verbergen soll. Trotzdem kann die Wahl einer bestimmten fiktionalen Darstellungsweise Rückschlüsse auf die Künstlerpersönlichkeit zulassen, die sie angewendet hat: Cocteaus Weigerung, seine Gesichtszüge auszuführen, spricht Bände über sein unnahbares, rätselhaftes Wesen. Die Deutung eines Selbstportraits hat eine gewisse Ähnlichkeit mit der Psychoanalyse: Was der Künstler bewusst als Abbild seiner Physiognomie oder seiner Emotionen darstellt, erweist sich nicht selten als Lüge. Jede Lüge kann aber wiederum der Schlüssel zu einer verborgenen Wahrheit sein.

Eine solche allgemeine Einleitung kann helfen, die endlosen Widersprüche von Andy Warhols Selbstportraits besser zu verstehen. Bisweilen geben sie alles über den Künstler preis – und lassen uns doch mit leeren Händen zurück. Warhol kann in ein und demselben Werk verletzlich und gefühlskalt, oberflächlich und gedankentief wirken. Mehr als alles andere sind diese Selbstbildnisse eine Sammlung theatralischer Masken, die sich sogar dann, wenn sie den Betrachter mit erschreckender Intensität anzustarren scheinen, unserem forschenden Blick entziehen. Schon als einundzwanzigjähriger Student in Pittsburgh begann Warhol, die Möglichkeiten zwischen einer anrührend intimen und vollkommen künstlichen Wirkung des Selbstportraits auszuloten. Einige Zeichnungen (Abb. S. 13, 14) und ein Gemälde von 1948, mit denen er sich (erfolglos) für die Jahresausstellung Pittsburgher Künstler bewarb, zeigen ihn mit dem Finger in der Nase. Aus dem Titel der Werkgruppe spricht die jugendliche Begeisterung für alles, was gegen die guten Sitten verstößt: »The Broad Gave Me My Face, but I Can Pick My Own Nose«. Das Nasenbohren mag ein weit verbreiteter Zeitvertreib sein, wurde bis dahin aber wohl noch nie auf einem Selbstportrait verewigt und wirkt, in aller Öffentlichkeit betrieben, garantiert noch unverschämter. Diese Bilder sind eine seltsame Mischung: Sie stellen eine heimliche Handlung zur Schau und sind zugleich eine selbstbewusste Herausforderung des Publikums. Die Kombination erinnert an Egon Schieles Masturbationsbilder, die den Betrachter durch ihren spektakulär inszenierten, aber ultraprivaten Sexualakt verunsichern – viel stärker

als erotische Tagebuchblätter in verschlossenen Schränken. Warhol bietet dem Betrachter so von Anfang an eine widersprüchliche Balance zwischen größter Intimität und kalkulierter Provokation.
Als die Pop Art in den sechziger Jahren ihren Siegeszug antrat, stilisierte sich Warhol als Shootingstar, als glamouröse, von den Paparazzi gejagte Berühmtheit. Den Anstoß dafür gab die Sammlerin Florence Barron, als sie 1963 ein Selbstportrait bei Warhol bestellte. Mit dieser überraschenden und brillanten Idee kehrte Barron die traditionellen Rollen von Künstler und Auftraggeber um. Darüber hinaus geriet durch die Auftragssituation auch die landläufige Vorstellung ins Wanken, dass der Künstler sich in Selbstbildnissen freiwillig zur Schau stellt. Warhol meisterte die Herausforderung, indem er eine Bildserie nach Automatenfotos (Abb. S. 28) lieferte. Er hatte die praktische Maschine in jenem Jahr bereits für Portraits der Sammlerin Ethel Scull und des Kabarettisten Bobby Short eingesetzt. Zeitgleich mit dem Barron-Auftrag entstanden außerdem im selben Format Bilder von Judith Green, einer Dame der New Yorker High Society. Die Ähnlichkeit beider Werke verhinderte, dass dem Selbstportrait hier eine besondere, persönliche Qualität zugesprochen werden konnte. Vielmehr schien es, als habe sich der Künstler eher zufällig als Modell gewählt. Die Serien über Warhol und Green sind beide reines Theater. Warhol präsentiert sich wie die Prominenten, mit denen er sich zunehmend umgab. Er trägt eine Sonnenbrille, posiert für die Kamera, löst wie in einer gerafften kleinen Filmepisode seine Krawatte und öffnet sein Hemd. Mit der künstlichen Farbigkeit der Bilder – »Minze« oder »Lavendel« trifft es vielleicht am besten – wird der Eindruck, es handele sich um Probeaufnahmen aus Hollywood, noch zusätzlich betont. Indem er sich mit den Schönen und den Reichen gleichsetzt, erzählt Warhol ebenso wenig von sich, wie seine früheren Starportraits von Marilyn Monroe oder Elizabeth Taylor als Personen verraten. Natürlich kann die glamouröse Aufmachung des Portraitierten auch als ein Eingeständnis gewertet werden: Sie verrät et-

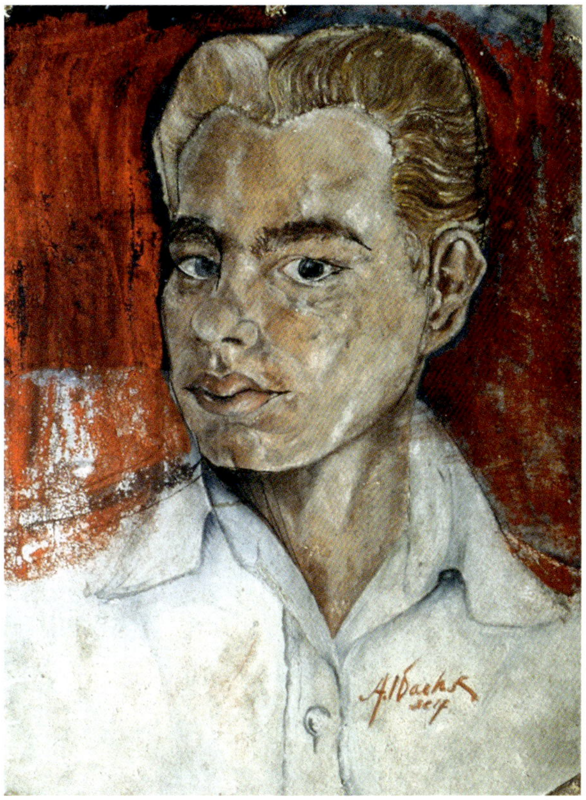

Self-Portrait, ca. 1945
Gouache auf Karton / Gouache on cardboard
38,1 x 30,5 cm
Warhola Family Collection, Pittsburgh

was über die Ambitionen des Künstlers im Jahr 1963, von seinem Wunsch, ein Star zu werden, der in der Öffentlichkeit in den Gesellschaftsfotos der *Yellow Press* auftaucht, als Privatperson aber unsichtbar bleibt. In einer weiteren Selbstportraitserie von 1964 (Abb. S. 33–37) scheint diese Maske zu fallen, zumindest auf den ersten Blick. Der Künstler steht uns zwar unmittelbar gegenüber, vermeidet jedoch erneut den Augenkontakt. Das Kinn ist nach vorn gestreckt und der Kopf leicht zurückgelehnt, als ob Warhol der direkten Konfrontation mit dem Betrachter entgehen wolle. Es scheint ihm geradezu schmerzhaft unangenehm, sich dem Publikum zu stellen. Die perfekte Symmetrie der Pose, unterstrichen durch die parallelen Bögen des T-Shirt-Ausschnitts und des Schattens unter dem Kinn, verleiht diesem Bild trotz aller Jugendlichkeit eine zeitlose, ikonische Qualität. Es erinnert an die Köpfe der Heiligenfiguren auf Goldgrund, die Warhol als Kind auf dem Ikonostas von St. John Chrysostom in Pittsburgh gesehen hatte, jener griechisch-orthodoxen Kirche, die seine Familie regelmäßig besuchte. Wie mit den Automatenfotos forderte Warhol auch durch Wiederholungen der Motive die Tradition des Selbstportraits heraus, die immer von der Enthüllung eines einzigartigen Individuums handelte. Nicht nur Marilyn Monroe oder Troy Donahue, auch Andy Warhol kann unendlich reproduziert werden. Sein Gesicht wird zur Schablone für eine Vielzahl von Bildern in unterschiedlichen Formaten und mit verschiedenfarbigen Hintergründen. Sein Bild gleicht den Prominentenfotos, wie sie endlos von den Druckmaschinen ausgestoßen werden. Für eine große Wanderausstellung, die 1978 im Kunsthaus Zürich und im Louisiana Museum im dänischen Humlebæk gezeigt wurde, entwarf Warhol sogar eine Tapete. Statt der Blumen und Kühe, deren Motive seine Ausstellungsräume zuvor bedeckt hatten, prangte nun der Kopf des Künstlers in tausendfacher Ausfertigung auf den Wänden der Museen. Dies war ein weiterer Hieb gegen das Individualitätsdogma bei Selbstbildnissen. Andy Warhol wollte sein Gesicht zeitlebens in ein Markenzeichen mit globalem Wiedererkennungswert verwandeln. Dieses Streben wurde posthum von einem grandiosen Erfolg gekrönt: Im Jahr 2002 gab die amerikanische Post eine 37-Cent-Briefmarke mit einem seiner Selbstportraits von 1964 heraus, zum Gedenken an den internationalen Erfolg des verstorbenen Künstlers. Nun wurde das Bild des jungen Warhol tatsächlich zum Markenzeichen und ging auf Millionen Briefumschlägen um die Welt.

Die Selbstportraitserie der Jahre 1966/1967, hier unter anderem vertreten durch vier großformatige Werke (Abb. S. 47–51), ist gleich jener von 1964 eine paradoxe Mischung aus Nähe und Distanz, Intimität und Gleichgültigkeit. Warhols linke Hand stützt Kinn und Mund und verdeckt beide zugleich wie ein Fächer. Seine Körpersprache vermittelt jene kontemplative Stimmung, welche man von einem Selbstportrait erwartet. Doch bemerken wir schnell, dass Warhol nicht der Betrachtete, sondern der Betrachter ist. Jeder, der vor das Bild tritt, wird mit kühlem Blick gemustert. Vertraulichkeit ist hier eine Illusion. Gleichsam als letzte Bekräftigung liegt die rechte Gesichtshälfte im Schatten. Also bleibt uns als Anknüpfungsmöglichkeit nur noch ein Auge, und auch das liegt halb im Dunkeln. Darüber hinaus beherrschen die Neonfarben und Schattenmuster in vielen Fassungen das Portrait so, dass sich die Form von Warhols Kopf aufzulösen scheint. Man hat den Eindruck, einer körperlosen Gestalt gegenüberzustehen, die uns anstarrt, ohne unseren Blick zu erwidern. Typisch für Warhol ist, dass er seinen Kopf wie ein unpersönliches Motiv behandelt und mit diesem in einer fast abstrakten Weise mit verschiedenen Farb-, Licht- und Schattenwerten experimentiert. Damit rücken die Selbstportraits, aufgelöst in Farbströme, in die Nähe bekannter Serien der Moderne. Claude Monets Lichtstudien der Kathedrale von Rouen oder Mark Rothkos atmosphärische Farbflächen hatten gerade in den sechziger Jahren großen Einfluss auf eine junge Künstlergeneration. Es ist durchaus vorstellbar, dass Warhol diese Vorbilder mit seinen Selbstportraits (und anderen Motiven, von den Campbell's-Suppendosen bis zu den Mao-Portraits) aufgreifen und neu interpretieren wollte. In einem Selbstbildnis von 1967 (Abb. S. 49), in dem sich ein Orangerot wie ein Sonnenuntergang über der eisblauen, schemenhaften Gestalt ausbreitet, treten die abstrakten Elemente so deutlich hervor, dass sie die menschliche Figur wie unter einem Tarnmuster verdecken. Diese Strategie sollte Warhol am Ende seines Lebens noch bewusster einsetzen. Ein Tarneffekt ergibt sich auch in einem anderen Selbstportrait des Jahres 1967 (Abb. S. 51). Hier wird die Dreiviertelansicht diagonal von den Kontrastfarben Türkis und Lila geteilt, ein so dominantes, abstraktes Muster, dass das Auge des Portraitierten wie mit einer scharfen Klinge gewaltsam von Nase und Mund getrennt wird.

Warhols unerschöpfliches Repertoire an Techniken, sich zu verbergen, umfasst auch einige verschwommene, sich in drei Schichten überlagernde Selbstportraits (Abb. S. 78, 79). Wie bei futuristischen Werken hat hier nichts seinen festen Platz. Wenn wir beispielsweise

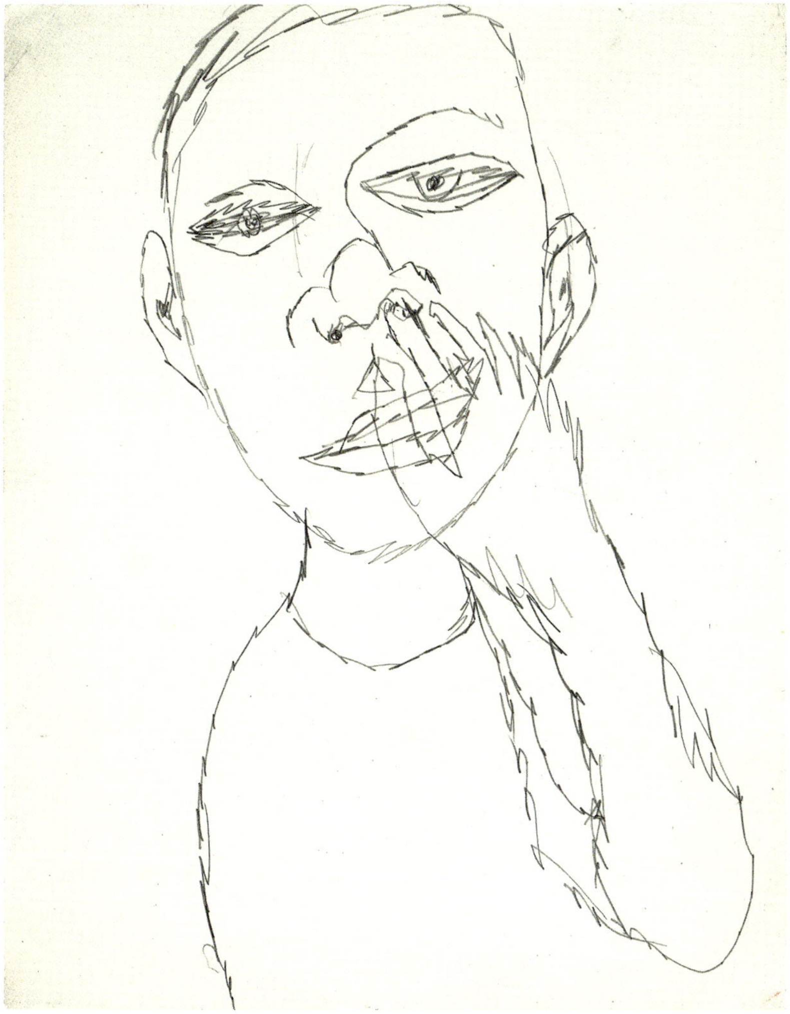

39 Upper Torso Boy Picking Nose, 1948/1949
Grafit auf Papier / Graphite on paper
27,9 x 21,6 cm

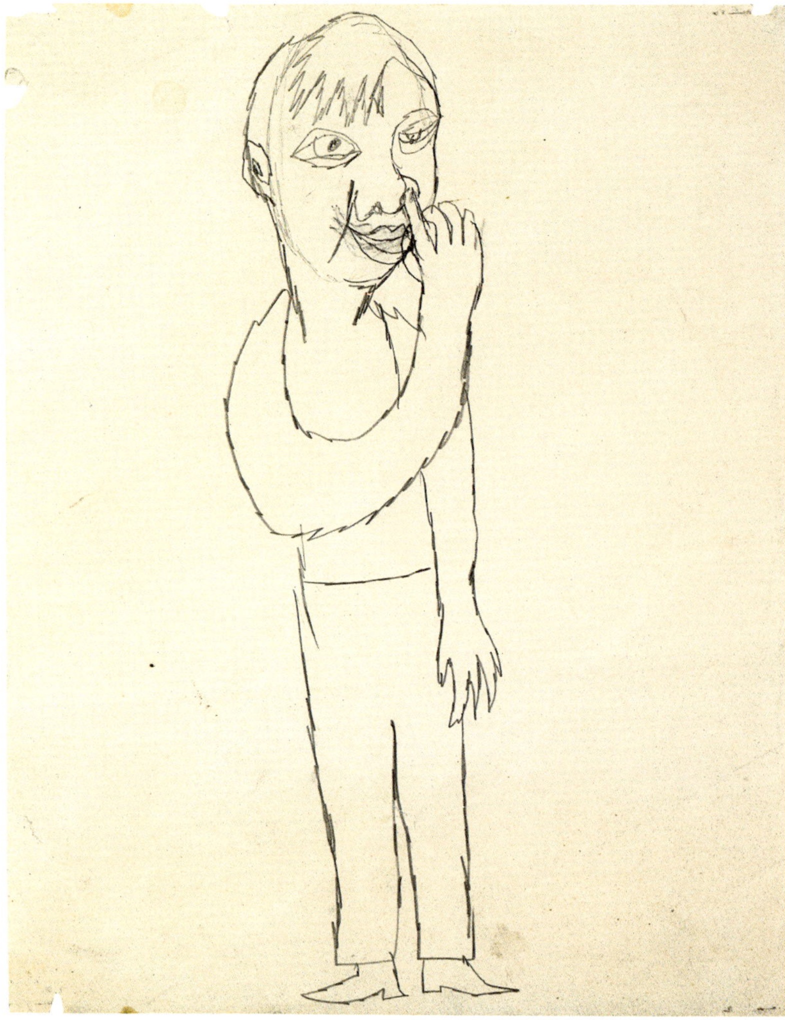

40 Full Figure Boy Picking Nose, 1948/1949
Grafit auf Papier / Graphite on paper
27,9 x 21,6 cm

versuchen, mit dem obersten Augenpaar Kontakt aufzunehmen, fordern sogleich auch die anderen Augenpaare unsere Aufmerksamkeit, während sich die Köpfe vor- und zurückzubewegen scheinen. Wieder löst sich die physische und emotionale Gegenwart des Künstlers ins Ungreifbare auf. Fleisch wird Geist, Stoff wird Schatten – dieses Leitmotiv wird in einer weiteren Serie von Selbstportraits aus dem Jahr 1981 mit besonderer Klarheit herausgearbeitet. Die in Dreiviertelansicht gezeigte Figur Warhols wirft einen langen Schatten im Profil, der offenbar mehr Substanz hat als der vom Bildrand abgeschnittene Kopf (Abb. S. 112–117). Von diesem Schatten geht eine starke Wirkung aus: Er symbolisiert die geheimnisvollen Kräfte des Künstlers. Warhol folgt hier den Spuren Pablo Picassos, eines anderen genialen Dichters am Mythos der eigenen Person. Picasso hat sich häufig im körperlosen, idealisierten Profil dargestellt und in den späten zwanziger Jahren sogar seine Silhouette an der Wand fotografiert (Abb. rechts). In diesem Sinne verhilft die älteste Portraittechnik, der Schattenriss des Profils, auch Warhol zu einer magischen Ausstrahlung. Seine Aura entrückt ihn in zeitlose, immaterielle Sphären, wo die gottgleiche Darstellung des Künstlers für den erdgebundenen Betrachter unerreichbar wird.

Warhols Entdeckung des Übernatürlichen hatte mit seiner zunehmenden Besessenheit von der eigenen Sterblichkeit zu tun. Ursache waren nicht nur seine religiös geprägte Kindheit, sondern auch eine Reihe von dramatischen Ereignissen, die alle mit dem Tod zusammenhingen. Bereits 1964 betrat Dorothy Podber in einer schwarzen Motorradjacke die Factory, legte ihre weißen Handschuhe ab, zückte eine Pistole und schoss auf einen Stapel von »Marilyn-Monroe«-Portraits. Die durchlöcherten Leinwände (später als »Shot Marilyns« bekannt) ließen sich reparieren, doch das Trauma war noch nicht verwunden, als sich drei Jahre später eine ähnliche Szene abspielte. Warhol und andere Factory-Mitarbeiter wurden von einem bewaffneten Mann bedroht, der mehrere Kugeln in die Wand jagte. Und am 3. Juni 1968 zielte die verwirrte Valerie Solanas nicht mehr auf irgendwelche Bilder oder die Wand, sondern auf Warhol selbst, der das Attentat nur knapp überlebte. Stundenlange Operationen hinterließen bleibende Narben am Körper und erschütterten nachhaltig sein Vertrauen in die eigene Sicherheit. Dem Künstler war fortan klar, dass der Tod ihn jeden Moment ereilen konnte. Von den siebziger Jahren bis zu seinem unerwarteten und plötzlichen Lebensende befasste Warhol sich in seinen Selbstportraits mit der prekären Frage nach Leben und Tod. Diese Thematik findet sich auch in seinen bedrohlich-dramatischen Stillleben mit Messern, Revolvern und Kreuzen wieder. Für manche Selbstbildnisse dienten Warhol Fotonegative als Vorlagen, was zu dem Ergebnis führte, dass die Bilder auf eine unheimliche Weise an etwas zu erinnern scheinen, das für immer verschwunden ist. In einer dreiteiligen Portraitserie von 1979 (Abb. S. 97) blicken Warhols angsterfüllte Augen rechts an uns vorbei und weit über die Bildbegrenzung hinaus. Die Bilder wirken wie Momentaufnahmen aus einem Film, die ein geheimes, flüchtiges Gefühl einfangen. In späteren Selbstdarstellungen wird dieses fundamentale Unbehagen offen von Warhol artikuliert. Warhol präsentiert sich nun in verschiedenen gestellten Situationen an der Schwelle zum Jenseits stehend. Auf einer Fotografie von 1978 ringt er nach Luft, weil ihm zwei Hände von hinten die Kehle zuschnüren. Der vorgebliche Mord beunruhigt, obwohl er wie ein Gag oder eine Szene aus dem Horrorfilm wirkt (die Hände gehörten dem Factory-Stammgast Victor Hugo, der jederzeit zu harmlosen Späßen und sexuellen Spielereien bereit war), weil er Warhols zwanghafte Beschäftigung mit dem Tod dokumentiert. Zehnfach wiederholt – dabei einmal auf den Kopf gestellt – wirkt die Komposition wie die filmische Aufzeichnung einer brutalen Gewalttat: Der Künstler kämpft gleichsam vor laufender Kamera um sein Leben (Abb. S. 67/68).

Stärker in der Kunsttradition verwurzelt sind die 1978 in unterschiedlichen Versionen produzierten »Self-Portraits with Skull« (Abb. S. 63–65). Zu den Vorläufern solcher Vanitasdarstellungen mit Totenkopf zählen Werke von Arnold Böcklin, Lovis Corinth, James Ensor

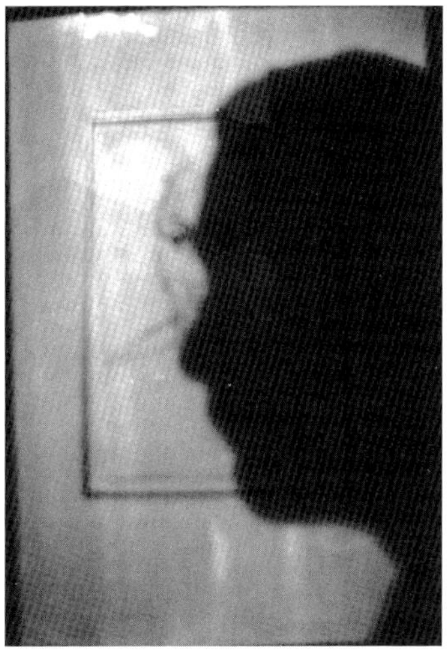

Pablo Picasso
Auto-portrait, 1927
Silbergelatine-Abzug
Gelatine silver print
Musée Picasso, Paris

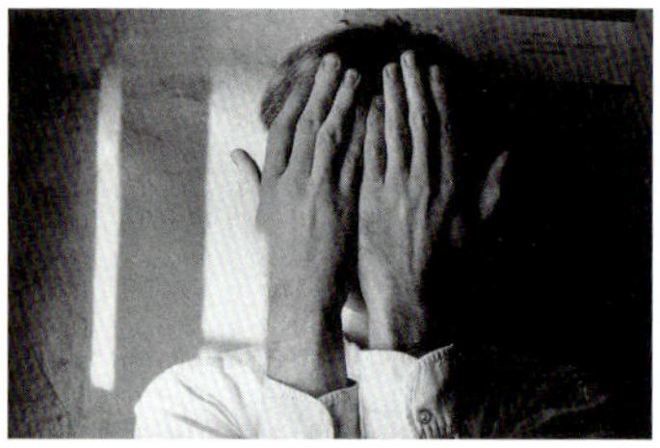

Duane Michals
Andy Warhol, 1958

und anderen Künstlern des späten 19. Jahrhunderts. Bei Warhol gerät das düstere *Memento mori* erneut zur ebenso erschreckenden wie künstlich arrangierten Maskerade. Bereits 1976 hatte er einen einzelnen Totenschädel in Form eines Stilllebens dargestellt, in Anlehnung an Picasso, der übrigens gleichfalls unter Todesängsten litt (Abb. S. 122). In den Selbstportraits präsentiert Warhol den Schädel als Theaterrequisit, das auf seinem Kopf oder seiner Schulter Platz findet und das Selbstportrait zum Doppelportrait und zu einem Spiegel der Sterblichkeit des Künstlers erweitert. 1988, ein Jahr nach Warhols Tod, stellte sich Robert Mapplethorpe derselben Thematik. Der Fotograf trat mit einem Stock, dessen Knauf ein Totenkopf zierte, vor die eigene Kamera. Das Foto trifft mit schmerzhafter Präzision Mapplethorpes Gewissheit, bald an Aids zugrunde zu gehen. Tatsächlich ist er im folgenden Jahr verstorben. 1986, in dem letzten vollen Jahr seines Lebens, entwickelte Warhol eine noch eigenständigere Version des *Memento-mori*-Themas. Theatralisch wie immer setzte er für eine neue Serie von Selbstportraits seine *Fright-Wig*-Perücke auf. Selbst wenn wir nicht wüssten, dass Andy Warhol am 22. Februar 1987 im Krankenhaus an den Folgen eines Behandlungsfehlers starb, läge es nahe, in diesen Fotografien Warhols Testament zu sehen. Nie zuvor hat er sich näher an die Abgründe von Tod und Verzweiflung herangewagt als in diesen Nahaufnahmen, in denen ein geisterhafter Kopf wie eine grausige Wahnvorstellung vor dem Betrachter auftaucht. Für Warhol gab es bei der Entstehung dieser enorm ausdrucksstarken Bilder sicher eine Identifikationsfigur: Edvard Munch, den bekanntesten Interpreten der Erfahrung existenzieller Bedrohungen in der modernen Kunst. Zwischen 1982 und 1986 fertigte Warhol seine eigenen Versionen von einigen Meisterwerken der Kunstgeschichte an. Dazu gehörten 1986 auch Munchs »Der Schrei« (Abb. links) und sein »Selbstportrait (mit Knochenarm)«. Die Themen der beiden schwermütigen Bilder scheinen in Warhols letzten Selbstportraits gewissermaßen zu verschmelzen. »Der Schrei« wird bei ihm zu einer Art androgynem Schädel, der bedrohlich aus dem Nichts heranschwebt und fiebrige Verzweiflung verströmt. »Selbstportrait (mit Knochenarm)« zeigt ebenfalls eine geisterhafte Erscheinung, nur umgibt den Kopf ohne Körper diesmal eine pechschwarze Leere. Deren Bedeutung wird durch den Knochenarm im Vordergrund klargestellt: Dem fiktiven Ich im Bild scheint plötzlich sein unvermeidliches, endliches Schicksal bewusst zu werden. Diese Erfahrungen der Munch-Rezeption prägen auch Warhols letzte Selbstportraits. Einige verschwinden hinter dem abstrakten *Camouflage*-Muster, das ihn im selben Jahr beschäftigte (Abb. S. 126, 135, 136), andere drängen beängstigend weit nach vorn, wie die Großaufnahme eines Dämons im Film. Die früher schon praktizierte Negativtechnik setzte Warhol ebenfalls wieder ein (Abb. S. 138, 139). Es ist eine moderne Version des Schweißtuchs der Veronika, die sich bestens dafür eignet, die Furcht vor dem Übergang von der Körperlichkeit in die Immaterialität auszudrücken. In diesem Zusammen-

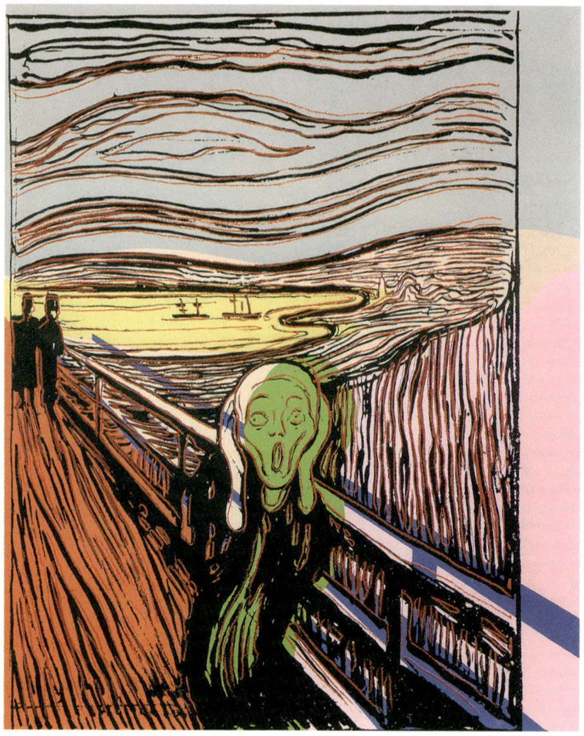

The Scream (After Munch), 1983
Unikat-Siebdruck auf Lenox Museumskarton
Unique screenprint on Lenox Museum Board
101,6 x 81,3 cm

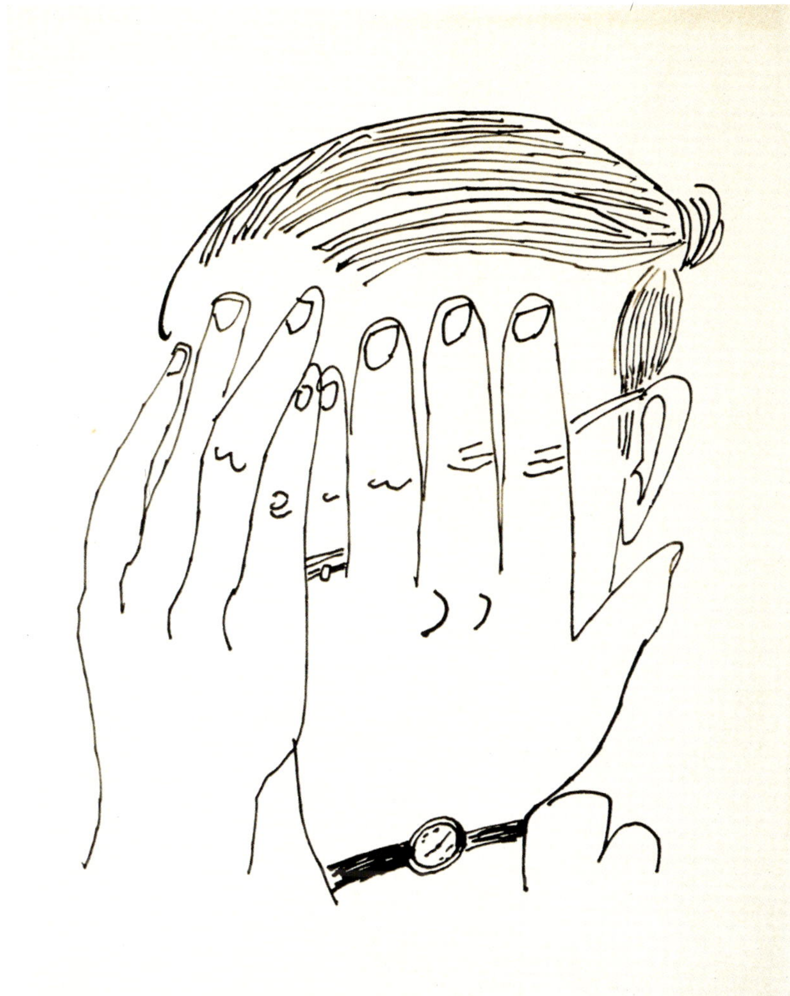

41 Self-Portrait, 1950er Jahre / 1950s
Tusche auf Papier / Ink on paper
27,9 x 21,6 cm

hang sei auch an andere Vorlagen erinnert, die Warhol 1986 in seinen Gemälden verarbeitet hat, wie zum Beispiel religiöse Sinnsprüche – »Himmel und Hölle sind nur einen Atemzug entfernt« (»Heaven and Hell Are Just One Breath Away«), »Gehe hin und sündige nicht mehr« (»Repent and Sin No More«) – oder Werbung für Feuerwaffen, deren Wirkung er nur zu gut kannte. All diese Werke sind von einer theatralischen Künstlichkeit erfüllt, die das reale Ende für einen Moment aufhalten möchte. Gleichsam vor unseren Augen entsteht in Warhols späten Selbstportraits die Ikone einer byzantinischen Gottheit; frontal, mit starrem Blick bemächtigt sich der Geist des Fleisches. Niemand hat bisher eine einprägsamere visuelle Formel für dieses Phänomen gefunden als Robert Mapplethorpe, der kurz nach Warhols Tod und zwei Jahre, bevor er selbst starb, ein Bild im Gedenken an den Pop-Künstler anfertigte. Er montierte eine Fotografie vom Gesicht des Verstorbenen in eine griechische Kreuzform. Das Ganze wurde auf Leinen gedruckt und erinnert an den legendären Christus-Abdruck auf dem Turiner Leichentuch. Ruhm und Martyrium verschmelzen: Andy Warhol ist schlussendlich zum katholischen Heiligen geworden.

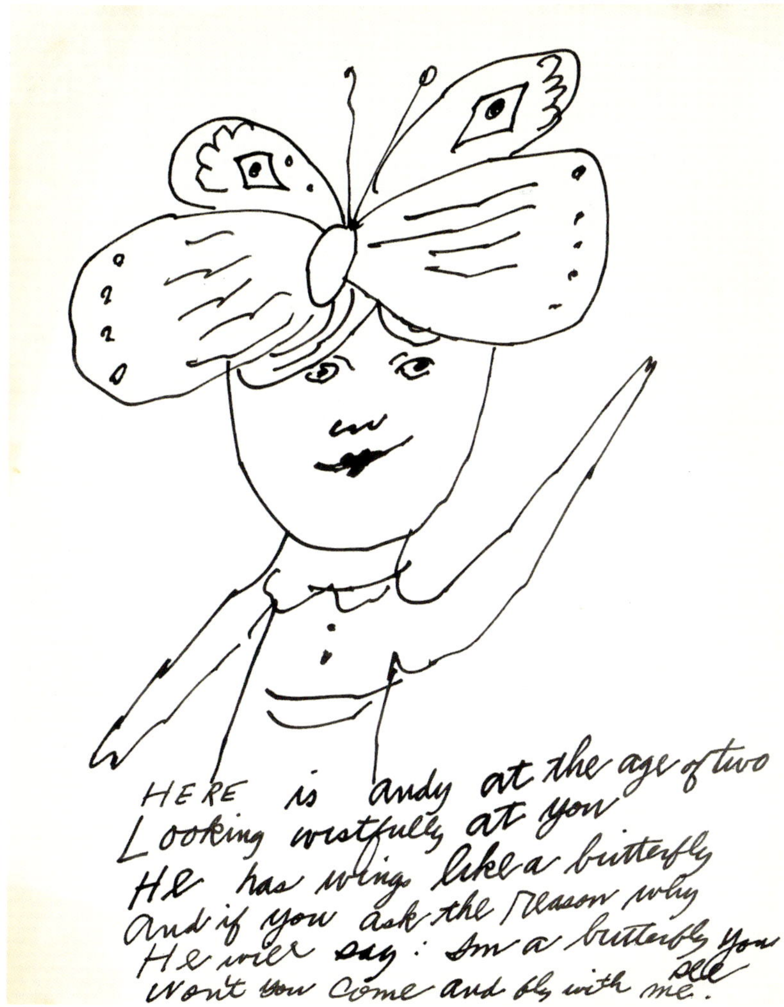

42 Here is Andy at the age of two…, 1950er Jahre / 1950s
Tusche auf Papier / Ink on paper
27,9 x 21,6 cm

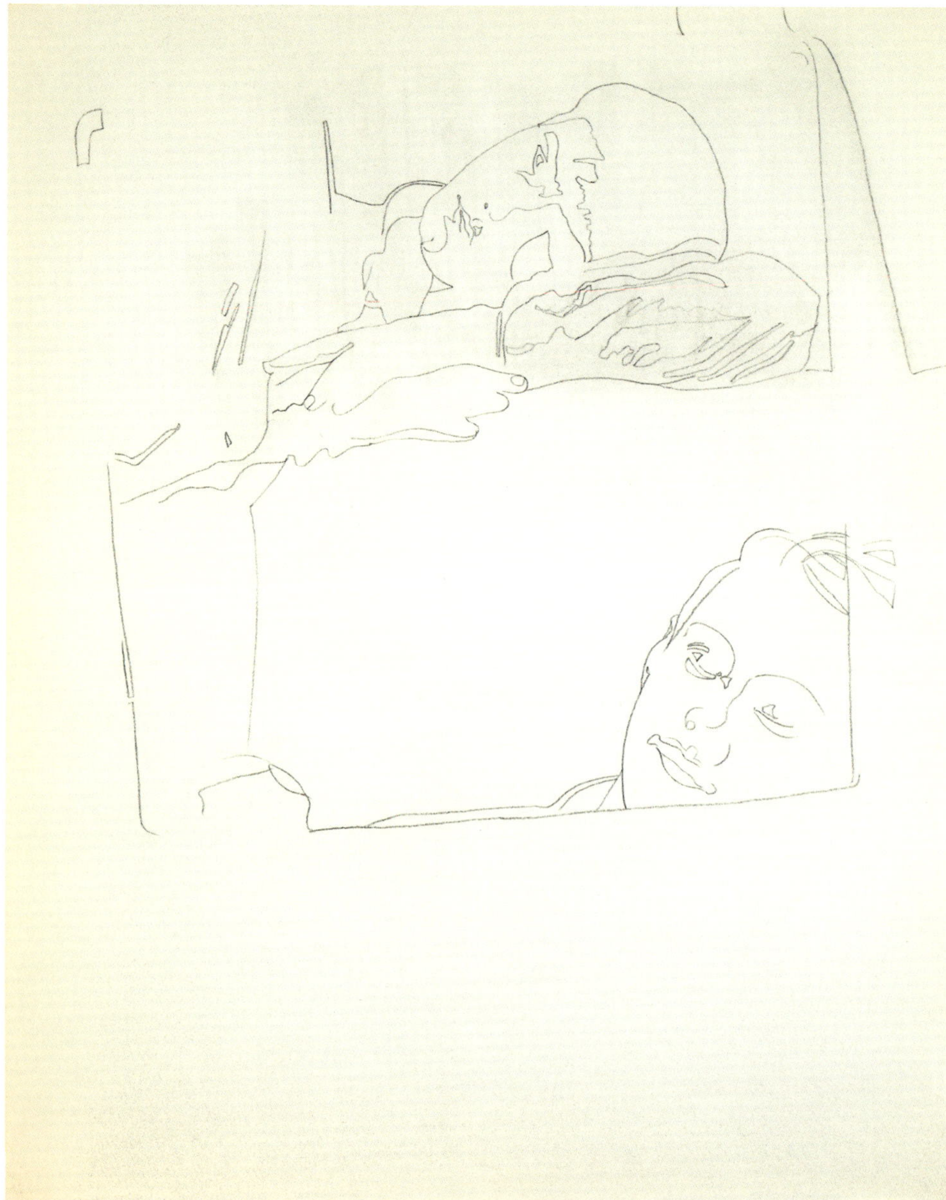

44 Andy Warhol and Ted Carey, 1961
Grafit und Strathmore Seconds Papier
Graphite and Strathmore Seconds paper
72,6 x 57,4 cm

ANDY WARHOL'S DISGUISES

Robert Rosenblum

Artists' self-portraits are usually believed to reveal the private side of a public profession, the visual equivalents of reading the intimate letters or journals of a famous writer. The assumption is that when Rembrandt, Vincent van Gogh or Pablo Picasso turned to self-portraiture, they were painting primarily for themselves and exploring with unedited and often heart-breaking honesty what they could see before the mirror or feel behind closed eyes. But this, of course, can be a deception. Like actors, artists can play all kinds of roles, displaying the optimism of youth, the anxieties of love, the retrospection of advancing age, the spectre of death. Self-portraits, no matter how much they may convince us that we are closer to the living artists who made them, are inevitably staged. It was Jean Cocteau who pinpointed the problem. In a series of self-portrait drawings executed in the heyday of Cubism (ill. on right), Cocteau depicted himself in confrontational views that offered literal details of his clothing, hair and ears. But the oval contours of his head contained nothing at all – no eyes, nose or mouth, only an egg-shaped void. It was up to him to supply the still unchosen mask of self-revelation or up to us to imagine what kind of fascinating personality would want to present his own face as a total blank. We end up knowing everything and nothing. So it is that artists' self-portraits, whether intended as disclosure or as concealment, remain as fictional as their other work. Nevertheless, looked at from a different angle, the psychological fictions an artist chooses to create can point, whether directly or obliquely, to the unique personality that lies behind them; and in the case of the Cocteau self-portraits, the refusal to specify his own face and expression tells us a great deal about his elusive, enigmatic personality. In a way, reading self-portraits often parallels the techniques of the psychoanalyst. What artists consciously choose to present as a physical or an emotional reality about themselves may be a lie, but the lies they invent may also cast light on hidden truths.

Such generalisations may help to introduce the endless contradictions of Andy Warhol's self-portraits, which constantly shift back and forth between telling us all and telling us nothing about the artist, who can seem, even in the same work, both vulnerable and invulnerable, both superficial and profound. Above all, Warhol's self-portraits offer a series of theatrical masks that, even when seeming to confront the viewer with frightening intensity, keep evading our gaze. Already as a twenty-year-old student in Pittsburgh in 1948, he began to examine the possibility of self-portraiture as both startlingly intimate and totally artificial. In a group of drawings (ill. pp. 13, 14) and in one painting submitted to (and rejected by) the annual artists' exhibition in Pittsburgh, Warhol could shock his audience by documenting himself in the act of picking his nose, a work he titled, with the spirit of an adolescent breach of propriety, *The Broad Gave Me My Face, But I Can Pick My Own Nose*. Nose-picking may well be a universal habit, but one that was probably never seen before in a self-portrait and certainly one that is even more offensive as a choice for public view. The result is a strange mixture: a revelation of what people do only when nobody else is looking at them and a self-conscious performance meant to shock an audience. The combination recalls Egon Schiele's depictions of himself masturbating, again an ultra-private act staged by the artist as a spectacle that would end up discomfiting the viewer rather than recording a private erotic diary that no one would ever see. From the beginning, Warhol offered a contradictory balance between up-close intimacy and calculated artifice.

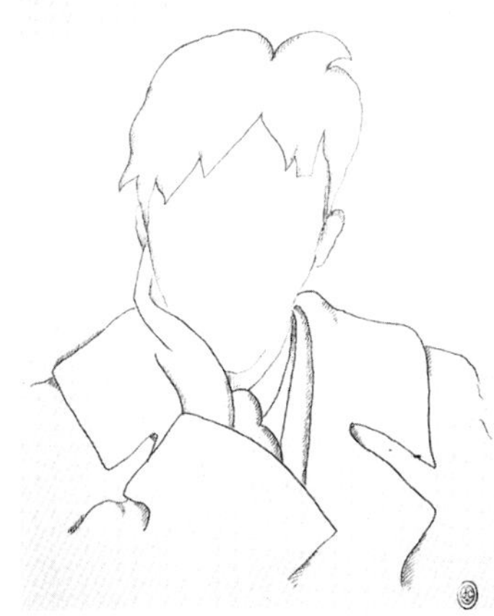

Jean Cocteau
Portrait cubiste, ohne Jahr / undated
Tusche auf Papier / Ink on Paper

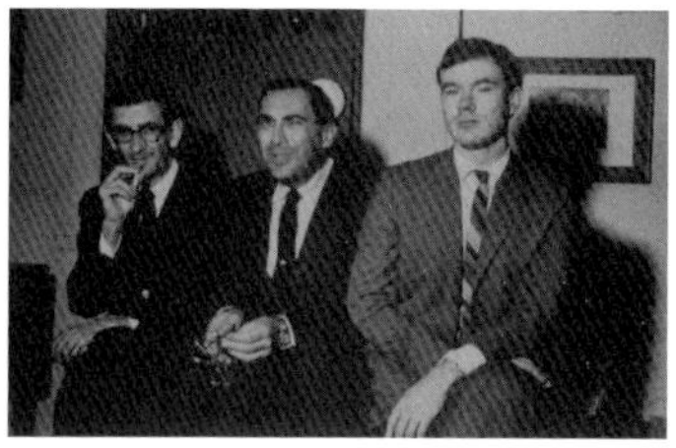

Hamilton, Gluck, Warhol, ca. 1960

In the first self-portraits created within the context of the new-born Pop Art, Warhol sees himself as instant theatre, as a glamourous celebrity hounded by paparazzi. In 1963, an adventurous collector, Florence Barron, had the brilliant and surprising idea of commissioning Warhol to do his own self-portrait, a reversal of the usual role of patron and artist and one that also challenged the familiar situation of self-portraiture as the artist's own choice as a vehicle for private disclosure. Warhol rose to the occasion with a series of mug shots taken in a photo booth (ill. p. 28), exactly the same kind of mechanical, populist image-maker he had used earlier that year for portraits of the collector Ethel Scull and of the cabaret star Bobby Short. Moreover, at the same time that he made his own photo-booth portraits, he made portraits of the socialite Judith Green in an identical format, a twinning that immediately undermined the possibility of a more intimate approach to portraiture when the subject happens to switch to the artist himself. Both series, of Warhol and of Green, are pure theatre. Warhol looks like the kind of celebrity he began to frequent – masking his eyes with sun glasses, affecting poses for the invisible camera man, offering a minor cinematic narrative of undoing his shirt and tie. And the synthetic colours – they might be described with words like 'mint' or 'lavender' – contribute to this sense of glamourous contrivance, the souvenirs of a Hollywood screen test. Equating himself with the wealthy, the chic and the famous, he tells us as much about himself as we would know about Marilyn Monroe or Elizabeth Taylor from their images in his earlier paintings. But of course, this disguise as a celebrity can also be read as a revelation of Warhol's personal and professional ambitions in 1963 to become a star, his private persona hidden, his public persona only to be caught on the wing by a lucky photographer.

In another group of self-portraits of 1964 (ill. pp. 33–37), the mask, at first, seems to have been removed. This time, at least, we have a full frontal view of the artist facing himself, but once more, direct eye contact is evaded. The chin juts forward, the head tilts backward, warding off a direct confrontation with the viewer, as if the artist were painfully uncomfortable having to face an audience. And the absolute symmetry of the pose, enforced by the abstract rhyming of two pure arcs – the black shadow under the chin and the neckline of the shirt – give this youthful self-portrait a timeless iconic quality, like the head of one of the many saints on a gold ground that Warhol saw again and again in the iconostasis of St John Chrysostom, the Byzantine church in Pittsburgh his family attended regularly. Once more, as in the photo-booth portraits, the tradition of self-portraiture, which implies the intense revelations of a single, unique image, is challenged by Warhol's love of repetition. Like Marilyn Monroe or Troy Donahue, he, too, can be repeated *ad infinitum*, his own face providing the module for any number of paintings in various formats and with varying coloured backgrounds. His image would be like an endless run of celebrity photographs straight from the printing press. In fact, in 1978, on the occasion of a large exhibition that travelled from the Kunsthaus in Zurich to the Louisiana Museum in Humlebæk, Denmark, Warhol produced a wallpaper pattern using a new self-portrait which, covering walls in infinitely extensible grids and providing the kind of mural decoration earlier provided by cows and flowers, further undermined the traditions of uniqueness and privacy associated with self-portraiture. Andy Warhol's aspirations of turning one's own image into a celebrity photograph recognized all over the world were more than fulfilled after his death. In 2002, the United States Postal Service used the 1964 self-portrait on a thirty-seven-cent postage stamp as a way of commemorating what had become the late artist's international fame. The image of the young Warhol had become a logo to be sent around the world on millions of envelopes.
Like the 1964 self-portrait series, the next series of 1966/67, *inter alia* represented here in four large size variants (ill. pp. 47–51), is again an uncanny combination of closeness and distance, of intimacy and indifference. The pose, with the mouth and chin supported and half-

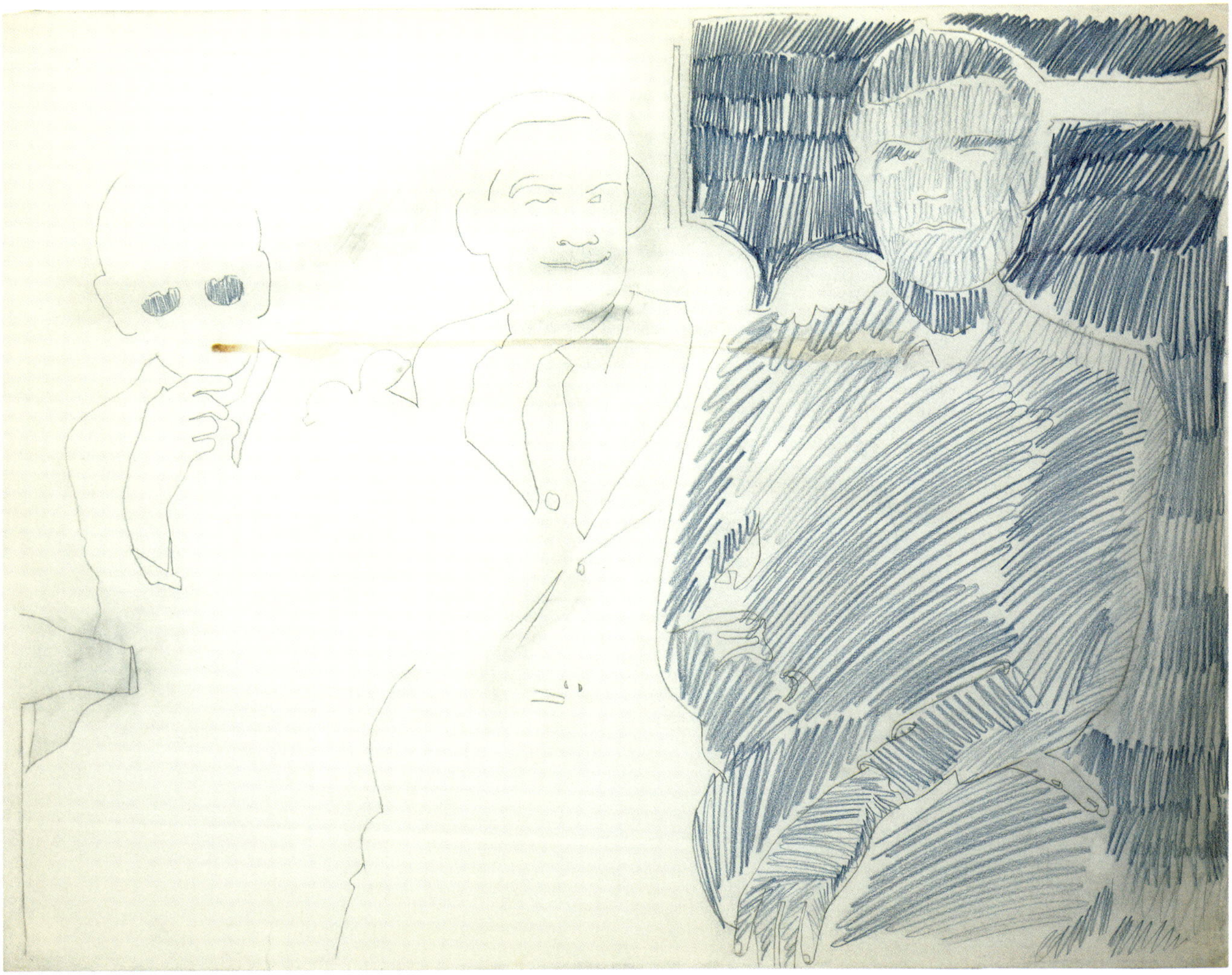

43 Clint Hamilton, Nathan Gluck and Andy Warhol, ca. 1960
Grafit und Farbstift auf Strathmore Papier
Graphite and coloured pencil on Strathmore paper
58,6 x 73,6 cm

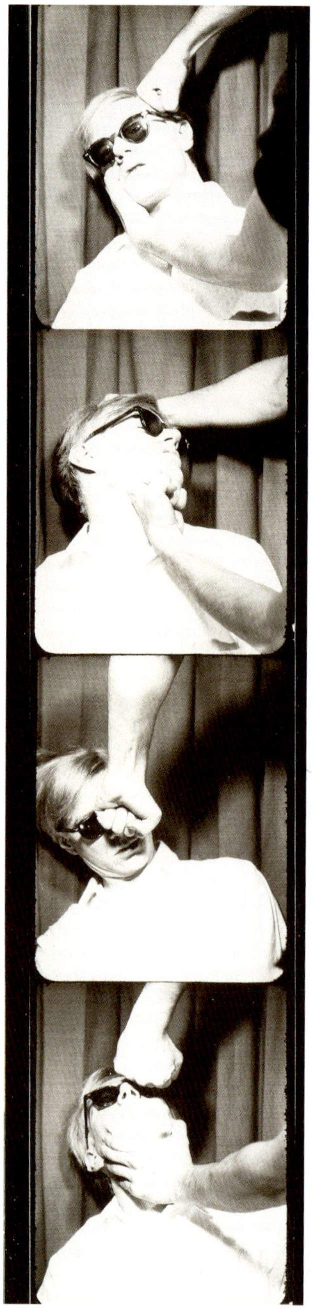

45 Self-Portrait (Being Punched), 1963–1966
Fotoautomaten-Streifen
Photo booth photograph
20 x 3,8 cm

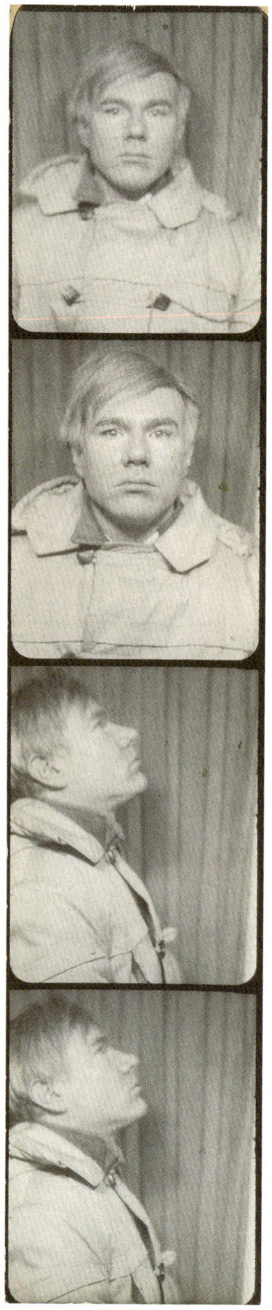

46 Self-Portrait, 1964
Fotoautomaten-Streifen
Photo booth photograph
20 x 3,8 cm

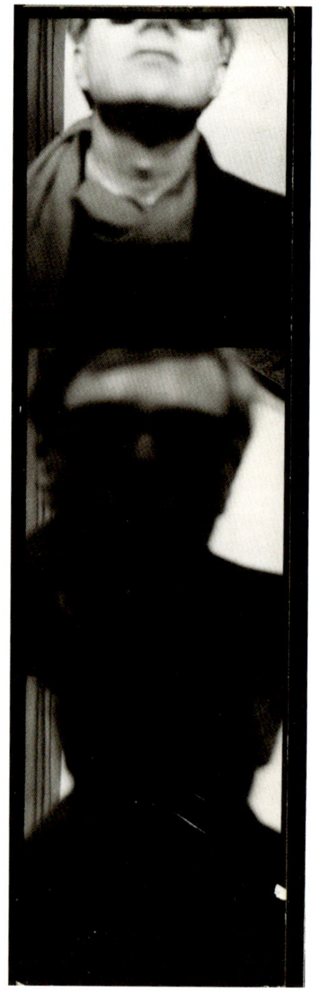

47 Self-Portrait, ohne Jahr / undated
Fotoautomaten-Streifen
Photo booth photograph
19,4 x 5,4 cm

concealed by the fan-like hand, implies a contemplative mood appropriate to the scrutiny familiar to self-portraiture, but we immediately find that it is the viewer who is being observed by Warhol, who remains a spectator, still aloof from his audience. And to emphasize that this close-up gaze is a deception, the right half of his head is shadowed, leaving us to establish contact with only one eye, itself half-shadowed. Moreover, in many of the variations on this theme, the shadow patterns and the Day-Glo colours become so intense that the head seems to dissolve, leaving only a kind of bodiless presence who stares at us while rejecting our gaze. And characteristically for Warhol, this head, his own, seems to become an impersonal motif to be explored in almost abstract terms, with melting floods of colour and shadow, different in each work, turning what started as a self-portrait into the kind of series paintings familiar to the traditions of modern art. Especially in the sixties, the nuanced sequences of Claude Monet's cathedrals or Mark Rothko's vaporous rectangles loomed large as ancestral figures; and in this light, many of Warhol's self-portrait series, not to mention his series of other motifs, from soup cans to Chairman Mao, bring this tradition up to date. In one case (ill. p. 49), the abstract components of the portrait, a fluid expanse of sunset orange-red about to cover an icy blue phantom of a head and hand, are so prominent that the human presence of the artist appears camouflaged, a device he would use more literally at the end of his life. And in another self-portrait of 1967 (ill. p. 51), a different version of this camouflage is offered, this time a diagonal split of two different colours, turquoise and lilac, that, like a sharp blade, cuts the three-quarter view of the artist's head in two, an abstract geometric pattern so imposing that it does violence to the integrity of the face, separating the eye from the nose and the mouth. Warhol's means of concealment were endless, including self-portraits as blurred, superimposed triple-images that, like a Futurist painting or photograph, refuses to fix anything in place (ill. pp. 78, 79). Although the upper pair of eyes may attempt to meet ours, the other two pairs of eyes, belonging to heads that keep bobbing in other directions, begin to demand equal time, with results that again turn the artist's corporeal presence and emotions into spooks. Flesh into spirit, substance into shadow is a recurrent theme, particularly clear in a series of self-portraits of 1981 in which a three-quarter view of the artist casts a larger profile shadow that seems far more real than the artist's cropped head at the right (ill. pp. 112–117). A startling presence emerges from this silhouette, transforming a self-portrait into an impalpable symbol of the artist's mysterious power. In this, Warhol follows in the footsteps of another genius who created his own myths, Pablo Picasso. He, too, often represented himself as a disembodied, idealized profile portrait and, in the late twenties, actually took photographs of his own silhouette cast upon a wall (ill. p. 15). Like Picasso, Warhol used this most ancient of portrait images, the shadow of a profile, to create a magical aura that would transport him to a timeless, immaterial realm where the artist's godlike image becomes utterly inaccessible to the earthbound spectator.

This exploration of something close to the supernatural belongs to Warhol's growing obsession with his own mortality. Apart from his childhood indoctrination in Catholicism, Warhol's recurrent encounter with the spectre of death must have taken on frighteningly personal meaning. Already in 1964, Dorothy Podber, dressed in a black leather motorcycle jacket, walked into the Factory, removed her white gloves, took out a pistol, shot at a stack of forty-inch-square Marilyn Monroe portraits and then left. The holes in the canvases (which were later referred to as 'Shot Marilyns') were repaired, but the human trauma lasted and would be repeated three years later. In 1967, in fact, a man arrived at the Factory and threatened Warhol and other members of his staff with a gun that he then shot against a wall. And in the following year, on June 3, 1968, the deranged Valerie Solanis entered the Factory and shot not at paintings or at a wall, but at Warhol himself, who was gravely injured and lucky to have survived. After hours of surgery, his body was permanently scarred, as was

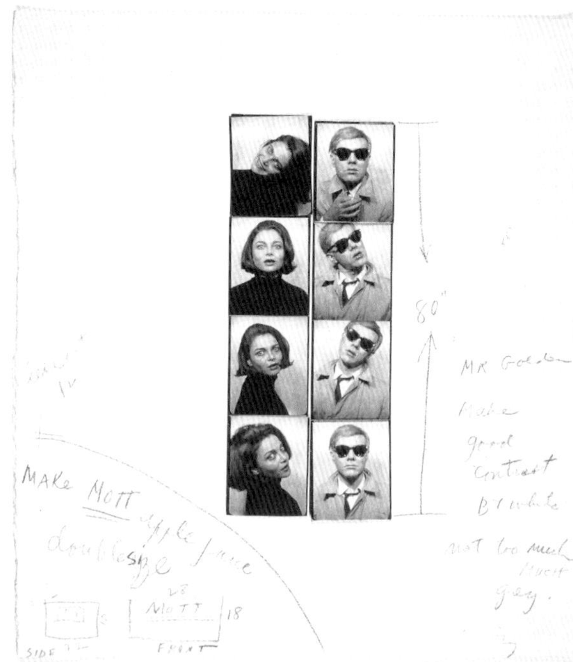

Source image for 'Self-Portrait', 1963
Passfoto-Streifen, collagiert, auf Papier
Photo booth strip collage on paper
38,1 x 30,5 cm
The Archives of The Andy Warhol Museum,
Founding Collection, Contribution The Andy Warhol
Foundation for the Visual Arts, Inc.

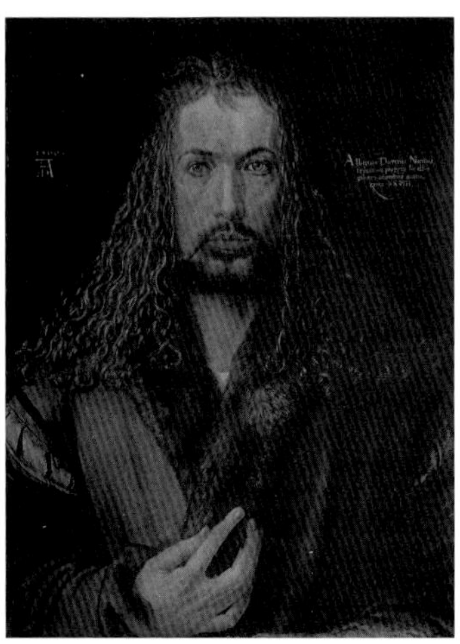

Albrecht Dürer
Selbstbildnis, 1500
Öl auf Lindenholz
Oil on limewood
67 x 49 cm
Alte Pinakothek, München

his sense of personal security. For Warhol, nothing could have been clearer than that death might come at any moment.

From the seventies until the abrupt and unexpected conclusion of his life, his self-portraits are haunted by confrontations with the precarious balance of life and the after-life, a theme also extended to his grim choice of still-life objects: knives, guns, crosses. At times, his self-portraits are made from photographic negatives, a technique which produces the eerie effect of remembering something that was once there but has vanished forever. And in a trio of self-portraits of 1979 (ill. p. 97), his eyes, showing signs of anxiety, look not at us but to our right, far beyond the frame, as if we were glimpsing a series of movie stills that captured a fleeting, secret emotion. But this sense of malaise was often spelled out literally in Warhol's later self-portraits, which in various guises show the artist on the brink of eternity. In 1978, for example, he took a photo of himself gasping for breath as two large hands strangle him from behind. Although the image has the character of a childish charade or a still from a horror film (the hands belong to Victor Hugo, a Factory regular who was always ready for horse-play or sex-play), the mock terror is also shocking in the context of a self-portrait, revealing once again Warhol's preoccupation with sudden death. When this image is repeated ten times (once upside down) (ill. pp. 67/68), the effect is almost like a cinematic record of a violent criminal act in which the artist keeps struggling for survival.

Somewhat more traditional are Warhol's many *Self-Portraits with Skull* (ill. pp. 63–65), works of 1978 that offer a more familiar variation of the *memento mori*. It was a theme, in fact, that had ample precedents in later nineteenth-century art, as in self-portraits by Arnold Böcklin, Lovis Corinth and James Ensor, among others. In Warhol's versions of this grim motif, there is the same sense of a masquerade, at once terrifying and artificial. Already in 1976, Warhol had presented the skull as an isolated still-life object (ill. p. 122), following in the footsteps of another artist constantly haunted by fear of death, Picasso. Here, however, the skull is a theatrical prop that the artist can place on his head or on his shoulder, but one that nevertheless turns the self-portrait into a double-portrait that mirrors the artist's mortality. In 1988, one year after Warhol's death, another artist, the photographer Robert Mapplethorpe, confronted this theme, showing himself holding a cane crowned by a skull, an image painfully appropriate to the fact that he knew he would soon to succumb to AIDS. He died, in fact, the following year.

In 1986, in what turned out to be the last full year of his life, Warhol moved to an even more imaginative vision of the self-portrait as *memento mori*. Always theatrical, he now donned his fright wig for a series of self-portraits that, even without our now knowing of his imminent death on February 22, 1987, the result of botched hospital care, we are tempted to experience as a last will and testament. Nowhere before has he pushed his image so close to the brink of extinction and despair, a shocking close-up of a disembodied head that confronts us like a hallucination. In creating this terrifying

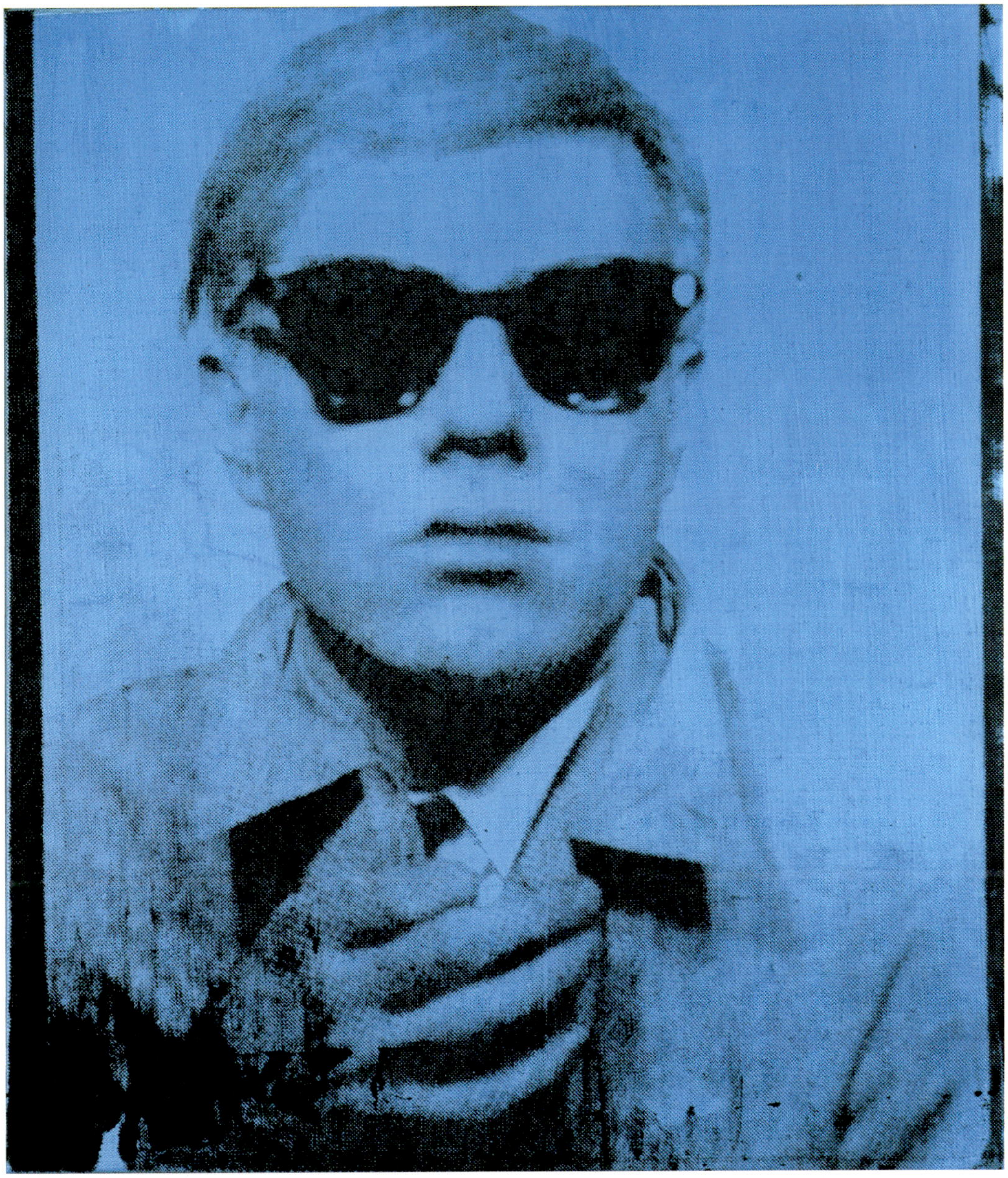

1 Self-Portrait, 1963/1964
Acryl und Siebdruckfarbe auf Leinwand
Acrylic and silkcreen ink on canvas
47 x 39,4 cm

Self-Portrait, 1963/1964
Acryl und Siebdruckfarbe auf Leinwand
Acrylic and silkscreen ink on canvas
101,6 x 81,2 cm
Collection Guy and Nora Barron

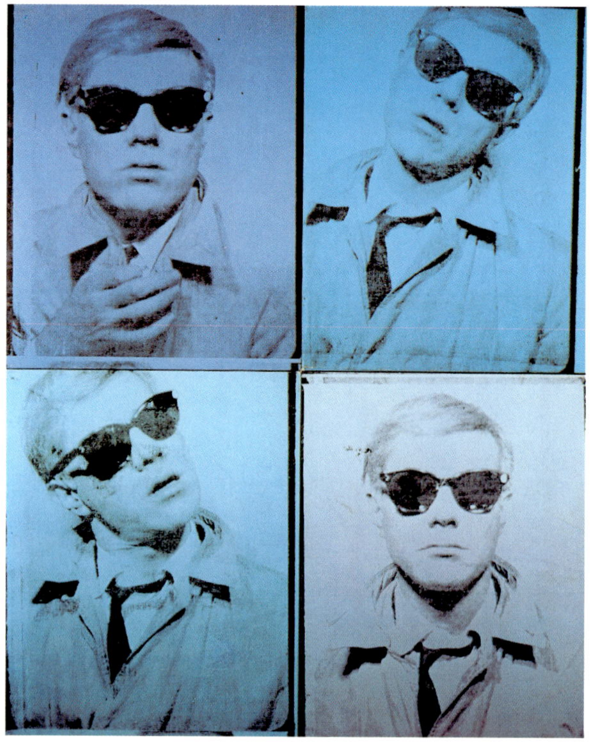

image, Warhol undoubtedly had support from the work of modern art's most famous master of death and anxiety, Edvard Munch. Included in the many reincarnations of textbook masterpieces that Warhol made between 1982 and 1986 were two of Munch's canonic images, *The Scream* (ill. p. 16) and *Self-Portrait with a Skeleton Arm*, works which Warhol recreated in 1986. Looked at from this vantage-point, Warhol's last self-portraits appear to fuse these two doom-laden works. *The Scream* reaches a fever-pitch of distress with what looks like a floating, androgynous skull looming toward us. As for the *Self-Portrait with a Skeleton Arm*, it, too, offers a ghostly apparition of a bodiless head, this time in a black void whose meaning is made clear by the bones of forearm and fingers that, like a corpse, lie below what looks like the artist's sudden awareness of the inevitable. Warhol's intimate knowledge of these works must have directed him toward his final self-portrait images, which at times are veiled by the abstract camouflage patterns that he had been painting in the same year (ill. pp. 126, 135, 136) and at times are as frighteningly near us as the close-up of a menacing demon in a horror film. And as in many earlier works, his self-portrait could also be presented as a photographic negative (ill. pp. 138, 139), which further intensifies the terror of passing from body to spirit, a modern version of Veronica's veil. One remembers how in the same year, 1986, Warhol made paintings from the slogans on popular religious tracts – *Heaven and Hell Are Just One Breath Away, Repent and Sin No More* – as well as from advertisements for guns, whose lethal character Warhol knew all too well. A sense of the ultimate moment fills all these works, as well as a sense of staged artifice that, for a moment, can ward off the unstaged reality of death. Above all, spirit is about to conquer flesh, as if the staring, frontal icon of a Byzantine deity were being created before our eyes. Perhaps these aspirations were best summed up by Robert Mapplethorpe's commemorative portrait of Warhol, made just after the artist's death and two years before his own death. Imprinted, like the Holy Shroud on linen, the photograph of Warhol's face is placed in the centre of a Greek cross. A fusion of fame and martyrdom, Warhol has finally become a Catholic saint.

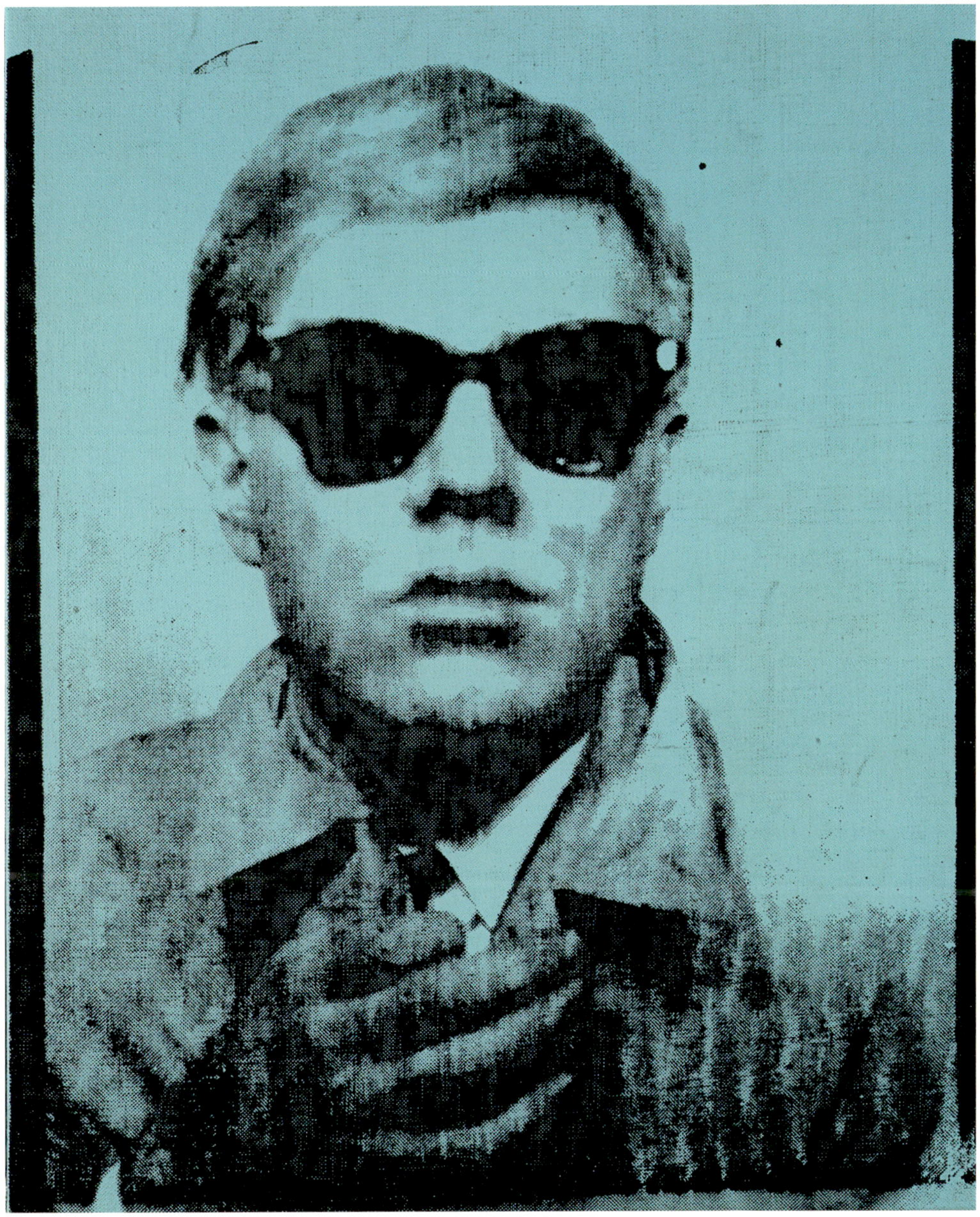

2 Self-Portrait, 1963/1964
Acryl und Siebdruckfarbe auf Leinwand
Acrylic and silkscreen ink on canvas
50,2 x 40,3 cm

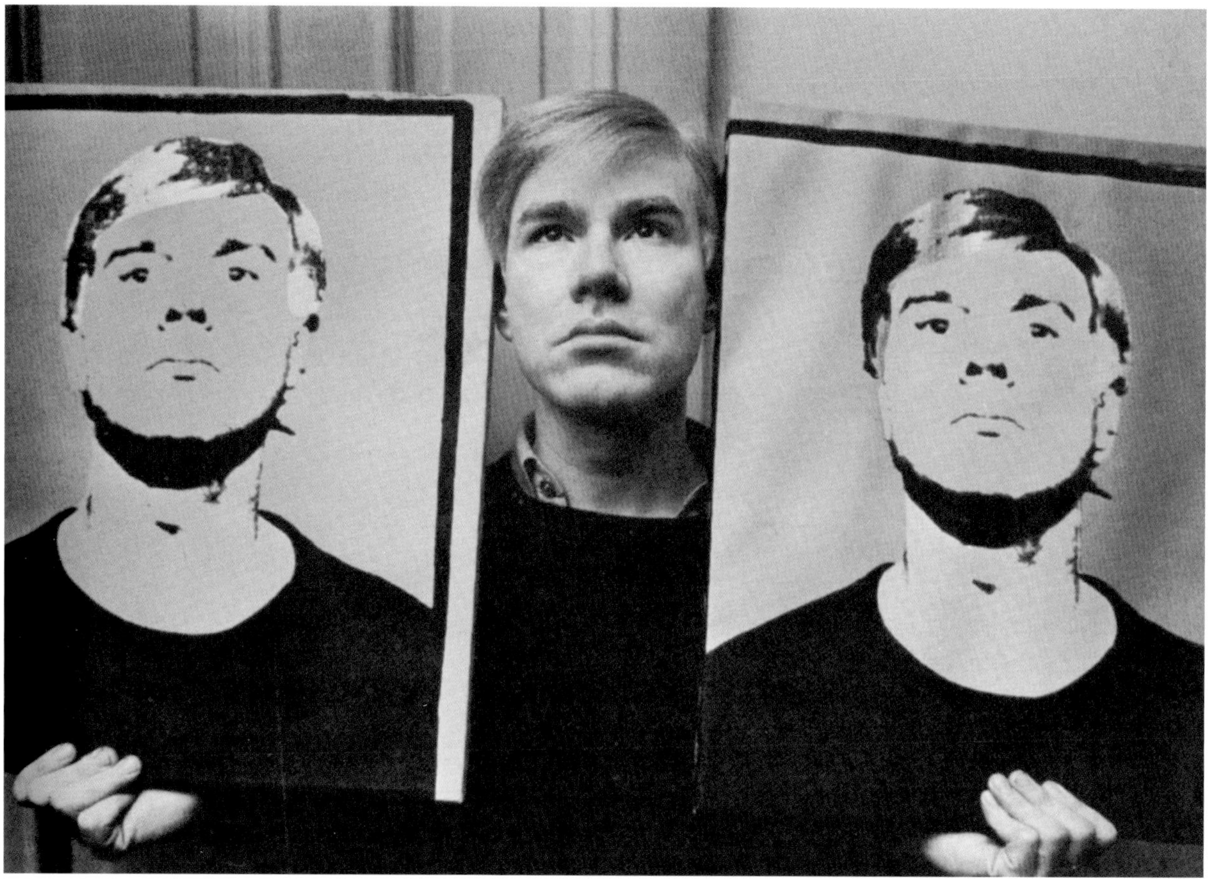

Ken Heyman
Andy Warhol, 1964

ANDY WARHOL. DER FOTOAUTOMAT ALS PORTRAITSTUDIO

Keith Hartley

Andy Warhols erste kunsthistorisch belegte Beschäftigung mit Selbstportraits kann – abgesehen von einigen frühen Zeichnungen und Aquarellen aus den vierziger und fünfziger Jahren, als er noch in seiner Geburtsstadt Pittsburgh lebte – auf Ende 1963/Anfang 1964 datiert werden. Diese Bildnisse der frühen sechziger Jahre sind kein Versuch der Selbstanalyse oder Selbstdarstellung. Sie wurden nicht vor dem Spiegel oder nach Zeichnungen vor dem Spiegel gemalt. Es gab nicht einmal eine fotografische Vorlage mit bewusst gewählter Kameraeinstellung, Beleuchtung und Kulisse für sie. Die Bilder basieren vielmehr auf Schnappschüssen aus dem Fotoautomaten, die mithilfe des Siebdruckverfahrens vergrößert auf die Leinwand übertragen wurden. Der Entstehungsprozess lief weitgehend mechanisch und fast gänzlich ohne Eingriffe des Künstlers ab.

Ende Juni/Anfang Juli 1963 entdeckte Warhol den Fotoautomaten als Portraitwerkstatt für sich. Einer der ersten Pop-Art-Sammler, der New Yorker Geschäftsmann Robert C. Scull, bat damals um ein Bild von seiner Frau Ethel. Da es sich um Warhols ersten Portraitauftrag handelte, wusste das Modell noch nicht, was es erwartete. Ethel Scull rechnete fest mit einer Sitzung bei einem renommierten Gesellschaftsfotografen wie Richard Avedon und erschien entsprechend schick zum Fototermin. Zu ihrer großen Überraschung gingen sie jedoch in die 42. Straße, wo ein paar Fotoautomaten standen. »Andy (...) schubste mich und brachte mich dazu, alles Mögliche zu machen, bis ich mich schließlich entspannte. (...) Wir liefen von einem Fotoautomaten zum anderen, und er machte diese vielen Aufnahmen, die dann überall zum Trocknen herumhingen. Als wir fertig waren, sagte er: ›Na, möchtest du sie sehen?‹ Und die Aufnahmen waren (...) sensationell.«[1]

Die Idee, sich Rohmaterial für Portraits aus dem Automaten zu holen, mag abwegig erscheinen, doch Warhols Schritt war wohl überlegt. Nach seinem Wechsel von der kommerziellen zur *reinen Kunst* im Jahr 1960 hatte er damit begonnen, Prominente wie Marilyn Monroe, Elizabeth Taylor oder Elvis Presley nach Werbefotografien zu portraitieren. Diese Bildvorlagen waren gewissermaßen gefundene Objekte – *Readymades*. Sie gehörten zum öffentlichen Bildinventar, zur visuellen Umgangssprache, und eigneten sich daher ideal zur weiteren Vereinfachung im Siebdruck und zur seriellen Wiederholung auf der Leinwand. Diese Stars waren so populär wie die Campbell's-Suppendosen. Nicht so Ethel Scull. Ihr Gesicht hatte keine plakative Wirkung. Die Portraitsitzung im Fotoautomaten beseitigte dieses Manko und *demokratisierte* Sculls Gesicht, dessen Abbild nun Millionen von anderen Aufnahmen in ganz Amerika glich.[2] Warhol überließ die Arbeit der Maschine. Sie führte zu einem standardisierten Ergebnis, sie stellte sicher, dass Kopf und Schultern den richtigen Abstand von der Kamera hatten und mehr oder weniger zentriert waren. Aufgrund des geringen Wiedererkennungswertes des Modells beschloss Warhol, die Leinwand nicht mit Repliken desselben Abbilds zu überziehen. Stattdessen animierte er Scull, sich in verschiedene Posen zu werfen und herumzualbern, wie so viele andere Benutzer der Fotokabinen es tun. Das Auftragsergebnis, »Ethel Scull Thirty-Six Times«, vermittelt mit seiner schachbrettartigen Aufreihung von Farb- und Ausdrucksvarianten den Eindruck, dass hier eine angehende Schauspielerin gerade ihr Rollenrepertoire durchexerziert.

Warhol hatte schon bei früheren Aufträgen auf Fotoautomaten zurückgegriffen. Ruth Ansel von Harper's Bazaar bestellte bei dem aufstrebenden Künstler (der

1 Ethel Scull, zit. n.: Andy Warhol – Photography (Kat.), Hamburger Kunsthalle, Hamburg 1999, S. 88.

2 In einem Interview mit Gene R. Swenson vertrat Warhol 1963 die Meinung, dass die Amerikaner aufgrund ihrer antielitären Einstellung dazu tendierten, gleich zu denken und gleich auszusehen: »Man sagt, Brecht wollte, dass alle gleich denken. Ich will auch, dass alle gleich denken. Aber Brecht wollte das irgendwie durch den Kommunismus erreichen. In Russland geschieht es auf Parteidruck. Hier läuft alles ganz von allein, ohne staatliche Zwänge. (...) Alle sehen gleich aus und benehmen sich gleich und wir werden uns immer ähnlicher. Ich meine, wir sollten alle Maschinen sein.« (Andy Warhol, in: Gene R. Swenson: What is Pop Art? Interview with Eight Painters (Part 1), in: Art News, November 1963. Wiederabdruck in: John Russell und Suzi Gablik: Pop Art Redefined, London 1969, S. 116.)

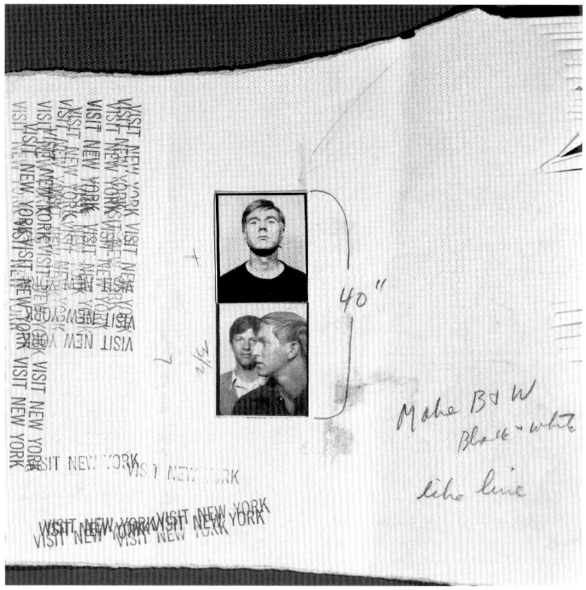

Source image for Warhol's 'Self-Portrait', 1964
Passfoto-Streifen, collagiert, auf Papier
Photo booth strip collage on paper
26 x 25,4 cm
The Archives of The Andy Warhol Museum, Founding Collection, Contribution The Andy Warhol Foundation for the Visual Arts, Inc.

nebenbei noch immer als Grafiker sein Geld verdiente) Illustrationen für einen Artikel mit dem Titel »New Faces, New Forces, New Names in the Arts«, der im Juniheft 1963 erscheinen sollte. »Ich gab ihm eine Liste mit den Namen der Leute, die fotografiert werden sollten; er ging dann mit einigen zu irgendwelchen Fotoautomaten (...) und kam mit einer Portraitserie zurück: unscharf, von vorne, von der Seite, Füße im Bild, Kopf abgeschnitten, alles falsch und gerade deswegen total richtig. Ich fand sie wunderbar und habe sie so exakt, wie ich konnte, auf die Seiten gesetzt: ohne zu beschneiden oder auszubessern, und natürlich ohne Retusche.«[3]
Mit einer Ausnahme (ein ganzseitiges Foto von Gregory Rozakis) wurden alle Abzüge im Originalformat oder leicht vergrößert reproduziert. Auf den ersten beiden Seiten des Artikels stehen Spalten mit ein bis vier Bildern über dem Text. Die nächsten beiden Seiten werden ohne Zwischenraum von Fotosequenzen eingenommen. Drei Fotos zeigen Warhol mit Sonnenbrille; in zweien ist sein Kopf teilweise vom oberen Bildrand abgeschnitten. Die *»new faces«* produzieren sich, wie Ethel Scull, in ausgelassenen Posen vor der Kamera. Man sieht den Bildern an, dass sie in einer Fotokabine entstanden sind. Sie verströmen einen jugendlichen Mangel an Respekt: Mit dem Establishment haben wir nichts am Hut! Warhol, der kommende Star der Pop Art, wird in dieser Phase seiner Karriere sicherlich ebenso gedacht haben.
Warhol schätzte den Automaten auch, weil er hervorragend für Selbstportraits geeignet war. Die Maschine nahm ihm praktisch alle Entscheidungen aus der Hand. In einem Interview mit Gene R. Swenson für Art News im November 1963 versicherte Warhol: »Ich male so, weil ich eine Maschine sein möchte; und ich merke, dass alles, was ich maschinenartig mache, genau das ist, was ich machen möchte.«[4] Das Gute am Fotoautomaten war für Warhol, dass er eine Maschine *war*. Man brauchte nur die Münzen einzuwerfen, der Rest lief von selbst. Es ist denkbar, dass die Anregung zu einer solchen Vorgehensweise von einem Bericht ausging, der ein Jahr zuvor in Harper's Bazaar erschienen war. Die Illustrierte hatte im März 1962 eine Auswahl der »Subway Portraits« des amerikanischen Fotopioniers Walker Evans veröffentlicht. Es handelte sich um Aufnahmen mit versteckter Kamera. Wie bei einem Automaten waren dadurch Entfernung,[5] Beleuchtung, Belichtungszeit und Hintergrund fest vorgegeben. Der dokumentarische Effekt war hier allerdings größer, weil die Fahrgäste sich ihrer Rolle als Akteure vor der Linse nicht bewusst waren. Evans übte sich als Künstler in Zurückhaltung, um den Blick auf das Motiv nicht zu versperren, und versuchte, den Prozess des Fotografierens soweit wie möglich zu mechanisieren. Zu diesem Zweck experimentierte er sogar mit Fotoautomaten, wie Mia Fineman in einem Text über die »Subway Portraits« erwähnt: »Evans wusste, dass die künstlerische Distanz nicht von selbst kam; sie musste hart erarbeitet werden. Er bewunderte seit langem die Direktheit und scheinbar anonyme Objektivität der konventionellen Portraitfotografie, vom Manierismus der Studiobilder des 19. Jahrhunderts bis hin zum pragmatischen Realismus polizeilicher Fahndungsfotos. Zu Evans' frühesten Versuchen in dieser Richtung zählen einige humorvolle Selbstportraits, die 1929 in einer New Yorker Foto-

3 Ruth Ansel, zit. n.: Emile De Antonio und Mitch Tuchman: Painters Painting: A Candid History of the Modern Art Scene 1940–1970, New York 1984, S. 122/123.

4 Andy Warhol, in: Gene R. Swenson: What is Pop Art? Interview with Eight Painters (Part 1), in: Art News, November 1963. Wiederabdruck in: John Russell und Suzi Gablik: Pop Art Redefined, London 1969, S. 117.

5 Alle abgebildeten Fahrgäste sitzen auf der gegenüberliegenden Seite des U-Bahn-Waggons. Evans fotografierte auch über mittlere Distanzen ins Waggoninnere hinein; diese Aufnahmen sind aber keine Portraits mehr. Für den Abdruck in Harper's Bazaar wählte er ausschließlich Portraits aus, die er zu Zweiergruppen arrangierte.

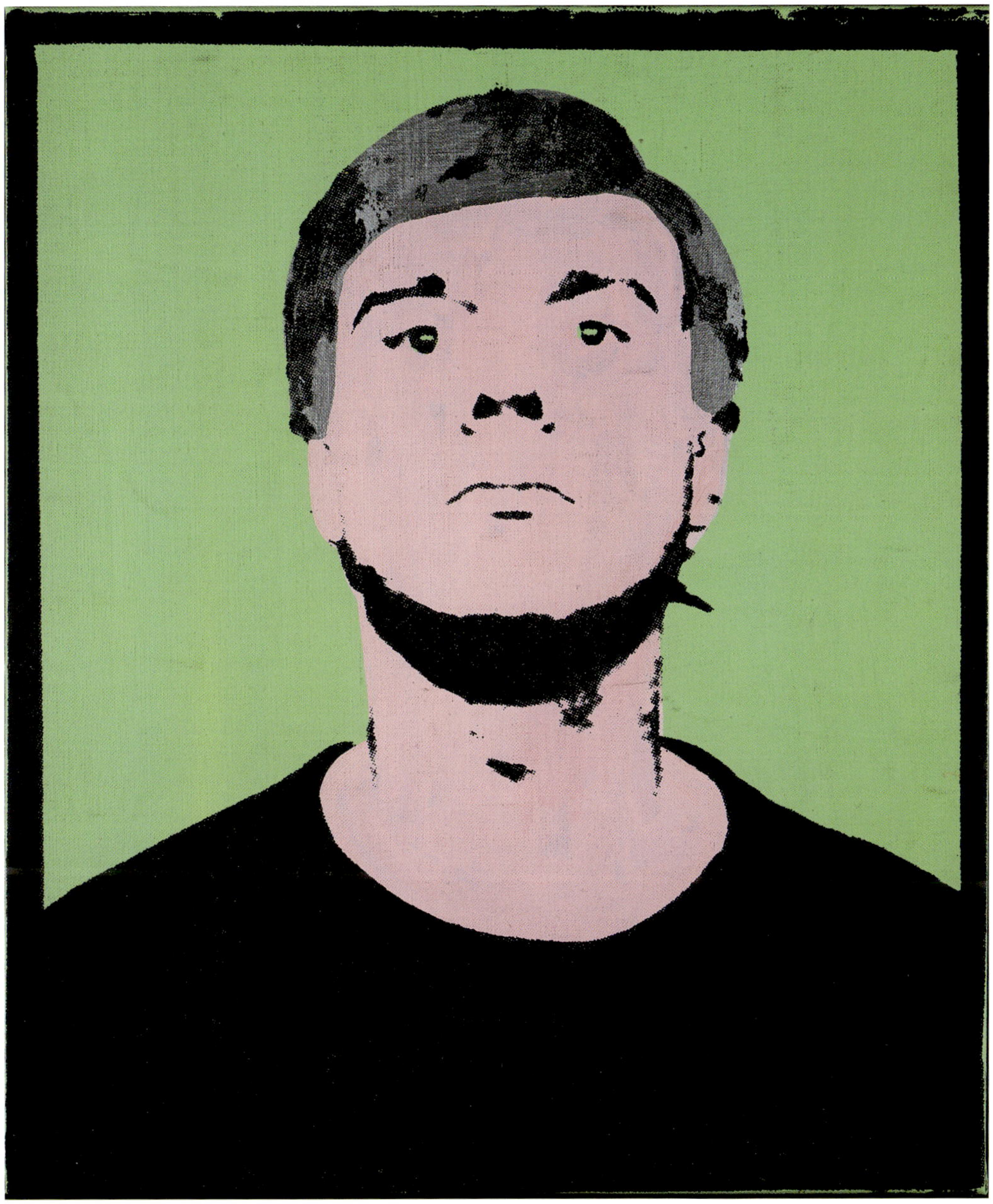

3 Early Self-Portrait, 1964
Acryl, Silberfarbe und Siebdruckfarbe auf Leinwand
Acrylic, silver paint and silkscreen ink on canvas
51,5 x 42,5 cm

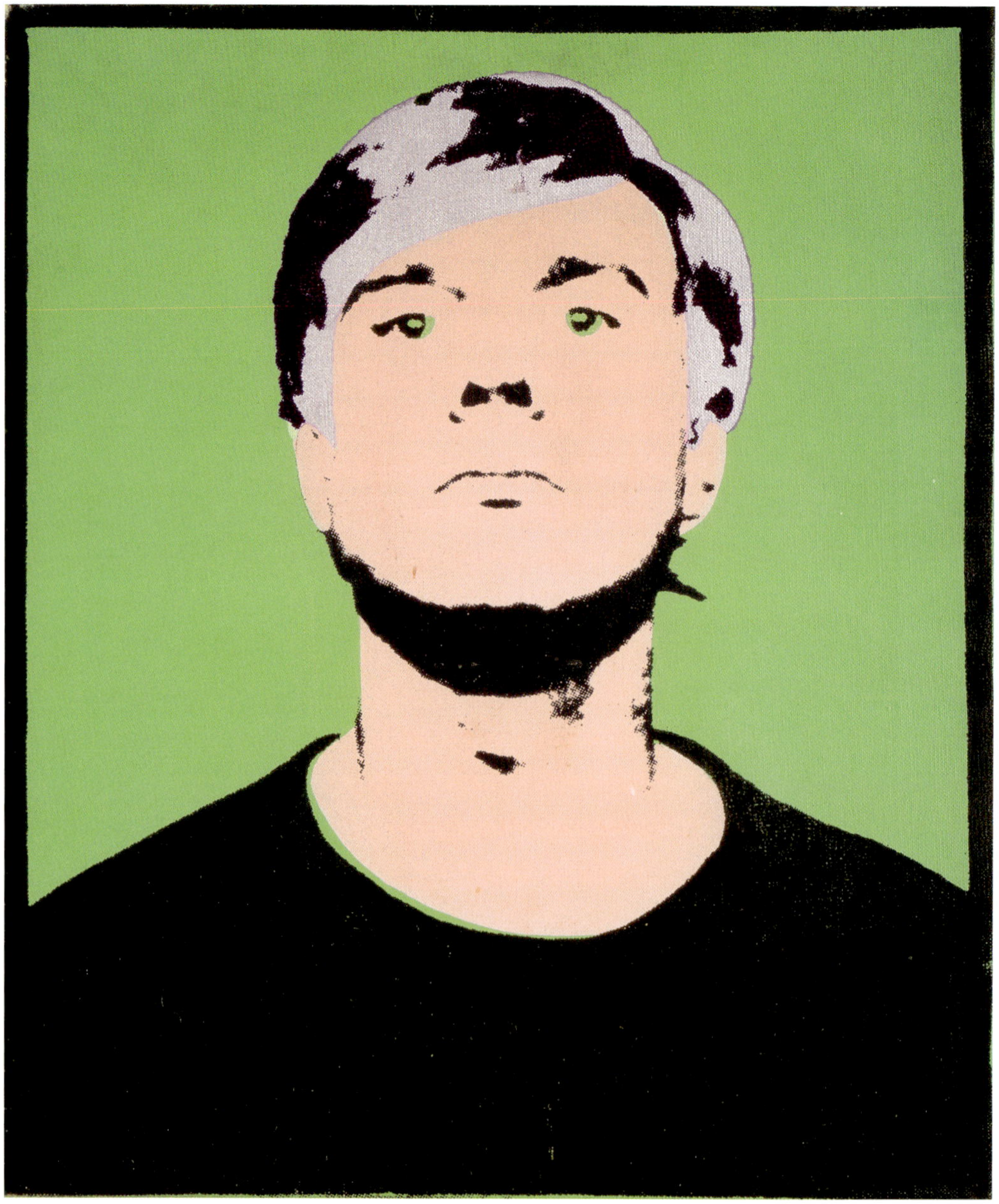

5 Early Self-Portrait, 1964
Acryl, Silberfarbe und Siebdruckfarbe auf Leinwand
Acrylic, silver paint and silkscreen ink on canvas
51,6 x 42 cm

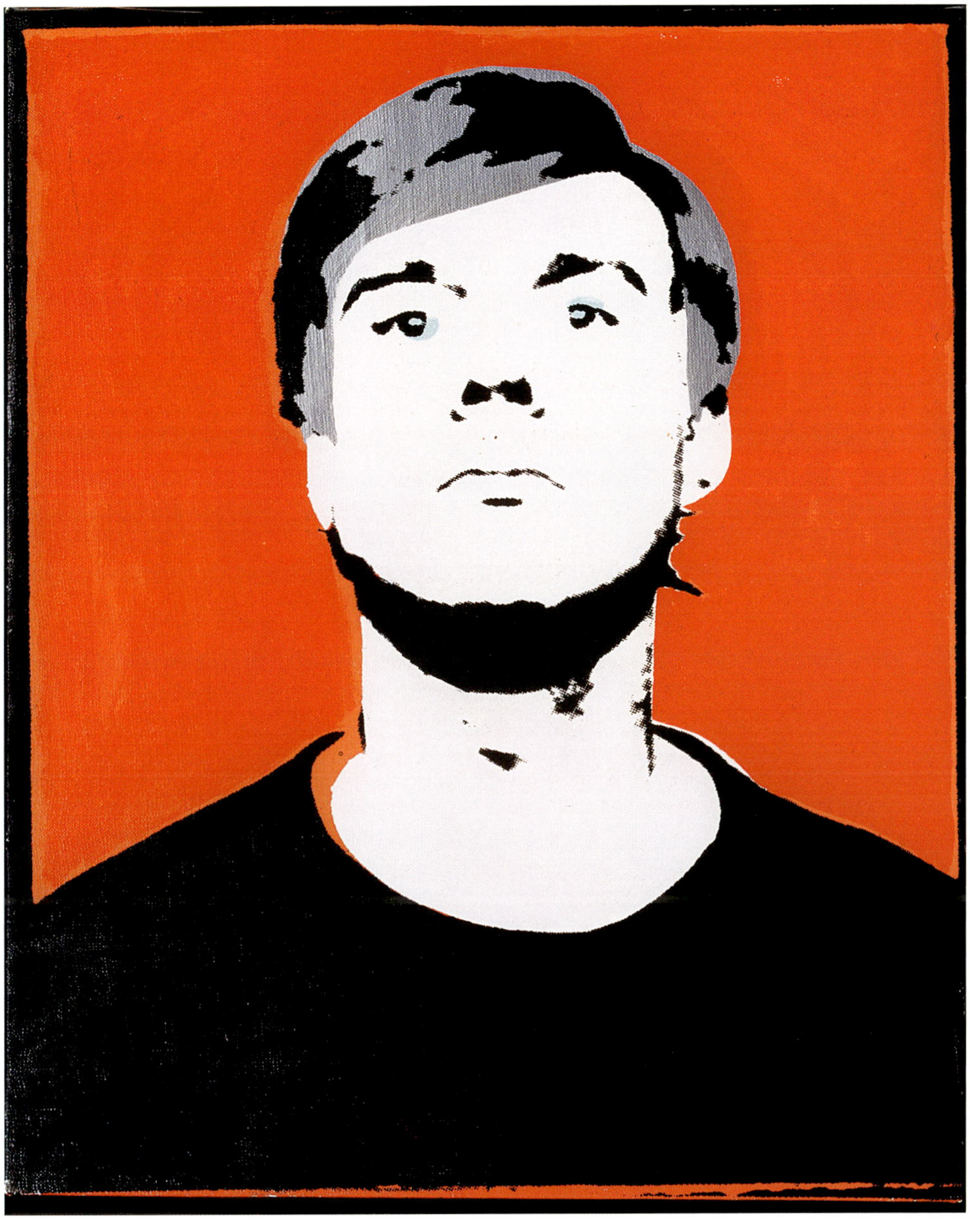

4 Early Self-Portrait, 1964
Acryl, Silberfarbe und Siebdruckfarbe auf Leinwand
Acrylic, silver paint and silkscreen ink on canvas
50,8 x 41 cm

kabine entstanden. Evans trieb seine Possen vor dem Auge des Kamera-Automaten und entdeckte dabei jene unpersönliche Portraittechnik, die er später hinter dem Sucher vervollkommnet hat. Er wollte, dass seine Kamera im eigentlichen Sinne als Maschine funktionierte. Um dies zu erreichen, musste er seine subjektive künstlerische Präsenz vorübergehend zum Verschwinden bringen. Mit der ›Subway‹-Serie brach er auf zu seinem Ziel der, wie er sich ausdrückte, ›absoluten Reinheit der Aufzeichnungsmethode.‹«[6]

Wir wissen nicht, ob Warhol diesen Artikel kannte. Fest steht, dass er regelmäßig für Harper's Bazaar gearbeitet und diese und ähnliche Zeitschriften eifrig gelesen hat. Der damalige Art-Director des Magazins, Marvin Israel, war mit Evans befreundet und hat wahrscheinlich auch grafische Aufträge an Warhol vergeben. Dass der Popkünstler mit Evans' Werk vertraut war, lässt sich nachweisen: Im Oktober 1962 malte er Robert Rauschenbergs Familie und gab zwei Bildern der Serie mit »Let Us Now Praise Famous Men«[7] den gleichen Titel, den das Buch von Walker Evans und James Agee über die Wirtschaftskrise im amerikanischen Süden trägt.[8]

Es scheint, dass Evans Warhols Ideal einer distanzierten und neutralen Darstellungsweise beeinflusst hat und dass die »Subway Portraits« den Fotoautomaten als geeignetes Medium nahe legten. Diese These lässt sich um einen weiteren Strang erweitern, der dem Ursprung des systematisch aufgebauten, kühl-ironischen Selbstbildes des Künstlers nachspürt. Im September 1963 reiste Warhol zur Vernissage seiner Ausstellung in der Ferus Gallery nach Los Angeles. Er nutzte die Gelegenheit, um an der Eröffnung der ersten Marcel-Duchamp-Retrospektive im Pasadena Art Museum[9] teilzunehmen. Irving Blum, Direktor der Ferus Gallery, erinnert sich, dass Warhol »außerordentlich beeindruckt« von der Schau zurückkehrte, dass er »persönlich und sehr zurückhaltend« reagierte und dass er »betroffen war, von dem, was er gesehen hatte, und wie geblendet«[10]. Warhol war Duchamp begegnet, hatte ihn angesprochen und traf ihn später auch in New York. 1966 drehte er sogar einen dreiminütigen Film über den Franzosen. Duchamp war damals das Idol einiger Künstler, die Warhol schätzte, darunter Jasper Johns und Robert Rauschenberg. Johns vertrat die Ansicht, dass Duchamp die Kunst von der Fixierung auf ein primär visuelles Ergebnis befreit und in ein Feld übertragen hatte, »wo Sprache, Denken und Sehen aufeinander einwirken«[11]. Warhol faszinierte ganz allgemein, wie Duchamp Ideen aufgriff und nach eigenen Vorstellungen vorantrieb. Gerard Malanga – Warhols Assistent von 1963 bis 1967 und von 1968 bis 1970 – beantwortete die Frage, welche von Duchamps Qualitäten für Warhol besonders wichtig waren, mit: »Ideen, Konzepte und (...) seine Fähigkeit, eine Idee zu nehmen und ihr unerschrocken eine konkrete Form zu geben.«[12]

Im Hinblick auf seine Selbstportraits muss Warhol besonders gefallen haben, dass Duchamp seine künstlerischen Ideen in der Form präzise inszenierter Fotos von sich realisierte. Das in diesem Zusammenhang wohl auffälligste Exponat in Pasadena war der Steckbrief »Wanted: $2000 Reward« (1923), dessen Vorlage Duchamp in einem New Yorker Restaurant gefunden hatte. Als so genanntes »rectified readymade« hatte der Künstler die Frontal- und Profilaufnahme des Gesuchten hier durch sein eigenes Konterfei des Künstlers ersetzt. Darunter prangte die Aufschrift:

2000 $ Belohnung

für Informationen, die zur Festnahme von George W. Welch, alias Bull, alias Pickens, etcetry, etcetry führen. Betrieb *Bucket Shop* in New York unter dem Namen HOOKE, LYON and CINQUER. Größe: ca. 5 Fuß 9 Zoll. Gewicht: ca. 180 Pfund. Hautfarbe mittel, Augen desgleichen. Auch unter dem Namen RROSE SÉLAVY bekannt.

Indem er sich mit Gesetzesbrechern, sozialen Außenseitern und Spielernaturen identifizierte – ein *Bucket Shop* ist ein illegales Wettbüro –, stellte Duchamp sich in eine Reihe mit jenen Künstlern und Literaten, die das gesellschaftliche Treiben lieber von außen beobachten und mit ihm spielen, als selbst ein Teil dieser Gesell-

6 Mia Fineman: Notes for Underground. The Subway Portraits, in: Maria Morris Hambourg u. a.: Walker Evans (Kat.), The Metropolitan Museum of Art, New York 2000, S. 113/114.

7 Diese nach Fotografien gemalten Bilder der Familie Rauschenberg waren keine Auftragswerke, sondern wohl eher ein Versuch, sich bei Rauschenberg einzuschmeicheln. Über den Titel von Evans' Depressionsfotos verknüpfte Warhol sich und seine ärmliche Kindheit mit dem Hintergrund des Starkünstlers Rauschenberg. Der Bildtitel ist sicher nicht nur ein Hinweis auf Rauschenbergs bescheidene Herkunft, sondern auch eine ironische Spitze gegen dessen kometenhaften Aufstieg.

8 James Agee und Walker Evans: Let Us Now Praise Famous Men. Three Tenant Families, Boston 1941 (Nachdruck 1960).

9 Marcel Duchamp: A Retrospective Exhibition, Pasadena Art Museum, 8.10.–3.11.1963.

10 Irving Blum (Herbst 1978), in: Patrick S. Smith: Warhol. Conversations about the Artist, Ann Arbor und London 1988, S. 196.

11 Jasper Johns: Marcel Duchamp (1887–1968), in: Artforum, November 1968, S. 6.

12 Gerard Malanga, in: Patrick S. Smith: Warhol. Conversations about the Artist, Ann Arbor und London 1988, S. 178.

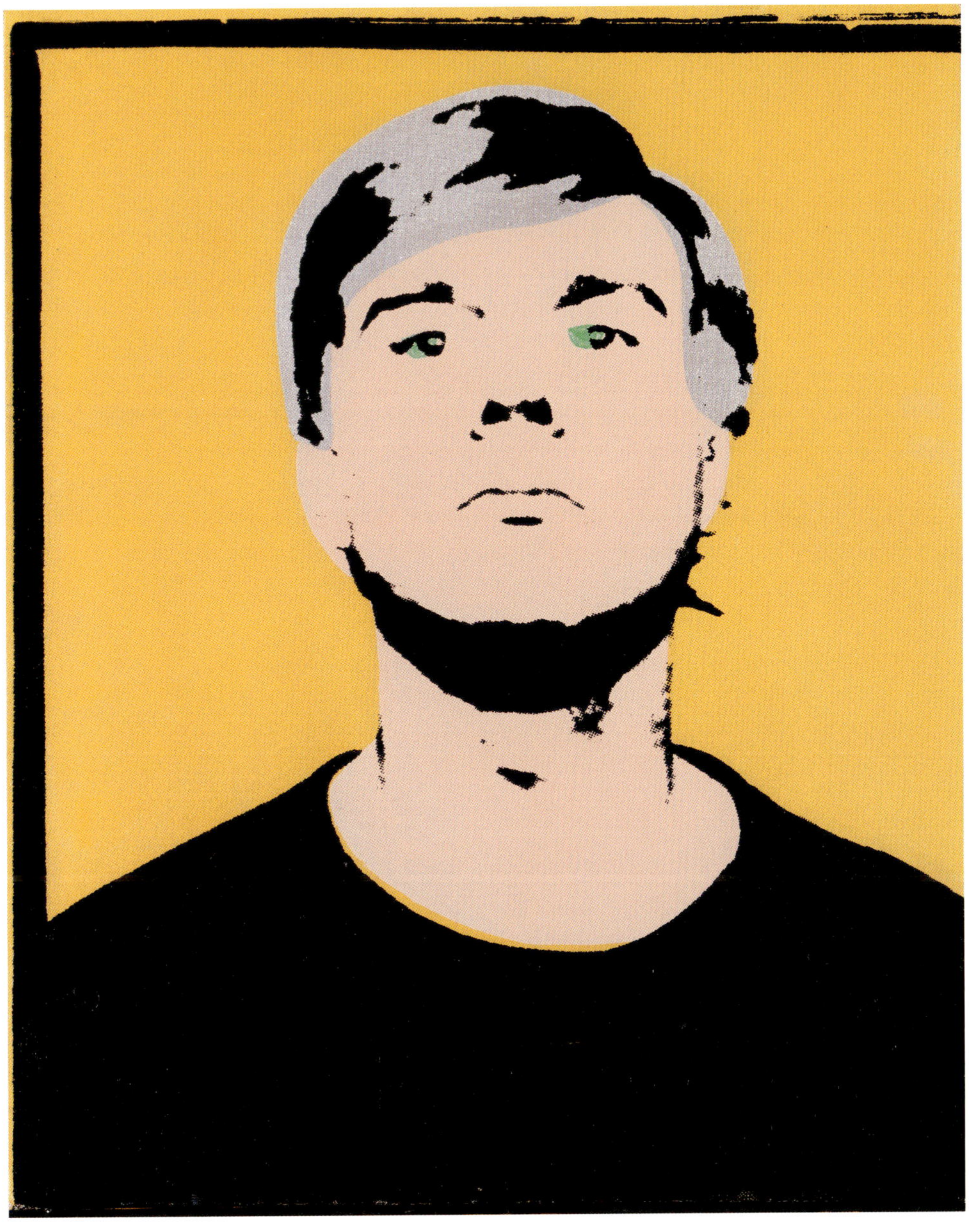

6 Early Self-Portrait, 1964
Acryl, Silberfarbe und Siebdruckfarbe auf Leinwand
Acrylic, silver paint and silkscreen ink on canvas
50,8 x 40,6 cm

schaft zu sein. Die Haltung des gleichmütigen Dandys, wie Baudelaire sie beschrieben hat, beherrschte er perfekt. Mit stilsicherer Doppeldeutigkeit wählten Duchamp und der Kurator Walter Hopps dann auch den »$2000-Reward«-Steckbrief, obwohl er in der Retrospektive nicht gezeigt wurde, als Ausstellungsplakat. Wer im Vorbeigehen nicht so genau hinschaute, musste glauben, dass der Künstler ein gesuchter Verbrecher war. Immerhin war dies Duchamps erste, lang erwartete große Ausstellung: Der Underground-Künstler, das Phantom aus längst vergriffenen Katalogen und New Yorker Avantgardezirkeln, wagte sich zum ersten Mal ans Licht der Öffentlichkeit.

Ende 1963, kurz nach Andy Warhols Rückkehr nach New York, beauftragte die Sammlerin Florence Barron den Künstler mit einem Selbstbildnis (Abb. S. 28). Wie bei Ethel Scull überließ Warhol die fotografische Arbeit dem Automaten. Er wählte vier verschiedene Aufnahmen aus: die erste von vorn mit geschlossenem Mund, die zweite gleichfalls von vorn, mit leicht geöffnetem Mund und der rechten Hand halb geschlossen vor der Brust, die dritte und vierte mit seitlich gedrehtem Kopf und offenem Mund. Diese Elemente wurden im Siebdruck zu einer vierteiligen Tafel zusammengesetzt. Die Sequenz beginnt rechts unten, setzt sich links oben und links unten fort und endet rechts oben. Das erste Motiv kommt dem Verbrecherfoto des Duchamp-Plakats am nächsten – abgesehen davon, dass Warhol seine unvermeidliche Sonnenbrille trägt. Die wäre bei Aufnahmen auf der Polizeiwache wohl verboten gewesen. Hier unterstreicht sie den coolen Außenseiterstatus des Modells. Die Portraits drei und vier könnten als absichtslose Spielerei abgetan werden, doch auf den zweiten Blick scheint Warhol jedoch den Ausdruck eines Erhängten imitieren zu wollen. Zusammen mit dem ersten Bild ergibt sich somit eine Abfolge: Szenen der letzten Tage eines Verbrechers. Wenn diese Vermutung zutrifft, bleibt noch das Rätsel des zweiten Portraits zu lösen. Welche Bedeutung haben die Handhaltung und die geöffneten Lippen? Ist Warhol dabei, seine Henkersmahlzeit einzunehmen? Das ist nicht so weit hergeholt, wie es klingen mag. Warhol war religiös und hat 1986, in seinem letzten Lebensjahr, mehrere Variationen zu Leonardos »Abendmahl« gemalt. Die Viertelung des Selbstportraits von 1963 ist sogar schon als Zeichen des Kreuzes interpretiert worden.[13] Christus starb am Kreuz, weil ihn das Gesetz zum Verbrecher stempelte. Warhol übernimmt die Passionssymbolik, um seine eigene Außenseiterrolle herauszustellen. Obwohl es sich um ein Auftragswerk handelte, scheint ihm das Resultat so gefallen zu haben, dass er die Motive in verschiedenfarbigen Einzelbildern variierte.

Der nächste wichtige Auftrag kam Anfang 1964, im Zusammenhang mit der Weltausstellung in New York. Der Architekt Philip Johnson bat Warhol um einen Beitrag für die Fassade des New York State Pavilion. Diesmal griff Warhol noch radikaler auf Duchamps Steckbriefverfahren zurück. Als Ausgangsmaterial dienten ihm Fahndungsplakate des FBI mit Abbildungen der zehn meistgesuchten Kriminellen. Warhol wählte aus verschiedenen Plakaten dreizehn Doppelportraits in Seiten- und Vorderansicht aus, reduzierte ihre Gesamtzahl auf zweiundzwanzig Motive und vergrößerte sie zu Siebdrucken im Format 122 x 102 cm. Die Serie wurde 1964 schließlich in einem Raster von 5 x 5 Einheiten auf 25 Leinwände gedruckt. Ihr Titel, »Thirteen Most Wanted Men«, ist zweideutig. Warum ist man hinter diesen Männern her? Wegen ihrer ungesetzlichen Handlungen oder ihrer unwiderstehlichen Anziehungskraft? Einen Hinweis auf letzteres liefern zwei Warhol-Filme aus demselben Jahr, »The Thirteen Most Beautiful Women« und »The Thirteen Most Beautiful Boys«. Auf der Weltausstellung führte Warhols politisch aufgeladene Provokation erwartungsgemäß zum Eklat. Das Wandbild musste mit Silberfarbe übermalt werden, hinterließ aber dennoch einen bleibenden Eindruck. Andy Warhol, Maler der Superstars und Suppendosen, hatte es geschafft, Portraits von gesellschaftlich geächteten Personen an einem der meistbesuchten Orte New Yorks zu platzieren. Sein Drang, einzuschließen statt auszuschließen, anzunehmen statt abzulehnen, seine Freizügigkeit und Toleranz traten nie deutlicher in seinem

13 Vgl. Corinna Thierolf: All the Catholic Things, in: Andy Warhol. The Last Supper (Kat.), Staatsgalerie moderner Kunst, München 1998, S. 43/44.

Schaffen hervor als an diesem entscheidenden Punkt. Es ist bezeichnend, dass zu derselben Zeit eine Serie von Selbstportraits entstand, die Warhols Identifikation mit der Figur des Outlaws noch emphatischer herausstellt (Abb. S. 33–37). Warhol ließ sich streng frontal in einem Fotoautomaten ablichten. Sein Kopf ist leicht zurückgelehnt, als ob er auf Befehl stillhalten würde. Weder Gesicht noch Körperhaltung verraten seine Emotionen (außer einer geistigen Anspannung). Arme und Hände bleiben außerhalb des Blickfeldes. Warhol trägt ein einfaches T-Shirt, das in den Gemälden ganz in Schwarz gehalten ist. Überhaupt wird das Motiv im Siebdruck stark vereinfacht, so dass nur die stärksten Akzente sichtbar bleiben – Augen, Nase und Mund sind bloß angedeutet. Keine Zwischentöne, nur grelles Licht und tiefe Schatten. Die Farbgebung unterstützt die reduzierte Härte des Gesamtbildes: Rot, Blau, Grün oder Ocker für den Hintergrund, die Haut dagegen rosa oder weiß, das Haar silbern, die Augen wieder in der Hintergrundfarbe. Einige Einzelbilder, ein rotes und ein blaues etwa, sind als Paar konzipiert.

Durch die Beschränkung auf ein absolutes Minimum an Abbildhaftigkeit, bei dem Kopf und Schultern gerade noch erahnbar sind, und durch ihre schroffe Kargheit haben diese Selbstportraits eine existenzielle Intensität. Parallelen zu Edvard Munchs bekanntem »Selbstportrait mit Knochenarm« von 1895 fallen hier ins Auge. Warhol besaß ein Exemplar dieser Lithografie (Kaufdatum unbekannt).[14] Noch näher steht die Serie allerdings den Fahndungsfotos, und, als gedankliche Weiterführung, dem Christusbild. Warhol gehörte dem griechisch-orthodoxen Glauben an und ging, in seiner Pittsburgher Jugendzeit wie später in New York, häufig zur Messe. Ein zentraler Bestandteil des orthodoxen Ritus ist die Ikonenverehrung. Den Ikonostas der Kirche St. John Chrysostom, die Warhol als Kind in Pittsburgh besuchte, zieren zahlreiche Christus- und Heiligenikonen. Gut möglich, dass Warhol diese stilisierten, stets in Vorderansicht erscheinenden Votivfiguren bei der Arbeit an seinen Selbstportraits bewusst oder unbewusst im Kopf hatte.

Trotz dieser historischen Bezüge sind Andy Warhols Selbstportraits des Jahres 1964 jedoch kompromisslos modern. Sie zeigen einen selbstbewussten, wachen Mann, der gelassen zu seinen Handlungen steht, auch auf Kosten gesellschaftlichen Außenseitertums. Die Rolle des, wie John Richardson es treffend bezeichnete, »heiligen Narren«[15] hat Warhol erst bei späteren Interviews und Fototerminen perfektioniert. Hier liegt der Unterschied zwischen den Selbstportraits von 1963/1964 und jenen von 1966/1967 (Abb. S. 40–52): In letzteren präsentiert sich der Künstler als undurchschaubares Rätsel, als passive, skurrile Figur. Die Finger vor Mund und Kinn blockieren den Zugang zum Kern hinter Warhols Fassade. Diese Fassade wurde auch schon in den früheren Portraitserien errichtet, nur war sie damals die Konstruktion einer unerschütterlichen Selbstsicherheit.

14 Verzeichnet in: Andy Warhol Collection, Americana and European and American Paintings, Drawings and Prints (Auktions-Kat.), Sotheby's New York, 29./30. April 1988, Lot 3019.

15 John Richardson: Grabrede für Andy Warhol am 1. April 1987 im Rahmen der Gedenkfeier in der New Yorker St. Patrick's Cathedral, in: Jane Daggett Dillenberger: The Religious Art of Andy Warhol, New York 1998, S. 14.

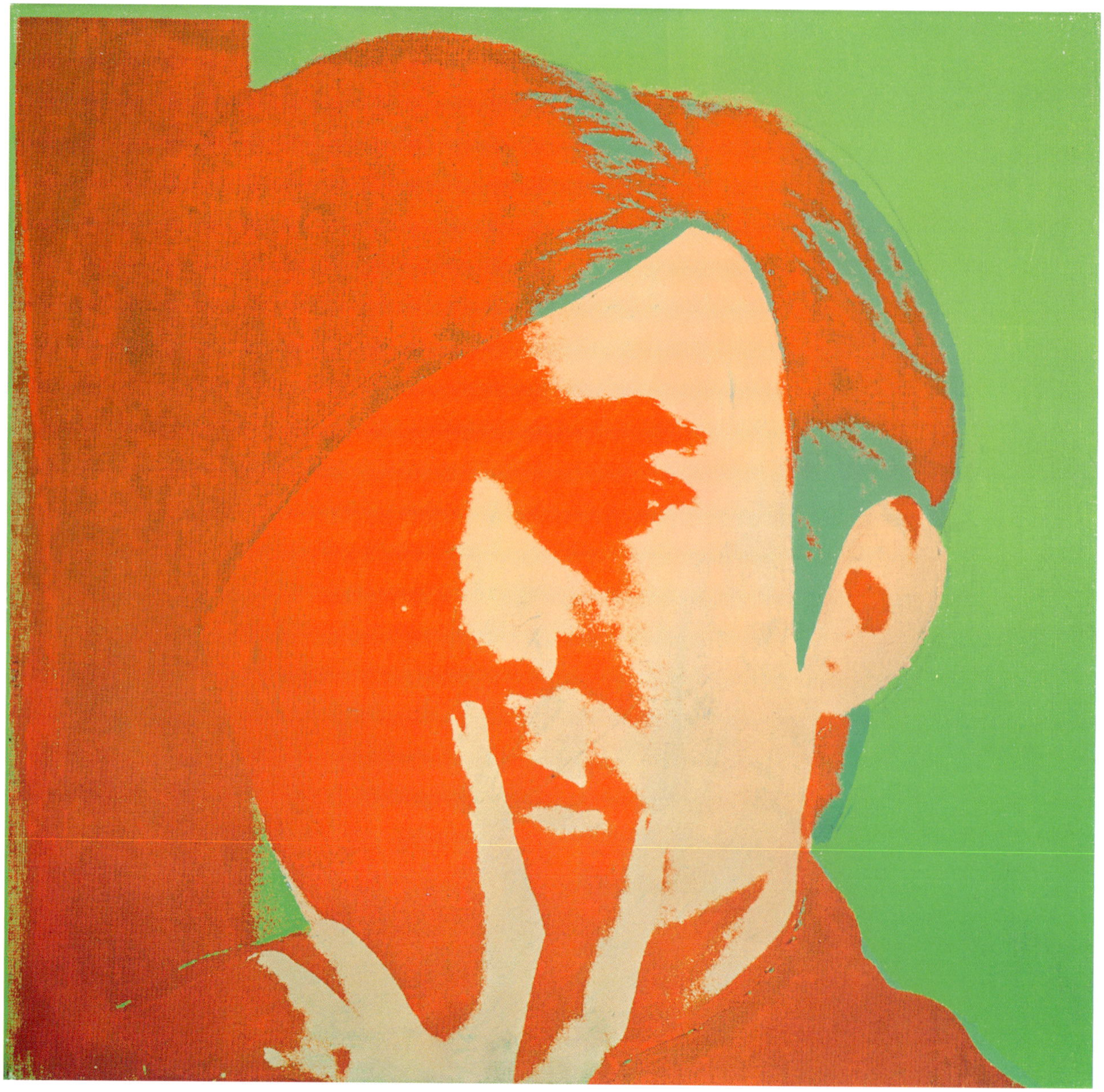

9 Self-Portrait, 1966/1967
Acryl und Siebdruckfarbe auf Leinwand
Acrylic and silkscreen ink on canvas
5,8 x 55,8 cm

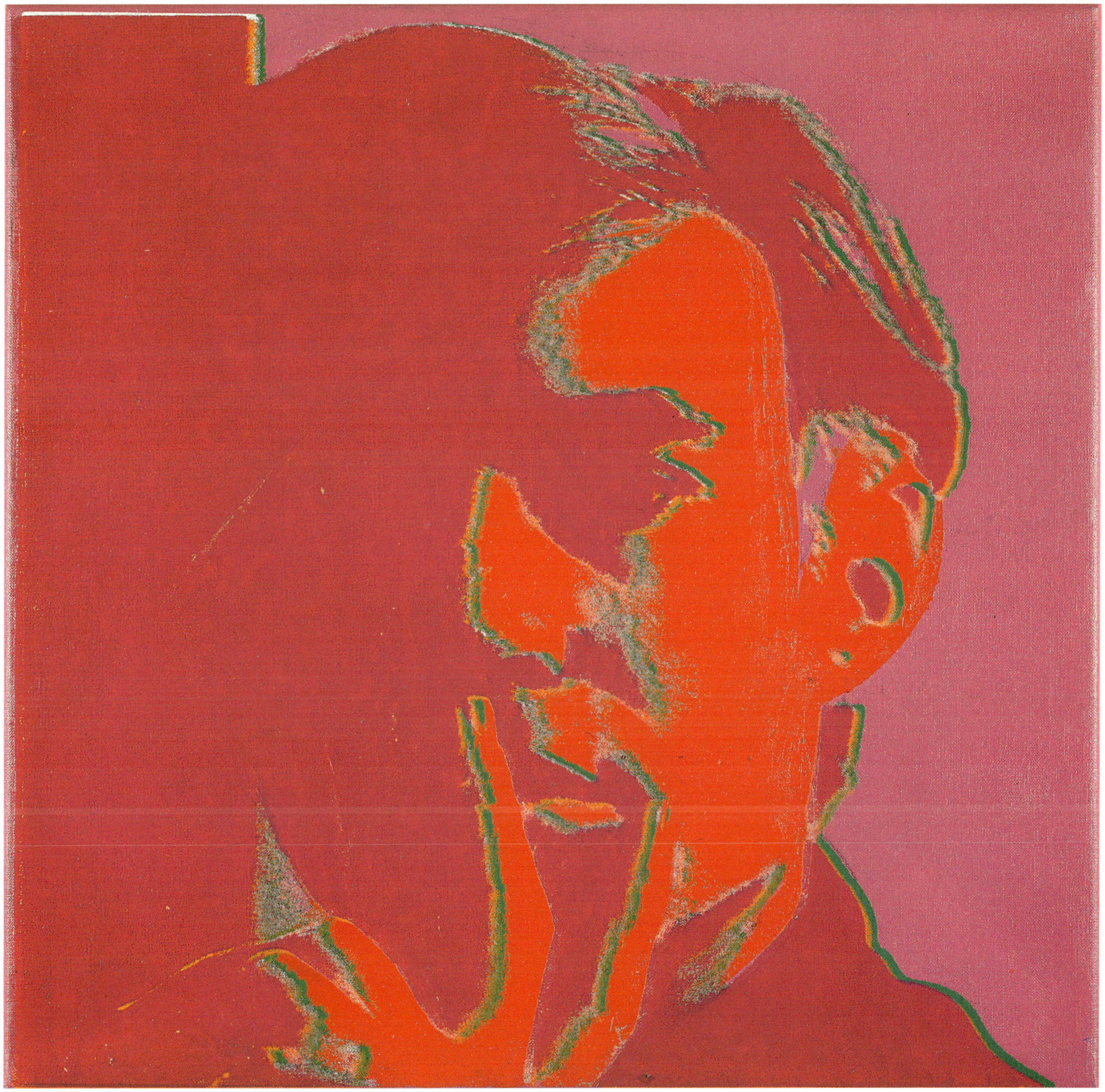

7 Self-Portrait, 1966
Acryl und Siebdruckfarbe auf Leinwand
Acrylic and silkscreen ink on canvas
57 x 57 cm

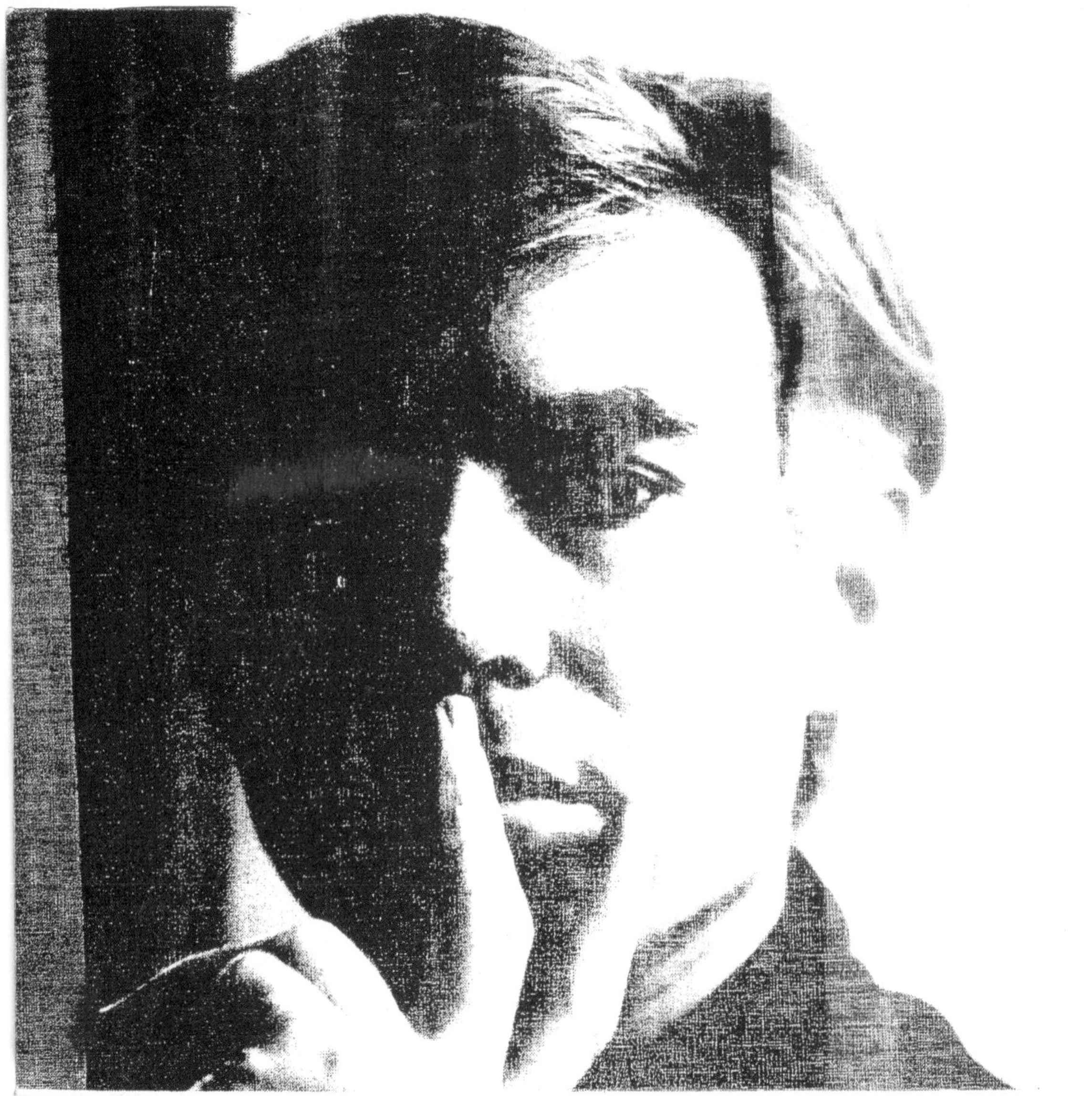

10 Self-Portrait, 1966/1967
Acryl und Siebdruckfarbe auf Leinwand
Acrylic and silkscreen ink on canvas
55,8 x 55,8 cm

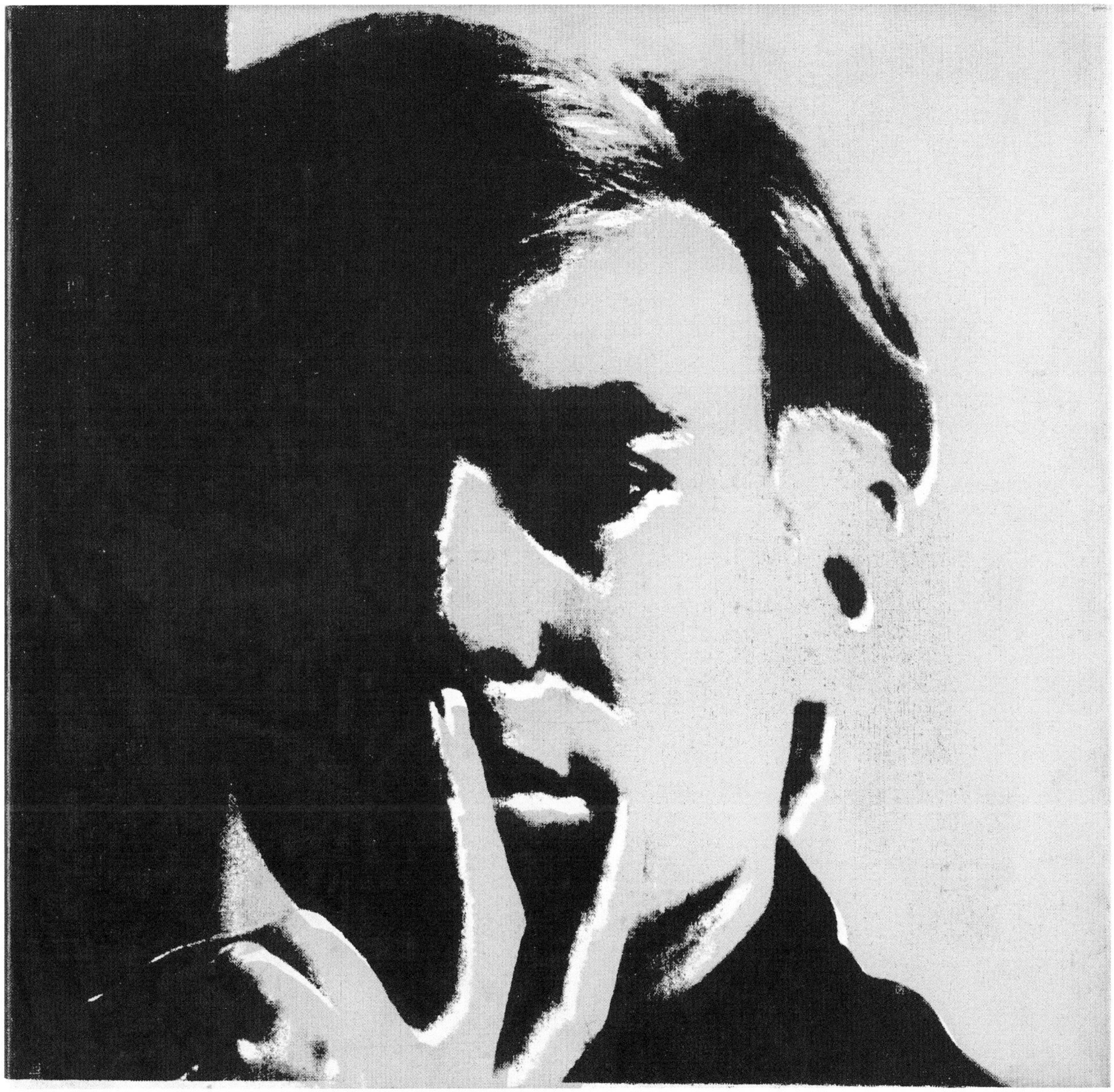

8 Self-Portrait, 1966
Acryl und Siebdruckfarbe auf Leinwand
Acrylic and silkscreen ink on canvas
57 x 57 cm

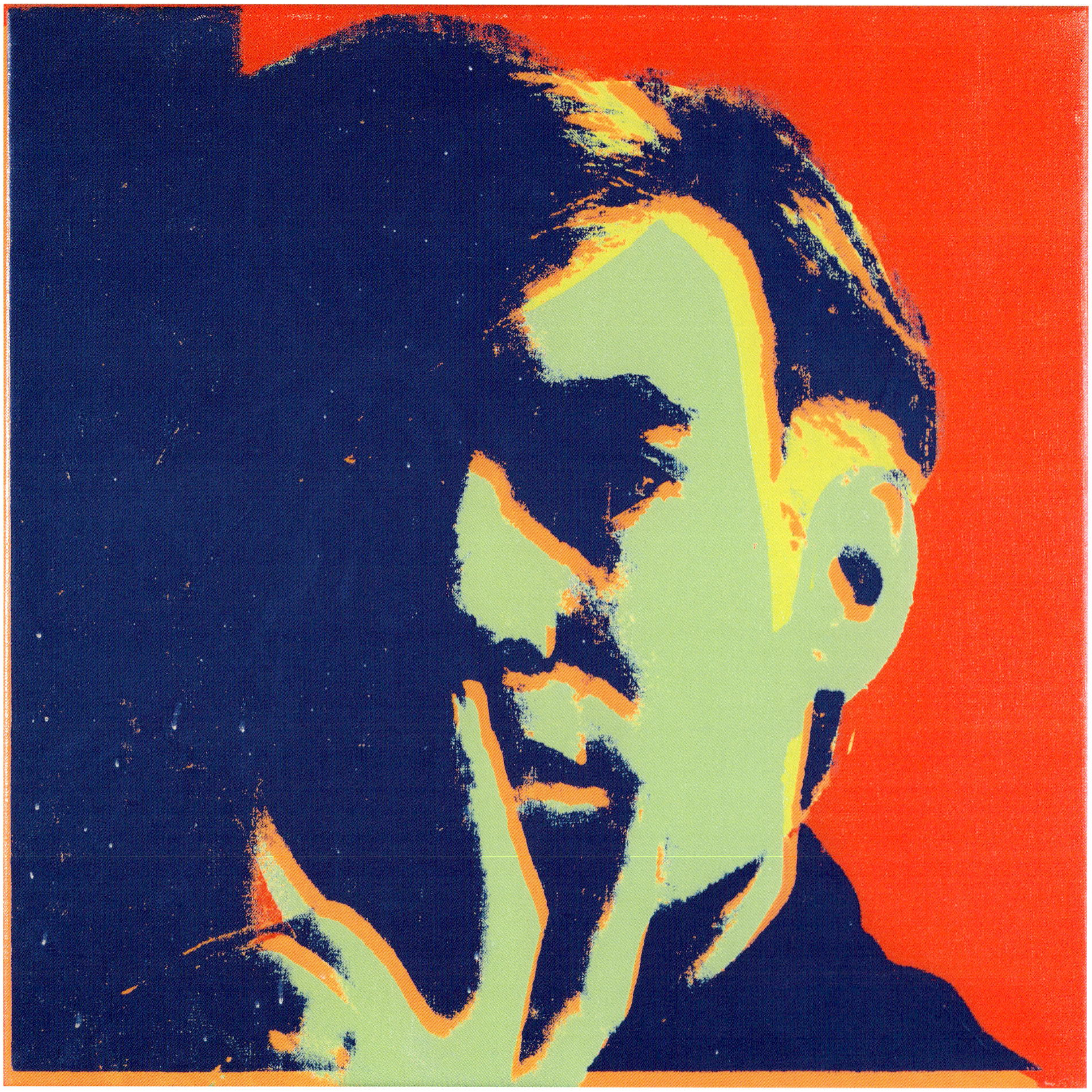

11 Self-Portrait, 1967
Acryl und Siebdruckfarbe auf Leinwand
Acrylic and silkscreen ink on canvas
55,8 x 55,8 cm

ANDY WARHOL. THE PHOTOMAT SELF-PORTRAITS

Keith Hartley

As far as is known, apart from a few early drawings and watercolours done in the forties and fifties before he left his home town of Pittsburgh, Andy Warhol's first self-portraits were painted in late 1963 / early 1964. They were not studies in self-analysis or self-exposure; they were not painted in front of a mirror or based on drawings done before a mirror; they were not even painted from photographs, for which he had set up the camera, controlled the lighting and arranged the backdrop and setting. Rather they were based on snapshots taken in a photo booth, enlarged, turned into silkscreens and transferred onto canvas. The process was as mechanised and as far removed from personal, hands-on decision-making as one could get.

The first time that Warhol had used a photo booth to make photographs on which to base subsequent paintings was in late June / early July 1963. He had been commissioned by the New York businessman Robert C. Scull (one of the earliest collectors of Pop Art) to paint a portrait of his wife Ethel. This was Warhol's first commissioned painting and Ethel Scull didn't quite know what to expect. At least, she thought, Warhol would have her photographed by one of the leading society photographers in New York such as Richard Avedon. She dressed accordingly in fashionable designer clothes. Instead, Warhol took her to a place on 42nd Street where there were several photomat machines. 'Andy would come in and poke me and make me do all kinds of things and I finally relaxed. We were running from one booth to another. Pictures were drying all over the place. At the end he said "Now, do you want to see them?" They were sensational.'[1]

The idea of using a photomat machine to take portraits for an artwork seems eccentric, but Warhol had his reasons. Ever since he had begun to turn from *commercial* to *fine* art in 1960, Warhol had used publicity photographs for his paintings of celebrities, whether it was Marilyn Monroe, Elvis Presley or Elizabeth Taylor. They were, so to speak, *found objects* or *Readymades*. They were part of the popular imagery bank, part of the demotic language. As such they lent themselves perfectly for further simplification through the silkscreening process and for serial repetition on the canvas. They, or rather their images, were commodities, as well-known as Campbell's Soup. Ethel Scull was a relatively unknown figure. Her face was not public property. By choosing to photograph her in a photo booth Warhol was, in a sense, democratising her, making her face similar to millions of other faces across America.[2] The photomat machine did the work for him: standardising the image, making sure that the head and shoulders were at a standard distance from the camera, lit in the same way and roughly centred. Warhol knew that he could not repeat the same image over and over again on the canvas, because Scull was not a celebrity. He had to animate her into striking a range of poses, clowning about like so many do when alone in the private cubicle. The resultant painting, *Ethel Scull Thirty-Six Times* (1963), with its chequerboard pattern of different colours and varied poses, suggests a photo session with a would-be actress, trying out a range of emotions and roles.

This was not the first time that Warhol had used the photo booth for a commissioned work. For the June 1963 issue of *Harper's Bazaar* Ruth Ansel had given Warhol (who was still carrying out commercial work to pay his way) the assignment to illustrate a feature called 'New Faces, New Forces, New Names in the Arts'. 'I gave him the list of names, the people to be photographed, and he took them to some photomat machines ...

1 Victor Bockris, *Warhol* (London, 1990), p. 194.

2 In an interview with Gene R. Swenson in 1963. Warhol expressed the view that the United States had an anti-elitist culture that encouraged everyone to think and look alike. 'Someone said that Brecht wanted everyone to think alike. I want everybody to think alike. But Brecht wanted to do it through Communism, in a way. Russia is doing it under government. It's happening here all by itself without being under a strict government ... Everybody looks alike and acts alike, and we're getting more and more that way. I think everybody should be a machine.' Andy Warhol, in G. R. Swenson, 'What is Pop Art? Interview with Eight Painters' (Part 1), *Art News* (November 1963); reprinted in John Russell and Suzi Gablik, *Pop Art Redefined* (London 1969), p. 116.

and came back with a series of portraits: out of focus, front, side, feet showing, heads cut off, everything wrong, and everything right because of it. I loved them and put them down on the page in the most honest way I could: not cropping, not making them look better, and certainly no retouching.'[3]

Apart for one (a photograph of Gregory Rozakis, enlarged to provide a full-page spread) all the images are either the actual size they came out of the photomat machine or slightly bigger. On the first two pages of the article, one, two, three or four images are lined up in columns with text below about the 'New Faces'. On the next page the whole side is taken up with photo-strips with no spaces between them. It includes three photos of Warhol, wearing sunglasses; two of them show him with his head cropped at the top. As in the Scull painting, all the images are of people posing, clowning about and playing up to the camera. It is very clear that all of them were taken in a photo booth. They have a feeling about them of youthful irreverence, of not belonging to the establishment. This was certainly the stance adopted by Warhol at this stage in his career.

One of the main reasons why Warhol used the photo booth was because it allowed his subjects – including himself – to take self-portraits. It took most of the decisions out of his hands. In an interview with Gene R. Swenson for *Art News* in November 1963 Warhol said: 'The reason I'm painting this way is that I want to be a machine, and I feel that whatever I do and do machine-like is what I want to do.'[4] The joy of the photomat for Warhol was that it was a machine. Once money had been placed in the slot it functioned automatically. Warhol may have got the idea for using the photomat from an article in *Harper's Bazaar* just over a year previously. In March 1962 the American photographer Walker Evans had published a selection of his *Subway Portraits* in the magazine. These portraits were taken surreptitiously by Evans using a hidden camera. As in the photo booth the distance,[5] lighting, exposure and setting were fixed. The photographs have an even more detached, objective quality about them than the photomat images used by Warhol because the people did not know that they were being photographed. Evans championed the approach of *staying out* of his photographs, of trying to make the process as mechanical and impersonal as possible. In an essay on his *Subway Portraits* Mia Fineman notes that Evans had even used the photo booth to try and achieve this longed-for ideal. 'Evans knew that the quality of detachment was not obtained automatically; it needed to be actively cultivated. He had long admired the demotic directness and seemingly authorless objectivity of *non-art* photographic portraiture, from the stiff, descriptive portraits churned out by hundreds of anonymous nineteenth-century studio photographers to the blunt utility of the police mug shot. Among Evans's earliest photographic works are several clowning self-portraits he made in a photo booth in New York in 1929. Playfully posing for the automatic eye of the photo booth camera, he discovered an impersonal approach to photographic portraiture that he later tried to emulate from behind the lens. Evans wanted his camera to function like the machine it was; for this to happen, he had to temporarily extinguish his own subjective, artistic presence. With the subway series, he set out to achieve what he later described as the "ultimate purity" of the "record method".'[6]

It is not known for sure whether Warhol saw or took note of this article, although it is known that he worked regularly for *Harper's Bazaar* and read this and similar magazines avidly. The art director of *Harper's* at that time was Marvin Israel. He was a friend of Evans and must have had dealings with Warhol for commissioned work that Warhol did for the magazine. Certainly Warhol knew of Evans's work since he used the title of the book that Evans and James Agee did of the rural south during the Depression, *Let Us Now Praise Famous Men*[7] for two of his (October) 1962 paintings of Robert Rauschenberg and his family.[8]

If we allow that some of Evans's concerns for detachment and impersonality may have rubbed off on Warhol and that Evans's *Subway Portraits* may possibly have suggested the photomat as a way of achieving this

3 Emile De Antonio and Mitch Tuchman, *Painters Painting: A Candid History of the Modern Art Scene, 1940–1970* (New York, 1984), pp. 122–123.

4 Andy Warhol, in G. R. Swenson, 'What is Pop Art? Interview with Eight Painters' (Part 1), *Art News* (November 1963); reprinted in John Russell and Suzi Gablik, *Pop Art Redefined* (London 1969), p. 116.

5 The distance was fixed when he took portraits of people sitting facing him in the subway. He also took some medium-distance shots down the carriage but these were not portraits. In *Harper's Bazaar* he chose to show only his portraits – in pairs.

6 Mia Fineman, 'Notes for Underground: The Subway Portraits', in Maria Morris Hambourg, Jeff L. Rosenheim, Douglas Eklund, and Mia Fineman, *Walker Evans*, exh. cat., The Metropolitan Museum of Art, New York, 2000, pp. 113–114.

7 James Agee and Walker Evans, *Let Us Now Praise Famous Men: Three Tenant Families* (Boston 1941), reprinted 1960.

8 This and other paintings by Warhol based on photographs of Rauschenberg's family were the result not so much of a commission as of an attempt on Warhol's part to 'ingratiate himself with Rauschenberg'. By choosing photographs taken in the Depression era Warhol was identifying himself and his poor childhood with that of the rising star. The title is both a straight homage to Rauschenberg's humble roots and more than a little ironic reference to his current celebrity status.

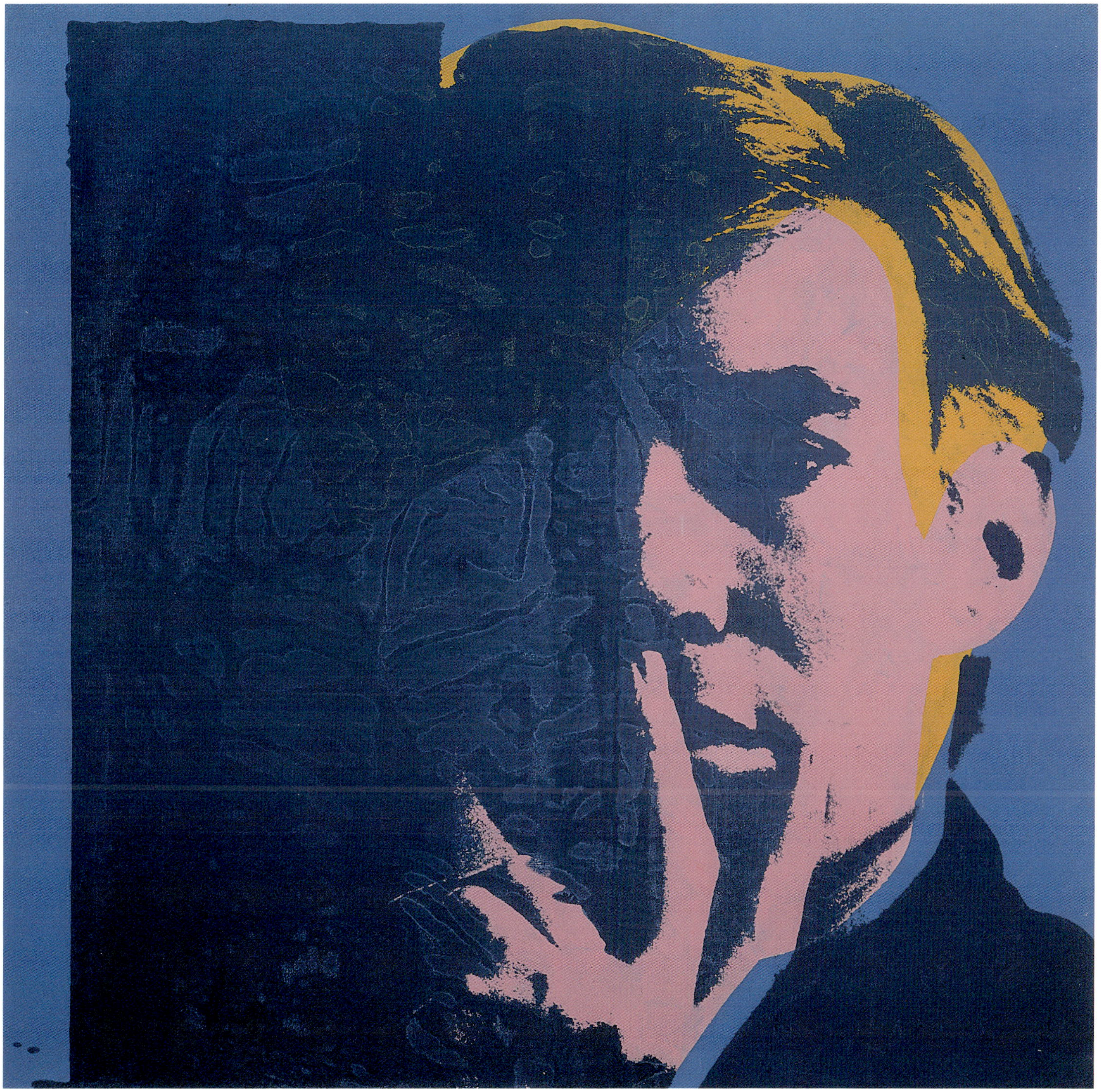

14 Self-Portrait, 1967
Acryl und Siebdruckfarbe auf Leinwand
Acrylic and silkscreen ink on canvas
182,8 x 183 cm

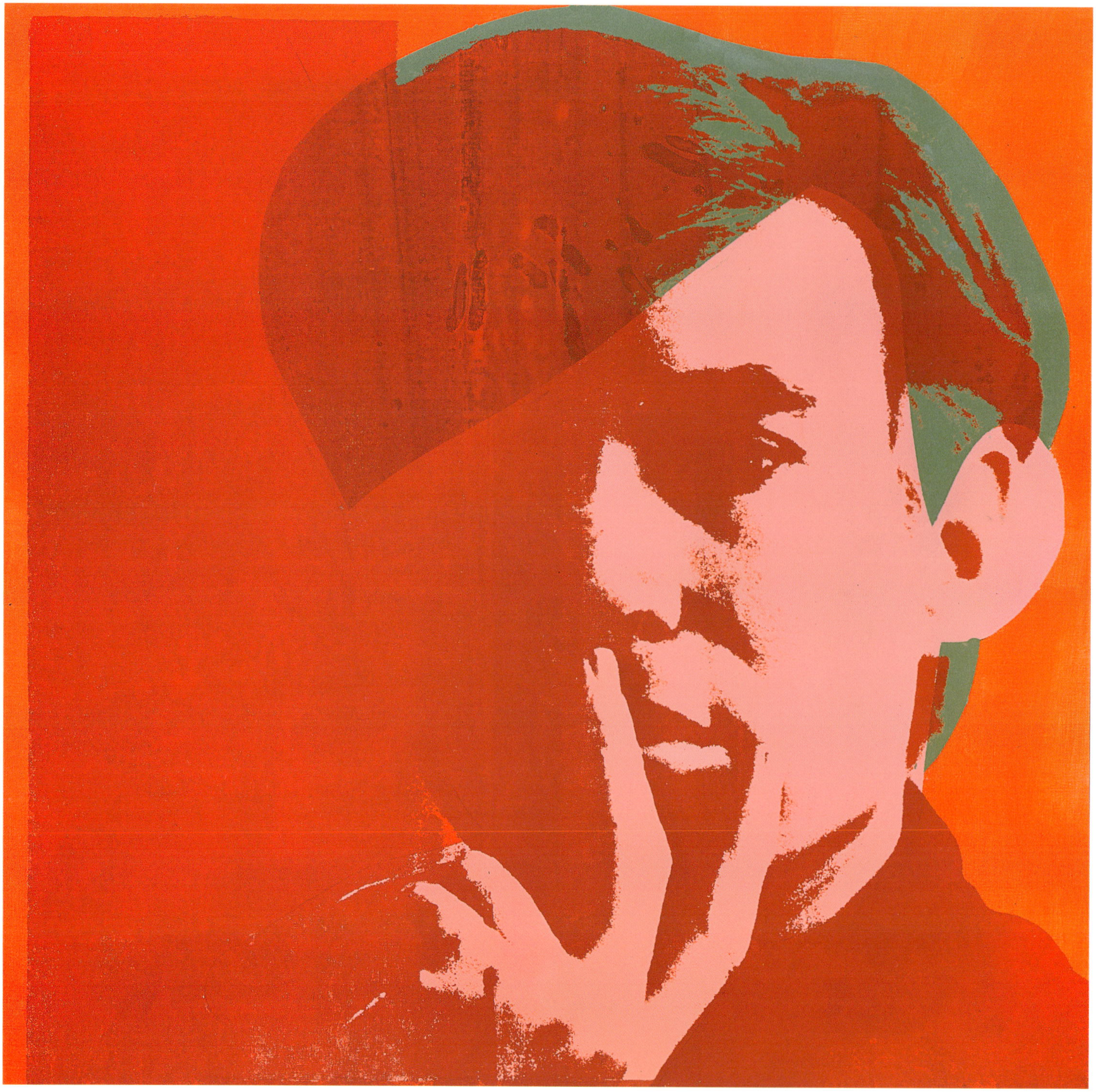

12 Self-Portrait, 1967
Acryl und Siebdruckfarbe auf Leinwand
Acrylic and silkscreen ink on canvas
182,8 x 182,8 cm

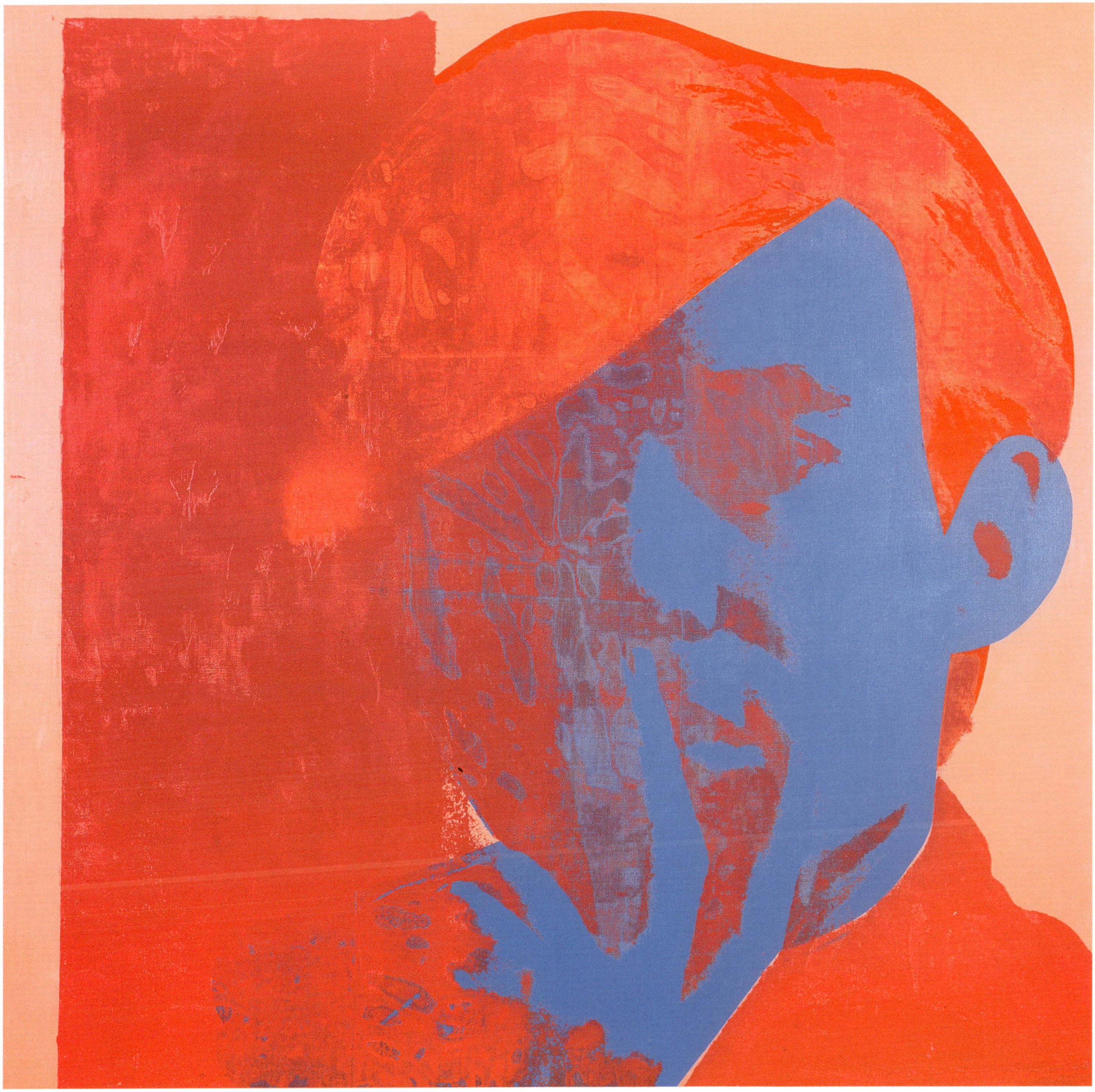

13 Self-Portrait, 1967
Acryl und Siebdruckfarbe auf Leinwand
Acrylic and silkscreen ink on canvas
183,2 x 183,2 cm

ideal, then there is another source that could have provided Warhol with an example of how to achieve the cool, ironic and sophisticated slant that he so craved. In September 1963 Warhol went to Los Angeles to attend the opening of his exhibition at the Ferus Gallery. While there he also went to the opening of Marcel Duchamp's first retrospective exhibition, held at the Pasadena Art Museum.[9] Irving Blum, who ran the Ferus Gallery, remembered that Warhol was 'enormously impressed by ... [Duchamp's] exhibit', that his reactions 'were private and very contained', and that 'he was moved by what he saw, and somewhat dazzled ...'[10] Warhol met and talked with Duchamp and thereafter knew him socially in New York and even made a three-minute film of him in 1966. By the time Warhol met him Duchamp was revered by artists that Warhol looked up to, such as Jasper Johns and Robert Rauschenberg, for the way in which he had removed art from mainly retinal concerns (in Johns' words) 'into a field where language, thought and vision act upon one another.'[11] In general terms Warhol was attracted to the way Duchamp took ideas and treated them in whatever way he felt most suitable. Gerard Malanga, Warhol's assistant from 1963 until 1967 and from 1968 until 1970, said that what fascinated Warhol in Duchamp were the 'ideas, conceptions and ... the thing about taking the idea and not being afraid to put it into concrete form.'[12]

Specifically, as far as Warhol's self-portraits are concerned, Warhol was surely impressed by the fact that Duchamp used carefully staged photographs of himself to give form to his ideas. The one most visible for Warhol to see in Pasadena was Duchamp's Rectified Readymade, called *Wanted: $2000 Reward* (1923). This consisted of a 'Criminal Wanted' poster that he had found in a New York restaurant. Duchamp had replaced the front and profile mug shots of the criminal with similar photographs of himself. Underneath the images were the words:

$2000 Reward

For information leading to the arrest of George W. Welch, alias Bull, alias Pickens, etcetry, etcetry. Operated Bucket Shop in New York under name HOOKE, LYON and CINQUER. Height about 5 feet 9 inches. Weight about 180 pounds. Complexion medium, eyes same. Known also under name RROSE SÉLAVY.

By identifying himself with those who stood outside the law, outside society and specifically with the gambling fraternity (a bucket shop was an unauthorised gambling and betting establishment) Duchamp was positioning himself in the line of artists and poets who preferred to observe and play with society rather than be part of it. This was the life and role of the coolly reticent dandy as described by Baudelaire and which Duchamp played to perfection. Although this poster had not been included in the exhibition itself, Duchamp and Walter Hopps (the organiser of the show) had taken the image and, in a nicely ambiguous gesture, put it onto the exhibition poster. Read cursorily, it now looked as if Duchamp was avidly being sought after. This was, after all, his first, and eagerly anticipated, retrospective exhibition. At last, the first underground artist, the mythic figure mentioned in out-of-print catalogues and in avant-garde art circles in New York, was coming into prominent view.

Shortly after getting back to New York in late 1963 Warhol was commissioned by the collector Florence Barron to paint a self-portrait (ill. p. 28). As with the commissioned portrait of Ethel Scull Warhol chose to use photomat images of himself rather than photographs taken by someone else (or even by himself using a normal camera). He used four separate photographs: the first frontal with mouth closed, the second frontal again but with his right hand clasped in front of his upper chest and his mouth beginning to open, the third and fourth showing his head twisted to the left or right with his mouth open. Warhol used these four photographs to create a quadripartite screen-painted work with the first image positioned lower right, the second upper left, the third lower left and the fourth upper right. The first image comes closest to the type of police mug shot Duchamp used in his poster, except

9 Marcel Duchamp, A *Retrospective Exhibition*, Pasadena Art Museum, Oct. 8–Nov. 3, 1963.

10 Irving Blum (autumn 1978), in Patrick S. Smith, *Warhol: Conversations about the Artist* (Ann Arbor and London, 1988), p. 196.

11 Jasper Johns, 'Marcel Duchamp (1887–1968)', *Artforum* (November 1968), p. 6.

12 Gerard Malanga, in Patrick S. Smith, *Warhol: Conversations about the Artist* (Ann Arbor and London, 1988), p. 178.

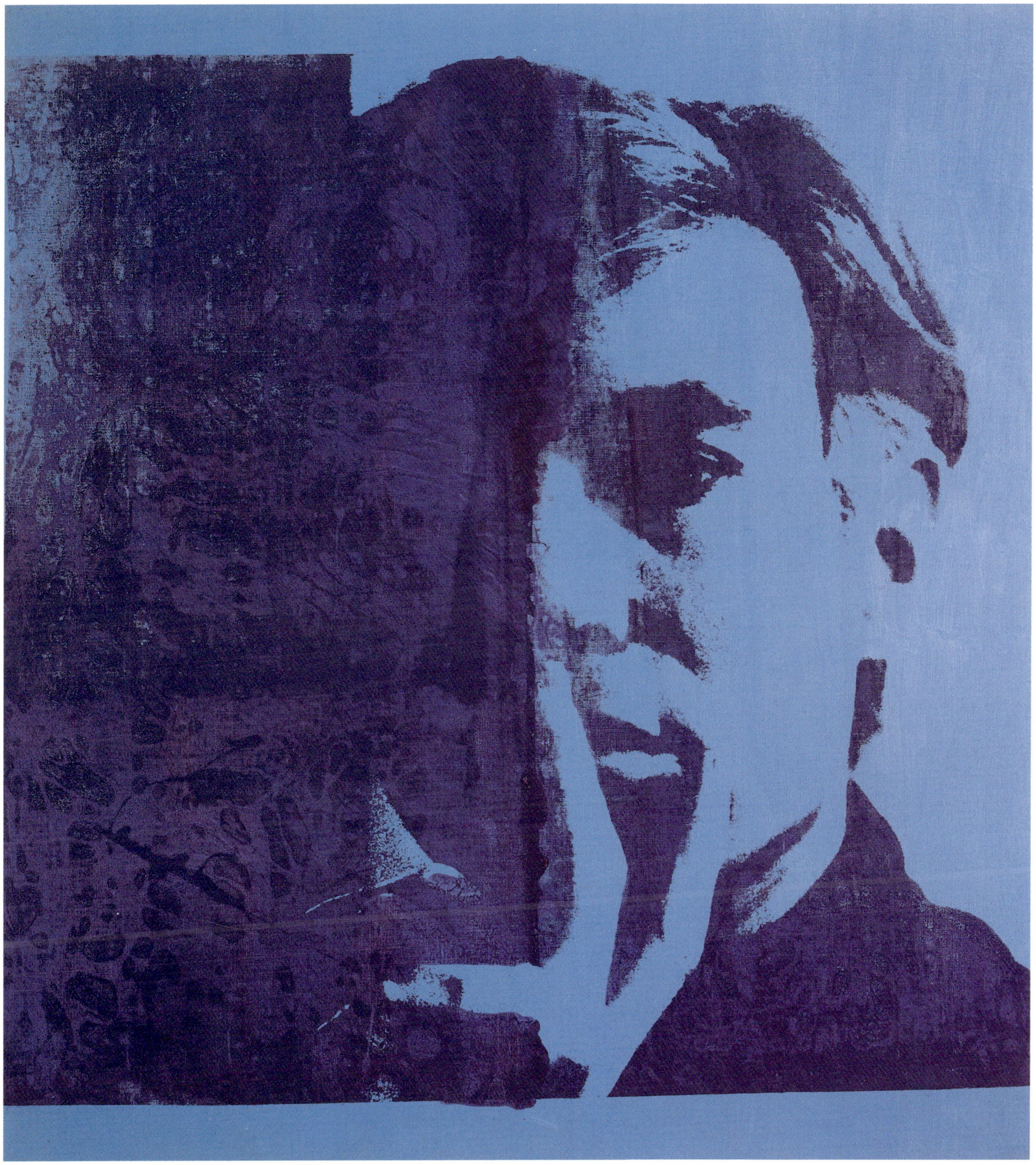

15 Self-Portrait, 1967
Acryl und Siebdruckfarbe auf Leinwand
Acrylic paint and silkscreen ink on canvas
200,7 x 177,8 cm

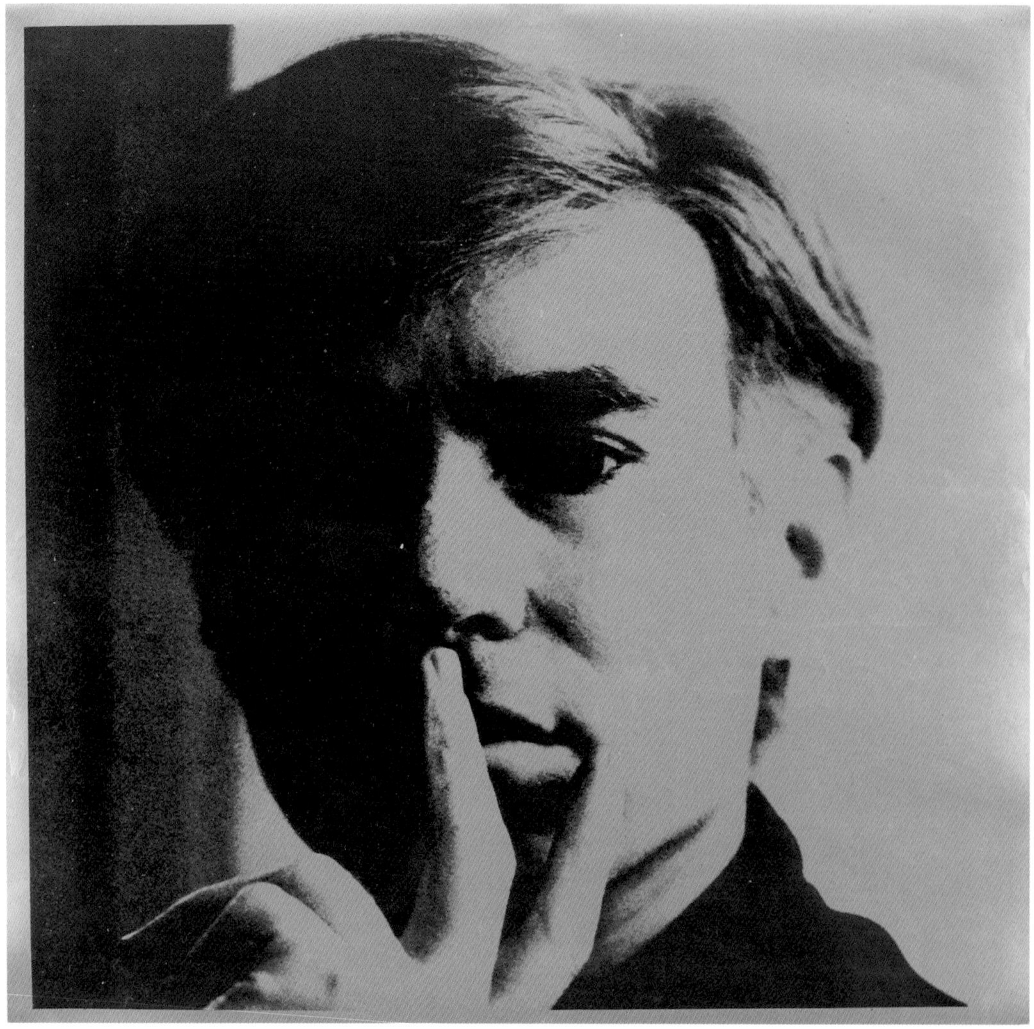

48 Self-Portrait, 1967
Siebdruck auf Silberfolie
Screenprint on silver-coated paper
56 x 53 cm

that Warhol is wearing his habitual sunglasses. This would obviously not be allowed in any police identity photograph. But what they do is to emphasise Warhol's cool outsider status. The third and fourth images might simply be taken as examples of Warhol clowning about, but on closer inspection they suggest that he is trying to convey the impression of someone who has been hanged. When viewed in connection with the first image the painting as a whole begins to look like scenes from the last days of a criminal. If that is the case, is there any significance to the second image? What is Warhol trying to suggest by his clasping hand and parting lips? Is he about to drink at his last supper? This is not as far-fetched as it may sound. Warhol was a very religious man and famously based several of his paintings in 1986 (the year before he died) on Leonardo's *Last Supper*. The quadripartite structure of the painting, it has been suggested, could even be read as a sign of the Cross.[13] Christ was crucified for being, in the eyes of the law, a criminal. Warhol seems to be making use of this topos as a comment on his own outsider status. Although this work was a commission, he obviously thought enough of the individual images to repeat them in various colours.

Early in 1964 Warhol was commissioned by the architect Philip Johnson to make a work for the exterior of the New York State Pavilion at the New York World's Fair. What Warhol did was to return, even more openly, to the idea behind Duchamp's Wanted poster. Taking as his starting-point the FBI's 'Ten Most Wanted Fugitives' posters, Warhol chose the double police mug shots (front and profile) of thirteen criminals, enlarged them to create twenty-two (some of the images were dropped) forty-eight-by-forty-inch silkscreens which he printed across a square of twenty-five canvases. The work was called *Thirteen Most Wanted Men* (1964). The title contained an ambiguity. What were these men wanted for? To be arrested for their criminal behaviour? Or for their sexual attractiveness? It is no accident that Warhol made two films in 1964 entitled *The Thirteen Most Beautiful Boys* and *The Thirteen Most Beautiful Women*. Needless to say the authorities were appalled that Warhol had produced such a politically charged work and eventually the images were painted over with silver paint. But Warhol had made a very powerful statement. At the same time as he was painting images of screen stars and Campbell's Soup, he chose to put, in one of the most prominent positions in New York, images of what most people considered the lowest of the low, society's outcasts. Warhol's deep-seated urge to include rather than exclude, to welcome rather than reject, his thoroughly all-encompassing spirit showed itself no more powerfully than at this crucial point in his career. It is, therefore, not surprising that around this time he did a series of self-portraits that make even more blatant his self-identification with the outlaw. In these paintings Warhol's pose in the photo booth is brutal in its frontality (ill. pp. 33–37). The head is tilted back slightly, as is usual when one is being asked to be at attention. All expression (except one of mental concentration) is drained from the face and pose. The arms and hands are not visible, and Warhol is wearing a simple tee-shirt which emerges in the paintings as a unified black. Indeed, the silkscreen has so simplified the image that only the most prominent features are visible – and, in the case of the nose, mouth and eyes, only vestigially so. There are no half-tones, only full light or deep shade. The colouring only serves to emphasise the starkness of the image: red, blue, green or ochre for the background, pink or white for the skin, silver for the hair and the eyes the same colour as the background. In some cases these self-portraits come in pairs – one red and one blue for example. In their total reduction to the bare minima of what constitutes a human head and shoulders, in their utter bleakness, these self-portraits have something existential about them. As such they bear more than a passing likeness to Edvard Munch's famous lithograph of 1895, one of which Warhol owned (although it is not known when he acquired it).[14] But the overwhelming affinity is to the police mug shot and, leading on from that, to the image of Christ. Warhol was a devout member of the Byzantine Catholic Church and

13 Corinna Thierolf: 'All the Catholic Things', in *Andy Warhol: The Last Supper*, exh. cat., Staatsgalerie Moderner Kunst, Munich 1998, pp. 43–44.

14 See *The Andy Warhol Collection: Americana and European and American Paintings, Drawings and Prints*, Sotheby's New York, April 29–30, 1988, lot 3019.

as such went regularly to church, both when growing up in Pittsburgh and later when he lived in New York. What was peculiar to the Byzantine rite as opposed to the Western Catholic Church was the veneration given to the religious icon. The iconostasis screen in St John Chrysostom, the church that Warhol attended as a boy in Pittsburgh, for example, has a number of iconic images of Christ and the Saints. The frontality and severely simplified forms of their heads may well have come to Warhol's mind, if only unconsciously, as he created these self-portraits.

Ultimately, of course, Warhol's 1964 self-portraits are uncompromisingly modern. They present a proud, alert man, unafraid to look the present and the future in the eye and to accept the consequences of his actions even if he is stamped an outsider by society. At this stage in his career Warhol had not perfected the role of 'saintly simpleton'[15] (to use John Richardson's memorable phrase) that he was to use in all his later public interviews and photoshoots. In this respect his self-portraits from 1964 (even 1963) are different from those of 1966/67 (ill. pp. 40–52). For these later works Warhol projects himself as an enigma, a passive, quizzical figure, who is difficult to fathom. The fingers placed before his mouth and on his chin present someone who is unwilling to allow anyone to get behind his façade. The façade was there in his self-portraits of 1963/64 but it was a construction built up by a cocky self-confidence.

15 John Richardson, Eulogy for Andy Warhol, given on the occasion of his Memorial Service at St Patrick's Cathedral in New York City, April 1, 1987; reprinted in Jane Daggett Dillenberger, *The Religious Art of Andy Warhol* (New York, 1998), p. 14.

KONSTRUKTION EINES POP-IMAGES

Roland Wäspe

I.

»Wenn ich vor zehn Jahren gestorben wäre, würde ich heute wahrscheinlich eine Kultfigur sein. Als die Pop Art um 1960 zum ersten Mal auftauchte, stellte die Kunstszene hier in New York so viel auf die Beine, dass sogar die steifen europäischen Typen zugeben mussten, dass wir Teil der Weltkultur waren.«[1]

Warhol beginnt sein 1980 erschienenes Buch »Popism« mit dieser Bemerkung, die unmerklich zwischen kühler Sachanalyse, ironischer Selbstreflexion und selbstbewusstem Statement wechselt. Zu diesem Zeitpunkt hatte er seine Selbstbildnisse mit dem Totenkopf als explizites *Memento mori* bereits geschaffen, und natürlich war er 1980 auch lebend schon eine Kultfigur. Mehr als ein Jahrzehnt hatte er an der systematischen Nutzung seines eigenen Abbildes gearbeitet, für seine Kunst und parallel zu ihr. Viele Mechanismen, welche die heutige Kunst- und Medienlandschaft prägen, wurden von ihm im Laufe der sechziger und siebziger Jahre auf ihre künstlerische Wirksamkeit hin untersucht. Seine experimentellen Filme und seine Fernsehauftritte waren dabei ebenso Teil der Recherche wie seine Zeitschrift »Interview« oder die bildkünstlerische Produktion.

Signifikantestes Beispiel sind sicherlich die Bildnisse von Marilyn Monroe. Unsere Vorstellung von der Schauspielerin ist untrennbar mit dem Image verbunden, das Warhol von ihr schuf. Sein eigenes Bildnis erreichte eine vergleichbare Popularität und wurde selbst zur Ikone. Es gelang ihm, zum Pop-Star aufzusteigen, was vorbildhaft wurde für die zukünftige gesellschaftliche Stellung und Funktion des Künstlers. Warhols Weg zum Gipfel des Ruhms hatte seine Basis in der Rezeption seines künstlerischen Schaffens; den Ausschlag gab allerdings die Art und Weise, wie seine Person in der Kunstwelt und in den Medien gleichzeitig präsent war.

Die von Warhol gefertigten Selbstbildnisse bilden im Gesamtwerk die entscheidende Nahtstelle zwischen beiden Welten. Warhol definierte dabei das Selbstbildnis neu. In einer Gesellschaft mit vielen Möglichkeiten konnte dies kein einzelnes Image mehr sein. Aus der häufigen Sequentialität, der variablen Farbigkeit und den verschiedenen Rollenbildern, in die er schlüpfte, ergibt sich eine Wandlungsfähigkeit, ja Ambiguität des Bildes, das jeden *seinen* Warhol finden lässt. Die Anonymisierung der künstlerischen Produktion, Warhols Ideal der Maschine und seine subtilen Bemerkungen über seine Werke als bloße Oberfläche laufen einer psychologischen Betrachtung allerdings diametral entgegen: »Ich habe mich nie davor gescheut, jemanden wörtlich zu fragen: ›Was soll ich malen?‹, weil Pop von außen kommt, und wieso sollte es etwas anderes sein, ob man jemanden um Ideen bittet oder ob man in einer Illustrierten danach sucht?«[2]

Die Prämisse, dass Selbstportraits – wie in der abendländischen Kunst seit der Renaissance behauptet – immer auch als klare Statements der künstlerischen Haltung unabhängig von einem Auftraggeber zu verstehen sind, scheint bei Warhols Selbstbildnissen nicht zu greifen. Wenn sie dennoch Schlüsselbilder für die Entwicklung und das Verständnis seiner Kunst geworden sind, so liegt dies an der unendlich sorgfältig austarierten Balance möglicher Bedeutungen. Wenn es keine Rolle spielt, welches Motiv Warhol als Kunstwerk umsetzt, so muss dem Wie der formalen Umsetzung ein umso höherer Stellenwert zukommen. Und tatsächlich benutzte Warhol sein eigenes Bild als Expe-

1 Andy Warhol und Pat Hackett: Popism. The Warhol '60s, New York 1980, S. 3.

2 Andy Warhol und Pat Hackett: Popism. The Warhol '60s, New York 1980, S. 16.

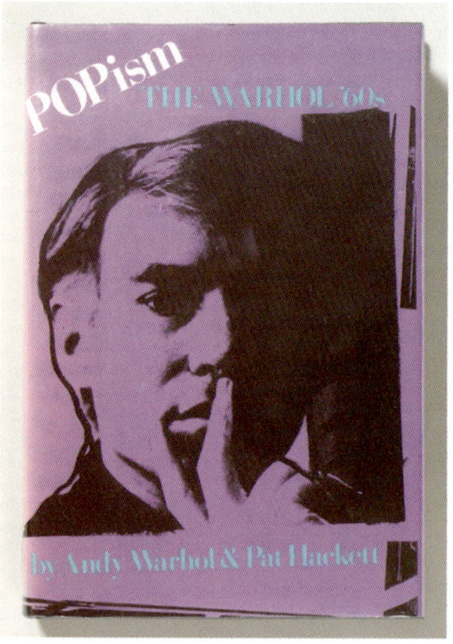

Andy Warhol & Pat Hackett: Popism. The Warhol ´60s, New York 1980

rimentierfeld. Unter diesem Aspekt der uneingeschränkten Nutzung der eigenen Person zur Erreichung eines künstlerischen Resultates ist doch eine der gängigsten Funktionen des Selbstbildnisses erfüllt.
Warhols Portraits sind im Spannungsfeld von Selbstbefragung und -stilisierung und durch die objektive Mehrdeutigkeit ihrer Aussage besonders ergiebig. In ihrer Annäherung an ein perfektes Image, dessen Variationsbreite Warhol systematisch auslotete, reflektieren sie die künstlerische Methode der Pop Art und stehen damit präzise für die gesellschaftlichen und ökonomischen Mechanismen einer ganzen Epoche.

II.

1963/1964 schuf Andy Warhol seine ersten Pop-Art-Selbstbildnisse (Abb. S. 28). Konsequenterweise waren es Auftragswerke, und sie entstanden in der neuen Technik des Siebdrucks. Die Bilder beruhen auf fotografischen Aufnahmen, in denen Warhol alle möglichen Posen der Selbstinszenierung durch die anonyme Neutralität des Fotoautomaten ablichten lässt. Nicht zufällig zeigt die Homepage der Andy Warhol Foundation diese Sequenzen der ersten Automaten-Shootings als einen zentralen Ausgangspunkt seiner Kunst. Ein alltägliches, überall vorkommendes, billiges und neutrales Medium wird von Warhol für seine Selbstbilder zur Hand genommen. Der Fotoautomat ersetzt den Spiegel, und die sequentielle Abfolge der Bilder hat eine offensichtliche Nähe zum Film. Die subjektive Sicht eines Fotografen entfällt. Der Fotografierte könnte sich in beliebiger Freiheit ablichten. Es ist erstaunlich festzustellen, dass dies bei Warhol nicht geschieht. Die entstandenen Fotografien wirken keineswegs spontan, sondern stark stilisiert. Wie die gewählte Pose auch immer aussieht, meist ist sie entweder frontal oder in einer exakten Profilansicht wiedergegeben.
Nahe verwandt sind die »Thirteen Most Wanted Men«, die Warhol 1964 für die Fassade des New York State Pavilion auf der Weltausstellung fertigte; er hatte sie aus einer Fahndungsbroschüre des New York City Police Departments von 1962 entnommen.[3] Das Fahndungsfoto als negativste Ausprägung des Gesellschaftsportraits gehört in der Form des Steckbriefes zur Grundausstattung jedes Western. Bereits Duchamp hatte sein Bildnis auf einem solchen Plakat in Szene gesetzt, und Warhol übernahm diesen Topos des standardisierten Negativ-Images. Auf den Film bezogen, stellt das Fahndungsfoto das genaue Gegenteil des inszenierten, eleganten Portraits der Glamourwelt Hollywoods dar. Setzt sich die Realität des alltäglichen fotografischen Gebrauchsabbildes erfolgreich gegen die geglättete Idealität der Filmstars durch? Bildlich gesprochen würde nach Andy Warhol gefahndet, und die schwarze Sonnenbrille, die er auf den Bildnissen trägt, entzöge das Gesicht eines Mannes, der nicht erkannt werden will. Die Pose mit Regenmantel und Sonnenbrille verbindet sich dabei untrennbar mit dem Genre des Kriminalfilmes: Humphrey Bogarts klassisches Erscheinungsbild ist *raincoat collar up*.
Man darf nicht vergessen, dass Andy Warhol quasi im Kino aufwuchs. Er besuchte mit seinem ältesten, 1922 geborenen Bruder Paul bereits als Kind das in der Nachbarschaft gelegene Kino »Boom Boom«, benannt nach den Gangsterfilmen und Western, die dort ausschließlich gezeigt wurden.[4] Die ästhetische Form seiner Bildproduktion muss daher immer auch in Relation zu der zweiten, gleichwertigen Wirklichkeit des Films gesehen werden. Die zeitgleichen, bahnbrechenden Undergroundfilme »Sleep«, 1963 (5 Std. 21 Min.), »Kiss«, 1963/1964 (48 Min.), »Haircut No.1«, 1963 (24 Min.), und so weiter, die das Medium an seine motivischen und zeitlichen Grenzen ausdehnen, sind eng mit Warhols Idee der repetitiven Bilder verbunden. Es ist auch nicht zu übersehen, dass durch die epische Länge von Warhols Filmen die Realzeit des Betrachters mit der des Filmers und der abgefilmten Objekte oder Protagonisten identisch wird und das Simulakrum des Films als Realitätsersatz mithin – mindestens tendenziell – fehlerlos macht. Welche Realität ist nun tatsächlicher? Die Realität des Films hat den entscheidenden Vorteil, identisch wiederholbar zu sein.

3 Die Vorlage befindet sich in »Time Capsule 92«, Nr. 147.

4 Vgl. Matthew Wrbican: Ein Leitfaden zu Andy Warhol's Time Capsules, Time Capsule 69 (Museumspubl.), Museum für Moderne Kunst Frankfurt am Main, Nr. 41, Frankfurt am Main 2003, o. S.

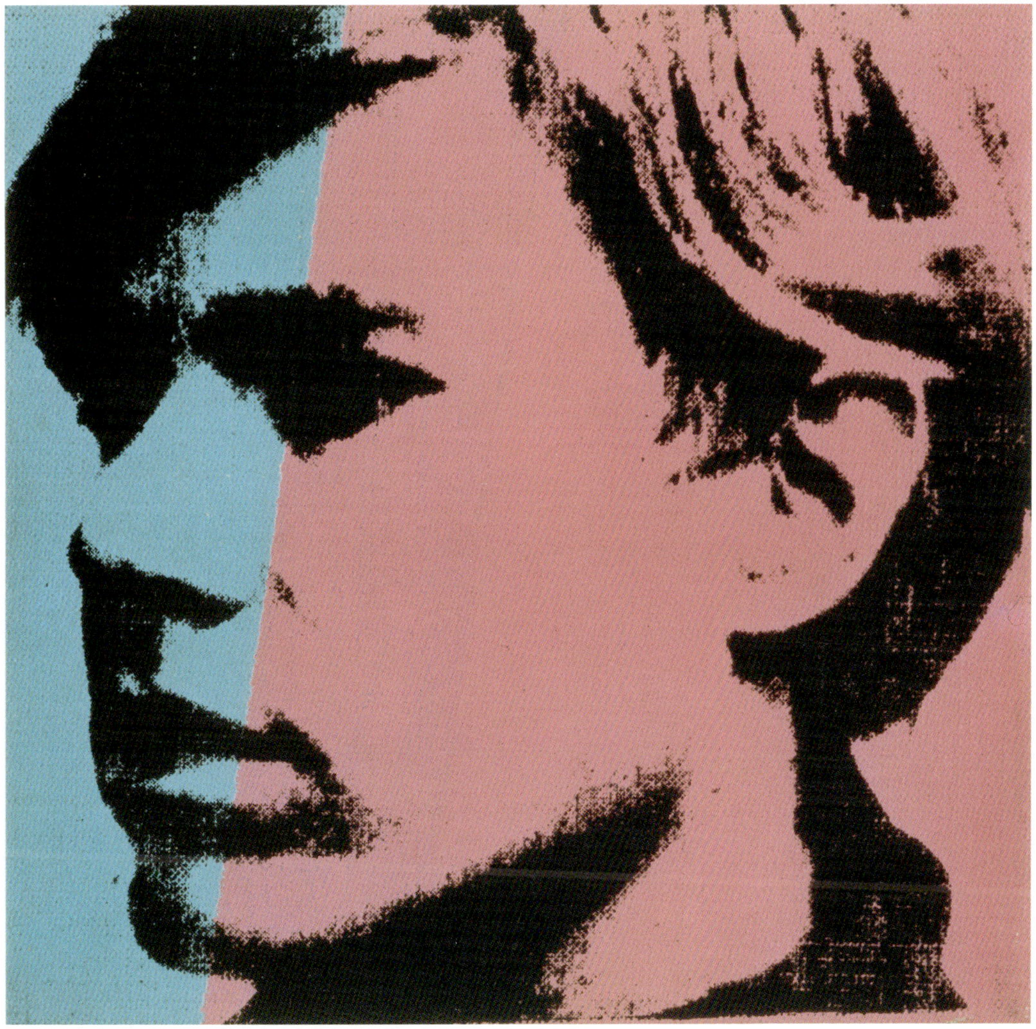

16 Self-Portrait, 1967
Acryl und Siebdruckfarbe auf Leinwand
Acrylic and silkscreen ink on canvas
20,3 x 20,3 cm

49 Royaltone Bonus photographs of Andy Warhol in Columbus Hospital after shooting, 1968
Royaltone Bonus Fotografie
Royaltone Bonus photograph
15,2 x 8,9 cm

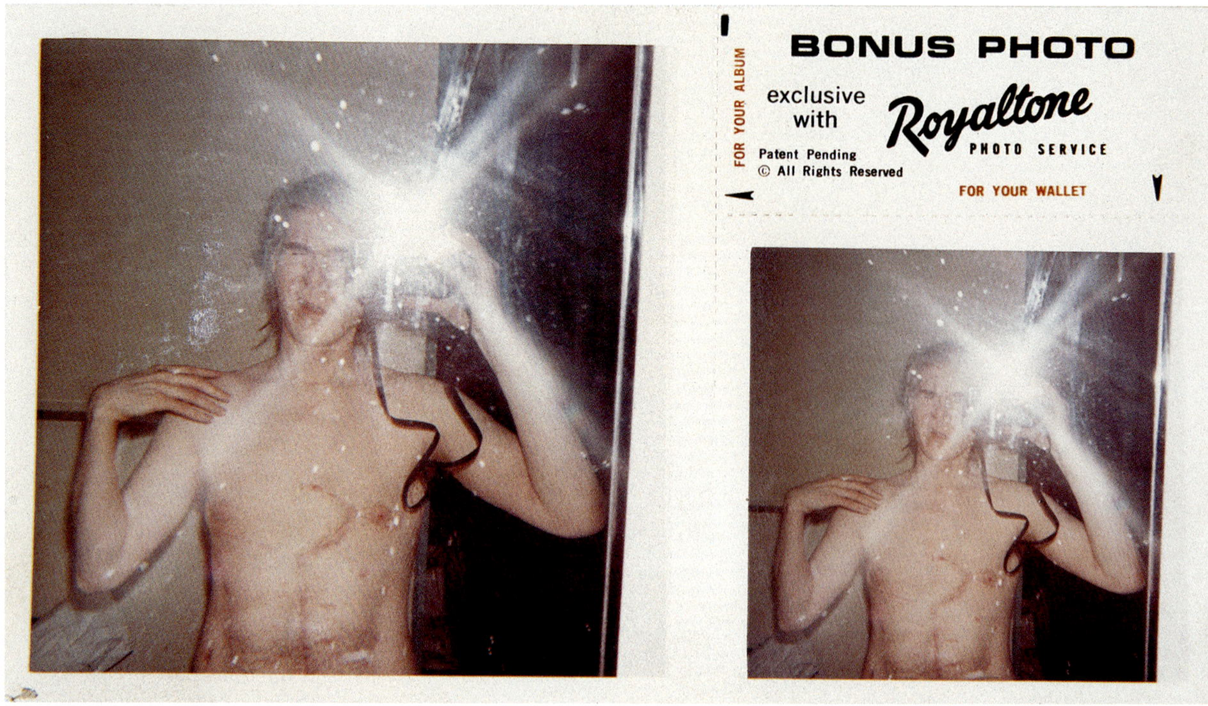

III.
Aus der Welt der Comics und der Warenanzeigen stammen die ersten Themen in Warhols malerischem Œuvre. Das sich unendlich Wiederholende industrieller Produkte folgt in Gemälden, denen Briefmarken, Banknoten und Versandetiketten zugrunde liegen. Die ersten Siebdruck-Gemälde, die auf Fotovorlagen beruhen, entstanden ab August 1962 mit dem Motiv des Baseball-Spielers und der Reihe der »Teen Stars«, beide Serien noch auf hellem Grund. Erst mit dem Filmidol »Troy Donahue« und der berühmten »Marilyn«-Serie, die Warhol nach dem Selbstmord des Stars am 5. August 1962 als Hommage an die Göttin des Films zu fertigen begann, treten Pastellfarben und Gold als transzendierender Hintergrund in Erscheinung.

Mit diesen Werkfolgen wird nicht nur das Thema des zeitgenössischen Bildnisses eingeführt, sondern auch eine Explosion der Farben, die Warhol als einen großartigen Koloristen ausweist. In beiden Serien gibt es auch direkt auf die Grundierung gedruckte schwarzweiße Versionen, welche die entscheidende Transformation des Bildes durch die Farbe eindrücklich belegen. Warhol wird beide Versionen auch bei den folgenden Bildern gleichzeitig produzieren. Die »Early Elvis« zeigen erstmals eine Portraitreihung auf monochrom hellrotem Grund, und für den Star der zeitgenössischen Kunst wählte er Phtaloblau: Das Portrait von Robert Rauschenberg entstand – wie David Bourdon berichtet – im Anschluss an einen Besuch in Warhols Atelier am 18. September 1962, den Rauschenberg, Ileana und Michael Sonnabend und Carl Fredrik Reuterswärd unternommen hatten. Bourdon erläuterte später: »Warhol versuchte sich bei Rauschenberg einzuschmeicheln, indem er ihm anbot, Siebdruckportraits von ihm zu machen. Alles, was Rauschenberg tun müsse, sagte Andy, sei, ihm ein paar Fotos zur Verfügung zu stellen. Rauschenberg war begeistert von dem Vorschlag und begann sofort darüber zu reden, welche Art von Fotografien sich für das Projekt eignen würden.«[5]

5 David Bourdon, zit. n.: Georg Frei und Neil Printz: The Andy Warhol Catalogue Raisonné 1984–1987, Bd. 1, Paintings and Sculptures 1961–1963, London 2002, Kat.-Nr. 290–300, S. 257, Anm. 1.

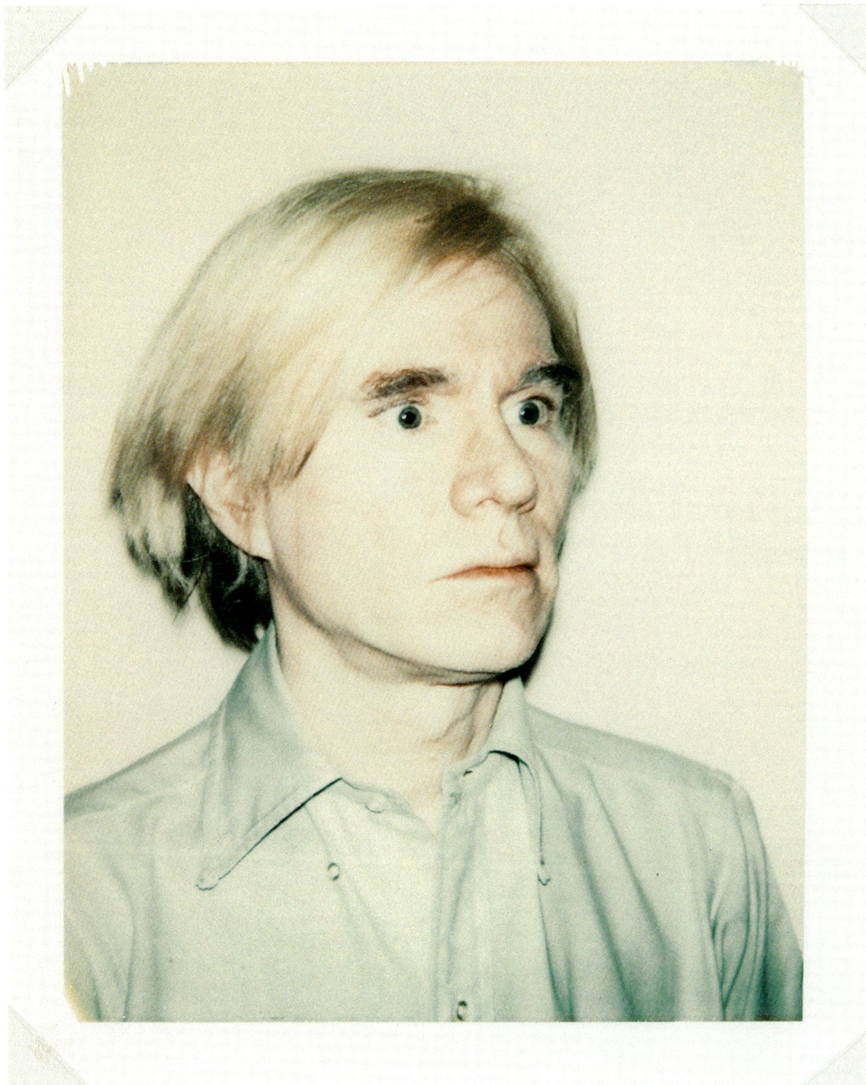

55 Self-Portrait (in Blue Shirt, Eyes Staring), 1977/1978
Polaroid-Fotografie (Unikat)
Unique polaroid photograph
10,8 x 8,5 cm

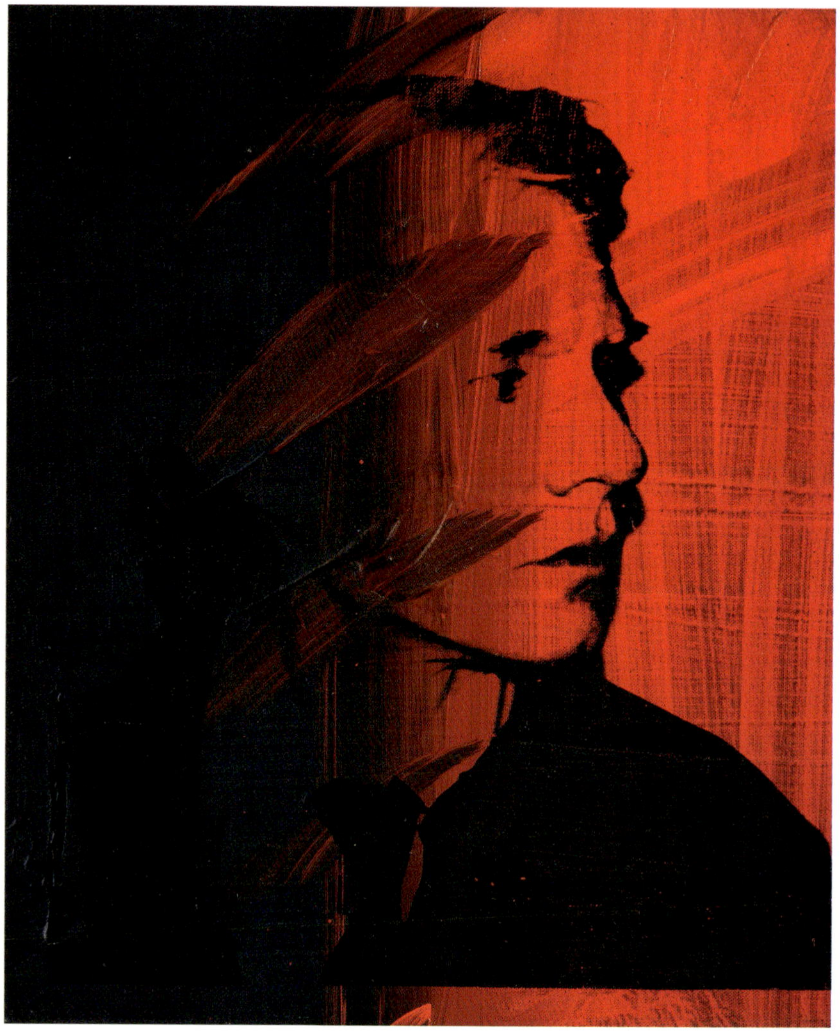

18 Self-Portrait, 1978
Kunstharzfarbe und Siebdruckfarbe auf Leinwand
Synthetic polymer paint and silkscreen ink on canvas
40,6 x 33 cm

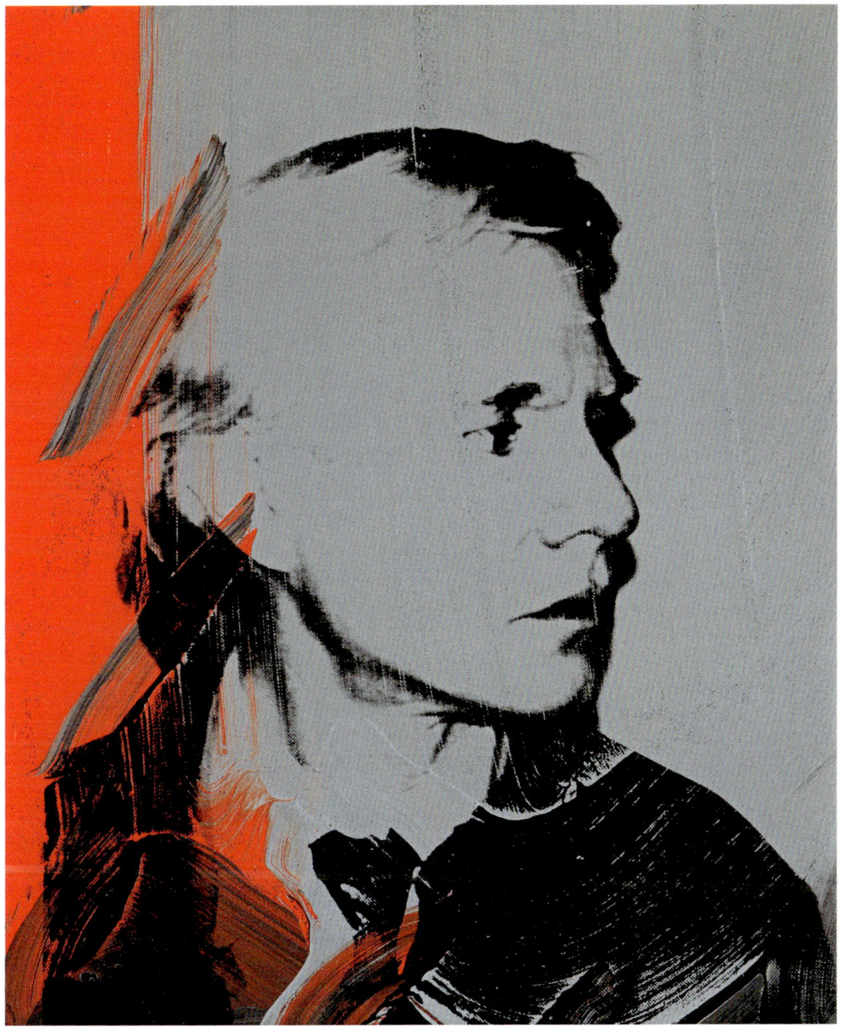

17 Self-Portrait, 1978
Kunstharzfarbe und Siebdruckfarbe auf Leinwand
Synthetic polymer paint and silkscreen ink on canvas
40,6 x 33 cm

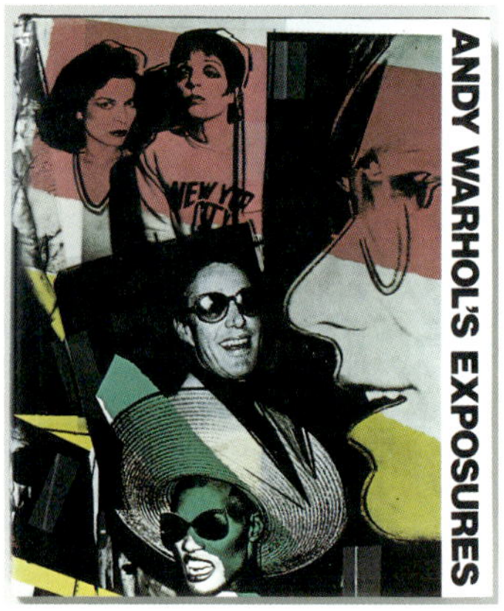

Andy Warhol's Exposures, New York, 1979

Rauschenberg lieferte mehrere Fotos, darunter eine aktuelle, frontale Aufnahme im Trenchcoat mit leicht nach oben gerichtetem Blick. Was in unserem Zusammenhang interessiert, ist die Tatsache, dass sich die Portraits von Rauschenberg formal nahtlos in Warhols übrige damalige Bildproduktion einreihen lassen. Von einem Selbstbildnis würde man dies ebenso erwarten. Die im Auftrag der Sammlerin Florence Barron Ende 1963/Anfang 1964 entstandenen Selbstportraits im Format 50,8 x 40,6 cm stellen jedoch einen überraschend neuen Werktypus dar, der auf sequentiellen Automatenfotografien beruht und die typischen Verschiebungen und Überlagerungen des Siebdrucks stark zurückdrängt (Abb. S. 28).

Als Farbe des Hintergrundes für das finale Bild wählte Warhol das gleiche Phtaloblau, das auf den Portraits von Rauschenberg oder »Blue Liz as Cleopatra« in Erscheinung tritt, und unterlegte das Selbstbildnis so mit einem vergleichbaren Farb- und Bedeutungstimbre. Der vierteilige Fotostreifen, der als Vorlage diente, wurde von Warhol neben eine gleichartige Aufnahme von Judith Green auf Papier montiert und mit der entsprechenden Maßangabe »80 Inches« sowie dem Hinweis »Guter Schwarzweißkontrast, nicht zu viel Grau«[6] für die Herstellung des Siebes versehen (Abb. S. 26). Zusammen mit den Portraits von Judith Green wurden die acht Fotografien auf ein einziges Sieb vergrößert, einzeln abmaskiert und dann gedruckt. Die vier Aufnahmen lassen sich als filmische Abfolge lesen, in der Warhol in einer heftigen Bewegung den Knoten seiner Lederkrawatte löst und dabei den Kopf zuerst nach links und dann nach rechts dreht. Es wird somit nicht nur ein Portrait in vier Varianten dargestellt, sondern eine kleine, sketchartige Geschichte mit Vorher und Nachher erzählt.

IV.

Noch im gleichen Jahr schuf Warhol eine zweite Serie von Selbstbildnissen, die ihn erneut in einer frontalen Ansicht zeigen, jedoch ohne Brille und mit schwarzem T-Shirt (Abb. S. 33–37). Er behielt das Format 50,8 x 40,6 cm annähernd bei, gab den Werken aber mit starkfarbigem Hintergrund und silbrig schimmernden Haaren eine vergleichbare Präsenz, wie er sie in den »Marilyn«-Bildern erprobt hatte. Die streng frontale Darstellung ist leicht untersichtig, so dass sie dem Gesicht einen selbstbewussten Ausdruck verleiht. Die zugrunde liegende Fotografie ist zudem extrem hart kopiert. Das Bild wirkt so in der Umsetzung des Siebdrucks noch flächiger und kommt einer Zeichnung in Tusche sehr nahe.

Warhol schafft hier ein strenges, sehr präsentes Selbstbildnis. Die erzielte Verwandlung wird besonders deutlich, wenn man die Fotografie von Ken Heyman betrachtet, in der Warhol, von zweien der Bildnisse flankiert, die Pose nochmals nachstellt (Abb. S. 30). Folgt man Warhols Ausführungen in »Popism«, so gehen diese Portraits auf eine Anregung des Kunsthändlers Ivan Karp zurück: »Weißt du, die Leute wollen *dich* sehen. Dein Aussehen ist gewissermaßen für einen Teil deines Ruhmes verantwortlich – es nährt die Fantasie.«[7] Karp sah die Situation absolut klar, und Warhol lieferte das passende selbstbewusste Image dazu.

Den folgerichtigen Schritt zum großen Bildformat, 183 x 183 cm, machte Warhol 1967 mit den Selbstbildnissen, die ihn in jener elaborierten Pose zeigen, in der sein Zeigefinger den Mundwinkel berührt und der Mittelfinger die Mitte des Mundes betont (Abb. S. 47–51). Zwischen »dandyhaft gekünstelt« und »philosophisch nachdenklich« ist die eingenommene Haltung offen für eine ganze Bandbreite möglicher Interpretationen. Je nach ausgeführtem Kolorit wird der Betrachter zur einen oder anderen Deutung tendieren, und die Gemälde bieten eine Fülle raffinierter Farbkombinationen.

Die den Großformaten vorangehenden Versionen von 1966/1967 sind mit 55,9 x 55,9 cm zwar nur etwas größer als die ersten Selbstportraits, für ihre starke Wirkung sind allerdings die Wahl eines annähernd quadratischen Bildformates und der freie Einsatz der Farbe entscheidend (Abb. S. 40–44). Im Vergleich zu den vorangegangenen Bildnissen scheint das Portrait zudem wie herangezoomt. Der Ausschnitt ist deutlich enger gefasst, und der Kopf nimmt die volle Höhe des Bildfeldes ein. Warhol wird dieses quadratische Format wie

6 Vgl. Georg Frei und Neil Pritz: The Andy Warhol Catalogue Raisonné 1984–1987, Bd. 1, Paintings and Sculptures 1961–1963, London 2002, Kat.-Nr. 267, S. 434.

7 Andy Warhol und Pat Hackett: Popism. The Warhol '60s, New York 1980, S. 17.

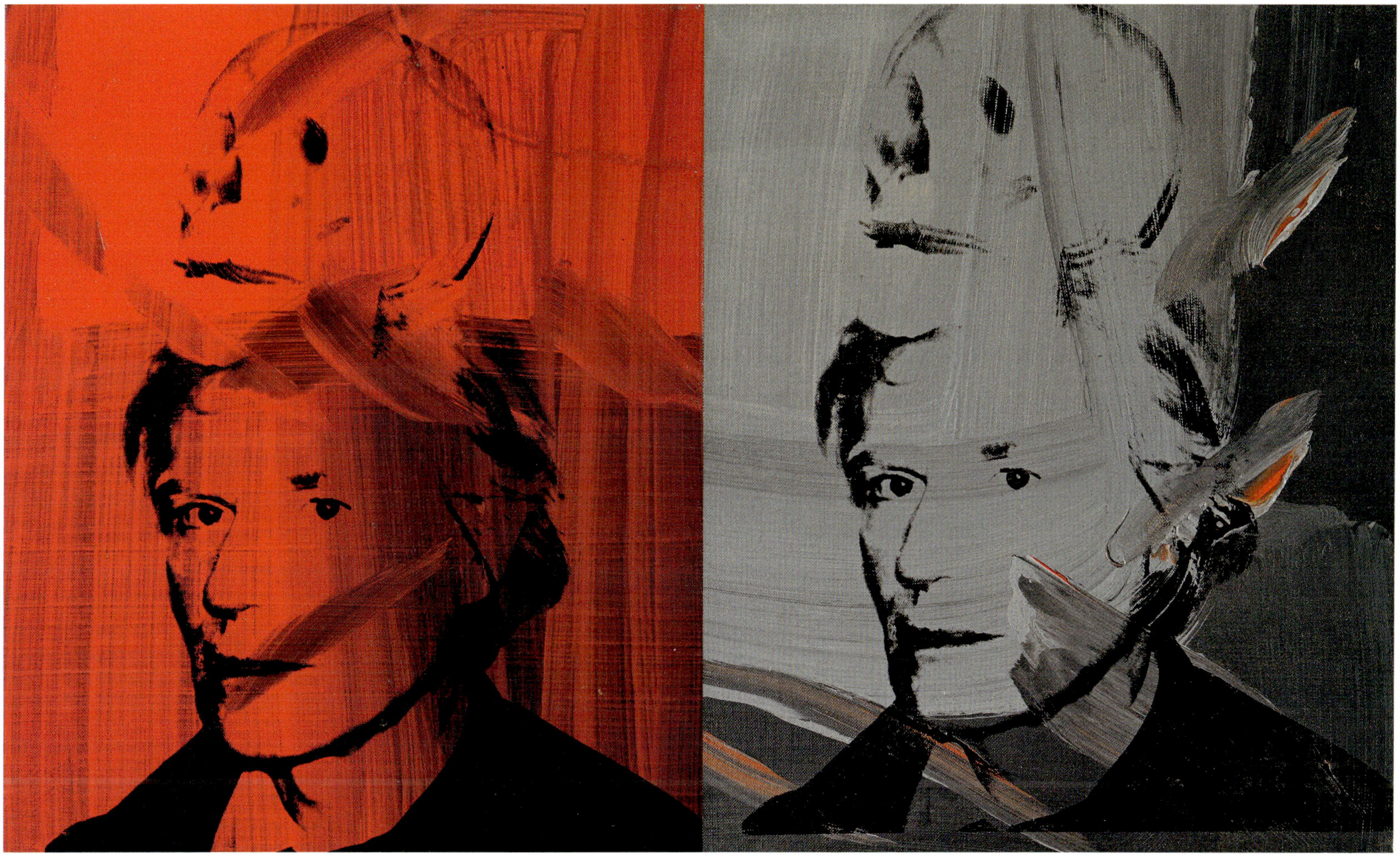

21 Self-Portrait with Skull, 1978
Kunstharzfarbe und Siebdruckfarbe auf Leinwand
Synthetic polymer paint and silkscreen ink on canvas
2 Tafeln, je / 2 canvases, each 40,6 x 33 cm

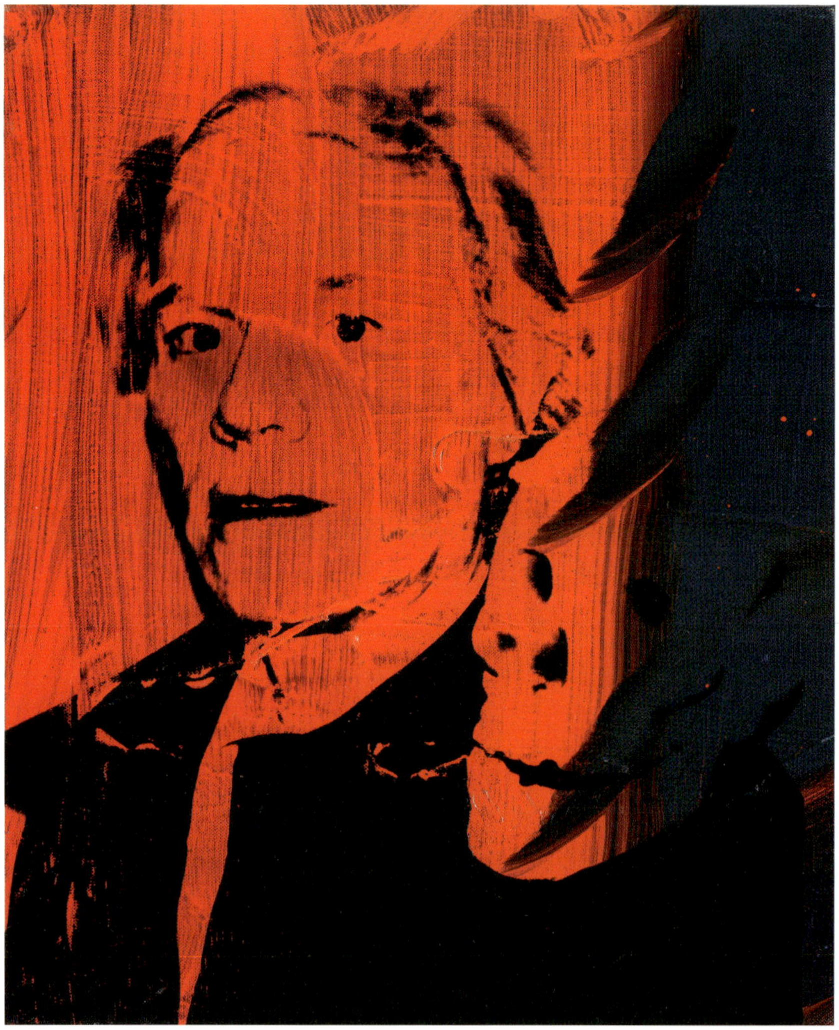

19 Self-Portrait with Skull, 1978
Kunstharzfarbe und Siebdruckfarbe auf Leinwand
Synthetic polymer paint and silkscreen ink on canvas
40,6 x 33 cm

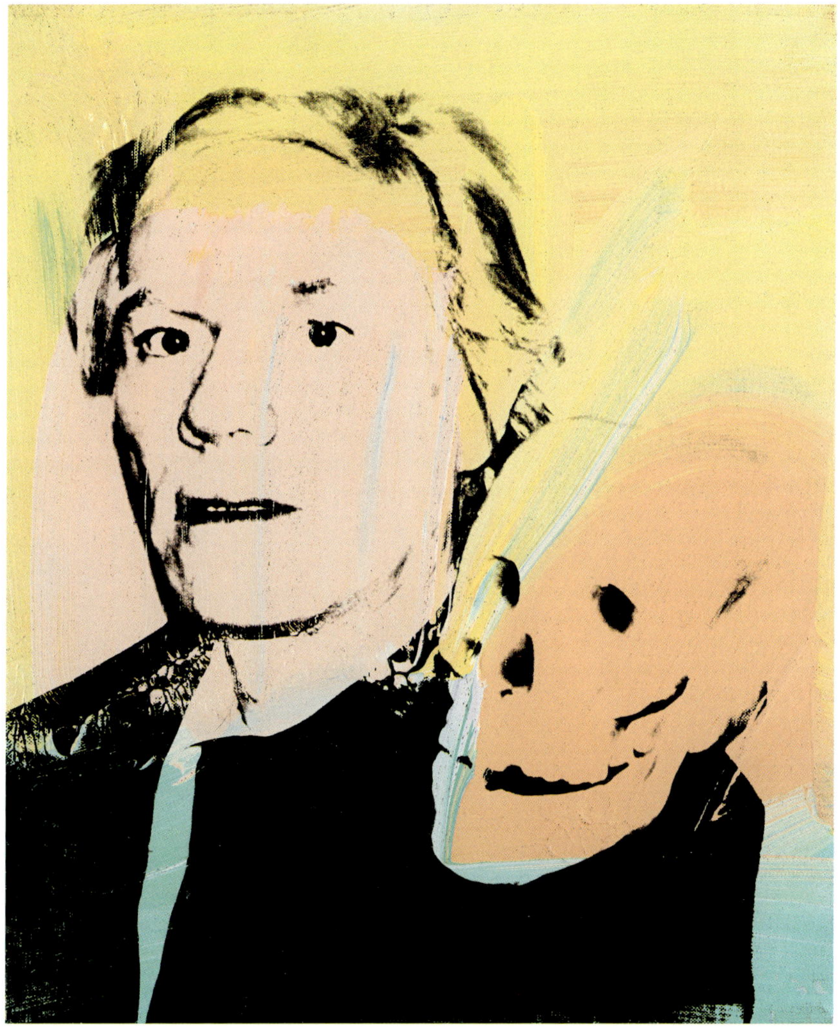

20 Self-Portrait with Skull, 1978
Kunstharzfarbe und Siebdruckfarbe auf Leinwand
Synthetic polymer paint and silkscreen ink on canvas
40,6 x 33 cm

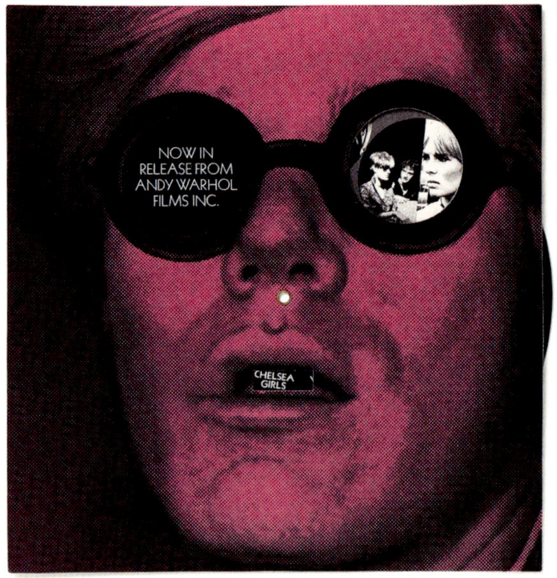

Broschüre, in der sämtliche Filme Warhols, die im Verleih seiner Firma Warhol Films, Inc., erhältlich sind, vorgestellt werden
Brochure presenting all of Warhol's films which are distributed by his company Warhol Films, Inc.
ca. 1968, (Time Capsule 50, No. 179)
The Andy Warhol Museum, Pittsburgh, Founding Collection, Contribution The Andy Warhol Foundation for the Visual Arts, Inc.

das Prinzip der Nahsichtigkeit beibehalten und auch für seine letzten, 1986 entstandenen Selbstbildnisse (»Fright Wig«) wieder verwenden. Weshalb er genau diese inszenierte Bildvorlage für das Großformat wählte, leuchtet besonders ein, wenn man es mit anderen, gleichzeitigen Selbstbildnissen vergleicht, von denen offensichtlich nur wenige Exemplare existieren (Abb. S. 57). Die Frontalität des Bildes bleibt unabdingbare Voraussetzung für seine Präsenz, gesteigert durch die völlige Verschattung der rechten Gesichtshälfte. Dies ergibt eine ausbalancierte Komposition zwischen hellen und dunklen Bildpartien. Warhol konnte daher auch Umkehrungen des Motivs verwenden, die allerdings zweifach umkopiert wurden, um wieder ein gleich orientiertes Bild zu erzeugen. Diese Umkehrung wurde am Ende der siebziger Jahre zur Kernidee der »Reversal Series« (Abb. S. 95).

Warhol experimentierte 1967 intensiv mit verschieden starker Farbführung beim Siebdruck, so dass sich ausgeprägte malerische Effekte ergeben. Die Konturen der Farbflächen sind – wie bereits bei den »Marilyns« – nicht identisch mit den Umrisslinien des zugrunde liegenden fotografischen Bildes: Die Proportionen und damit auch der Ausdruck des Gesichtes lassen sich so entscheidend variieren. Die gelbe Farbe der Haare zieht sich ins verschlankte Gesicht und lässt es prägnanter erscheinen, der hellblaue Hintergrund überlagert Hals und Fingerrücken und bindet das Gesicht ins Bild ein, die verschattete Seite wird in dunkelblaue, vibrierende Farbspuren aufgelöst, über die der Dargestellte nachzusinnieren scheint. Warhol hatte genau diese Effekte bereits bei der Wahl des Siebdrucks als maßgeblichen Vorteil des Mediums charakterisiert: »Mit dieser Methode bekommst du das gleiche Bild, aber jedes Mal ein wenig anders. Es war alles ganz einfach – schnell und gewagt.«[8]

Sechs große Selbstbildnisse dieser Serie konnte Warhol 1967 im Pavillon der Vereinigten Staaten auf der Weltausstellung in Montreal zeigen. Ein prominenterer Ort für die Selbstdarstellung als *der* amerikanische Künstler schlechthin lässt sich kaum denken. Karps Marketingstrategie hatte sich glänzend erfüllt. Das stilisierte Selbstbild war zum öffentlichen Image geworden. Kunstprodukt und Image waren identisch.

V.

Das Selbstbildniss unterstützte nun als Markenzeichen Andy Warhols künstlerisches Schaffen und seine Auftritte in den Medien. Es war daher nur konsequent, dass er für eine um 1968 gestaltete Broschüre seiner Firma Andy Warhol Films Inc. ein Selbstbildnis wählte (Abb. oben). Einer europäischen Parkscheibe nicht unähnlich, ist eine bewegliche Scheibe in eine quadratische Hülle gesteckt, auf der ein frontales Bildnis von Andy Warhol prangt. Das rechte, blinde Brillenglas trägt den Titel »NOW IN RELEASE FROM ANDY WARHOL FILMS INC.«. Das linke Brillenglas und der leicht geöffnete Mund sind ausgestanzt, so dass man auf die darunter liegende Scheibe blickt. Während die Titel der Filme zwischen den Lippen erscheinen, ist das schauende Auge ersetzt durch einen runden Ausschnitt des zugehörigen Filmstills.

Mit Hilfe der Drehscheibe kann man als Betrachter Warhols Filme Revue passieren lassen und die Welt

8 Andy Warhol und Pat Hackett: Popism. The Warhol '60s, New York 1980, S. 22.

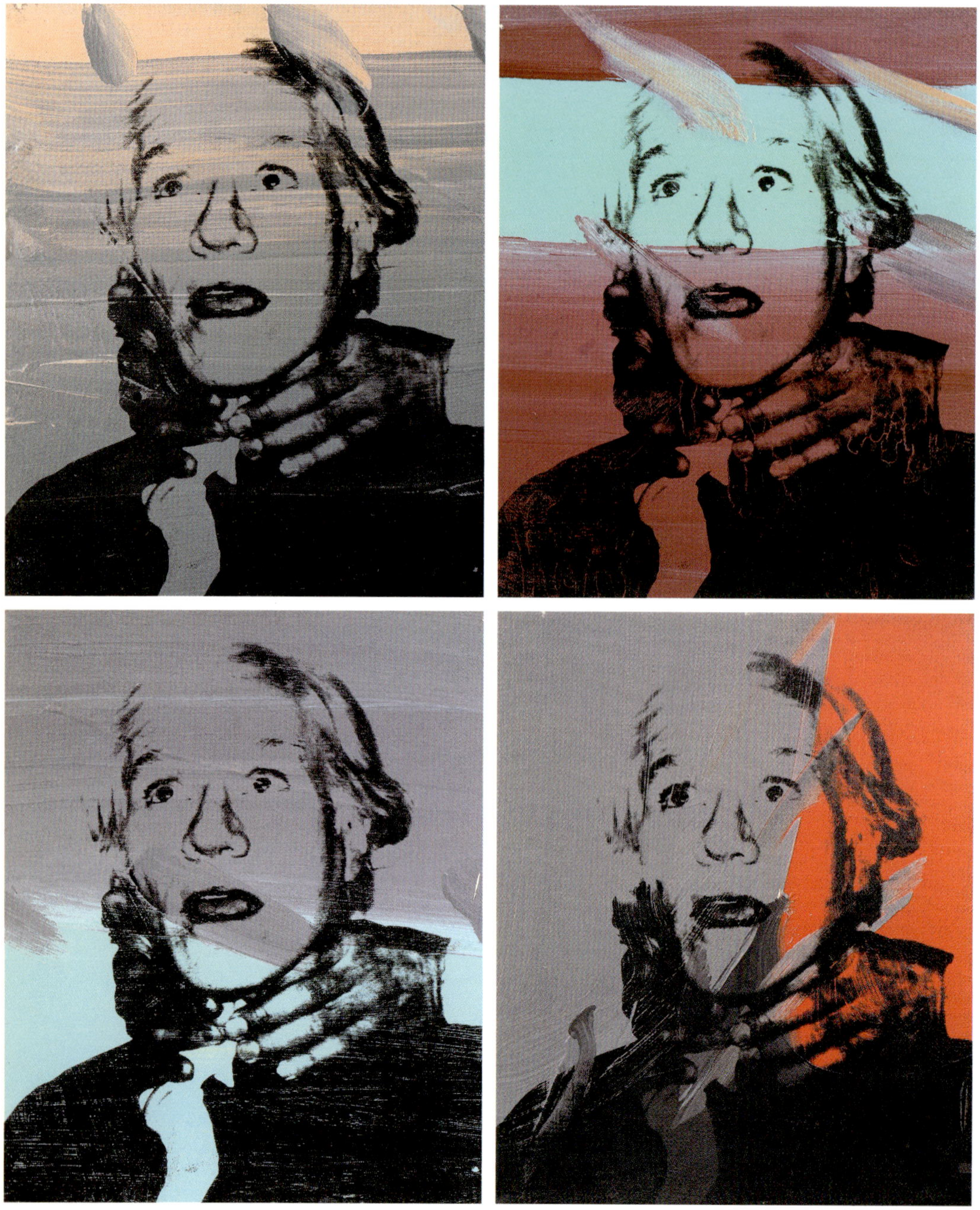

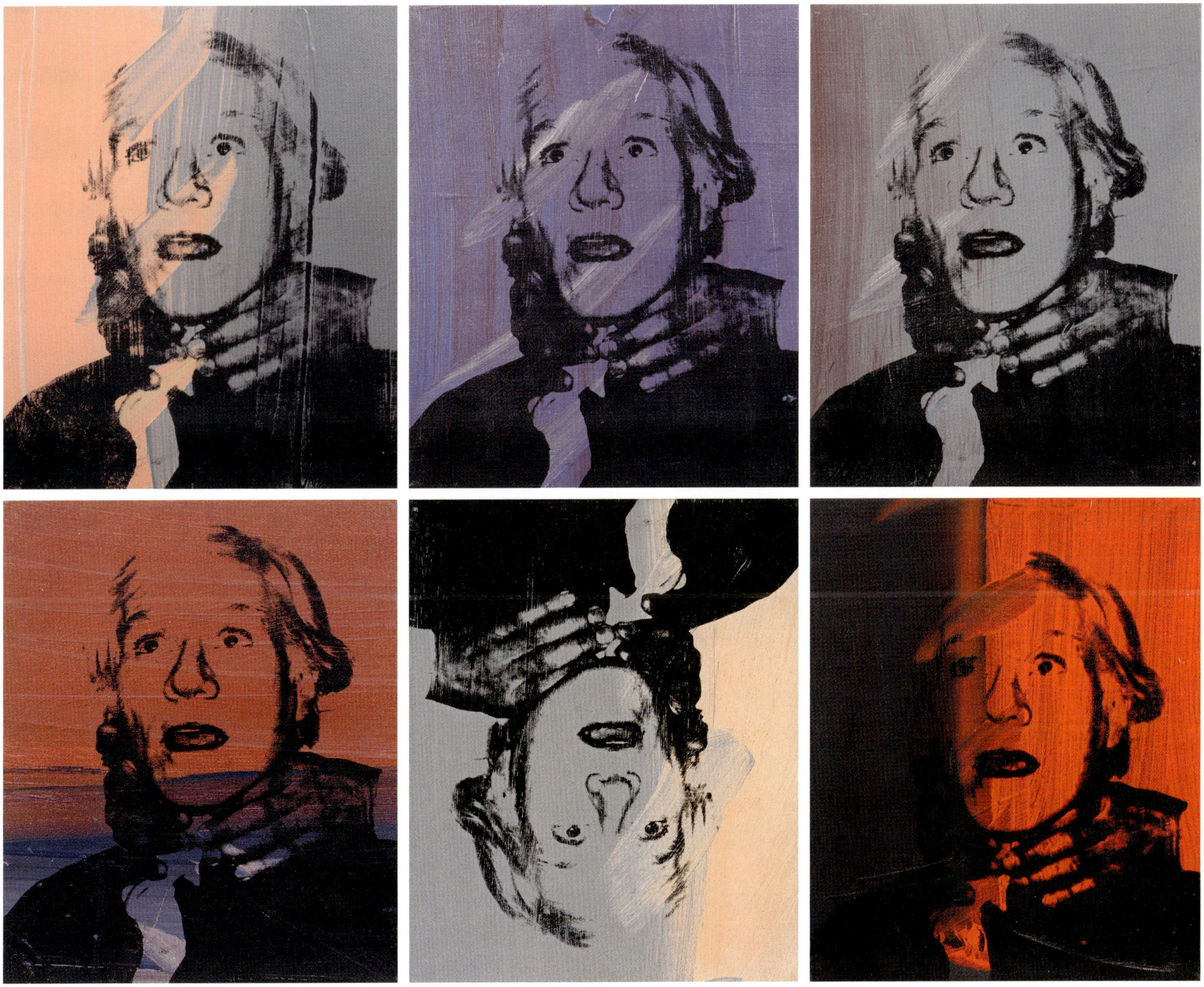

22 Self-Portrait Strangulation, 1978
Kunstharzfarbe und Siebdruckfarbe auf Leinwand
Synthetic polymer paint and silkscreen ink on canvas
Folge von 10 Tafeln, je / Suite of 10 canvases, each 40,6 x 33 cm

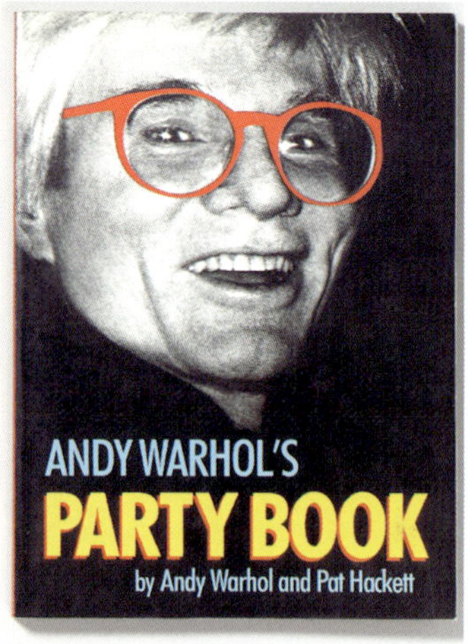

Andy Warhol's Party Book by Andy Warhol and Pat Hackett, New York, 1988

durch seine Brille betrachten. Dass Warhol 173 Exemplare des Objektes als »Time Capsule 50« in sein materielles Tagebuch einfügte, spricht für die Bedeutung, die er dieser kommerziellen Verwendung seines Images zumaß – spätestens 1974, als er mit dem Verpacken der »Time Capsules« begann. Warhol verwendete sein Selbstbildnis auch für weitere Publikationen. »Time Capsule 61« bewahrt einen Prospekt mit einem Interview vom Dezember 1969 auf, in dem eine Sequenz von drei Selbstbildnissen übereinander neben einem 16-mm-Filmstreifen wiedergegeben ist. Während das oberste Bild in Schwarzweiß und unscharf erscheint, sind die nachfolgenden magenta und hellgrün eingefärbt und im Fokus. Durch ein leichtes Verringern des Bildausschnittes wird ein filmisches Heranzoomen evoziert (Abb. S. 81).

Der Umschlag des 1975 publizierten Buches »The Philosophy of Andy Warhol (From A to B and Back Again)« zeigt neben dem monumentalen Schriftzug ein frontales Foto des Künstlers. Das Cover von Andy Warhols »Exposures« von 1979 gibt ein lachendes Profilbild des Künstlers wieder, der auf seine Modelle schaut (Abb. S. 62). Neue Selbstbildnisse zieren in den folgenden Jahren die Ausstellungskataloge des Kunsthauses Zürich (1978), der Kestner-Gesellschaft Hannover (1981) und so weiter. Für sein 1980 publiziertes Buch »Popism. The Warhol '60s« verwendete Warhol die seitenverkehrte Fotovorlage des Selbstbildnisses von 1966 als Cover (Abb. S. 56).

»Am 3. Juni 1968 betritt Valerie Solanas, die in einem der Filme Warhols aufgetreten war, die Factory. Solanas, die S.C.U.M. (Society for Cutting Up Men) gegründet hat, schießt auf Warhol und den Kunstkritiker Mario Amya. Warhol wird lebensgefährlich verletzt. Hughes, Jed Johnson und Morrissey werden Zeugen des Anschlags. Eine mehrstündige Operation rettet Warhol das Leben, er verbringt acht Wochen im Krankenhaus und wird die Folgen der Verletzungen nie völlig überwinden. Solanas stellt sich am selben Tag der Polizei.«[9] Richard Avedon schuf am 20. August 1969 das bekannteste Bild der Folgen dieses Dramas, das den von unzähligen Narben übersäten Oberkörper Warhols zeigt. Er selbst fotografierte sich noch im Spital, wobei das Blitzlicht im Reflex des Spiegels die Aufnahme des geschundenen Brustkorbes sternförmig überstrahlt (Abb. S. 58). Ein Siebdruck nach einem solchen Foto wäre für Warhol zu diesem Zeitpunkt undenkbar. Und obwohl die nach Polaroids entstandenen Gesellschaftsportraits ein Schwergewicht der Bildproduktion der siebziger und achtziger Jahre darstellten, entstanden erst zehn Jahre nach dem Attentat neue Selbstbildnisse.

Das Motiv des plötzlichen, gewaltsamen Todes gehört, wie Warhol bereits im November 1963 in einem Statement in »Art News« feststellte, seit Beginn zu den zentralen Themen seiner Kunst. Der Siebdruck reduziert im Verwischen und Überlagern des Bildes dessen Erkennbarkeit und intendiert dadurch schon das Auslöschen als Möglichkeit. Während die bisherigen Motive den Tod nur indirekt ansprachen, etabliert sich das explizite Thema des Memento mori in den Selbstbildnissen von 1978, wohl in direkter Fortsetzung der 1976 entstandenen »Skull«-Bilder (Abb. S. 122). In den vorbereitenden Polaroidfotografien posiert Warhol mit einem menschlichen Schädel, den er auf Schulter und Kopf balanciert: Warhol als Shakespeares Hamlet. Die Postur des Künstlers als philosophischer Zweifler gehört zu den gängigsten Stereotypen. Mit den gleichzeitigen Selbstbildnissen, die seinen Hals in drastischem Würgegriff zeigen, wird das Thema der Bedrohung auch physisch vor Augen geführt (Abb. S. 67/68). Die Interpretation der Bilder zwischen bühnenwirksamer Inszenierung und realer existentieller Bedrohung bleibt letztlich aber dem Betrachter überlassen.

Kennzeichnend für die drei 1978 entstandenen Serien ist neben den verwendeten Motiven die intensive malerische Bearbeitung. Die Farbe verläuft in diesen Selbstbildnissen nun in pastosen Zügen über das Bild, ohne den Konturen des Gesichtes zu folgen. Schlieren und sich vermischende Farbbahnen legen eine zweite, autonome Schicht über die nachdenklich-drastischen Motive. Der obere Teil des Bildes kann in helles Gelb versin-

9 Antje Dallmann: Andy Warhol – Eine Chronologie in Amerika, in: Andy Warhol Retrospektive (Kat.), Nationalgalerie Berlin, Berlin 2001, S. 298.

ken, das Gesicht leuchtet rosa, der Schädel in hellem Orange. Rote, expressive Pinselstriche überlagern einen dunkelblauen Grundton, und kräftige Pinselschläge verletzen zusätzlich das fragile Abbild. Warhol entwickelt Gemälde mit mehrfachen Überlagerungen und sequentiellen Abfolgen des fotografischen Ursprungsbildes und wechselt zwischen positivem Bild und negativer Umkehrung der Tonwerte hin und her.
Für die umfassende Retrospektive seines Schaffens im Kunsthaus Zürich (26. Mai bis 30. Juli 1978) schuf Warhol eine Collage mit einem gezeichneten Selbstbildnis, die als Einladungskarte und Plakat diente. Abgeleitet davon entstand ein »Wallpaper« (Abb. S. 101), das in dieser konkreten Funktion auch in den Ausstellungsräumen Verwendung fand, wie zuvor die »Cows« 1966 bei Castelli und 1970 in der Retrospektive im Whitney Museum of American Art in New York und wie die »Maos« 1974 im Musée Galliera in Paris. Das Interessante an der gewählten Gestaltung war die Reduktion auf eine reine Linienzeichnung, obwohl das Motiv auf einer Fotografie beruhte. Warhol wurde am 6. August 1978 fünfzig Jahre alt. Die grafische Umsetzung hingegen gibt einen alterslosen Warhol wieder; dies könnte auch das Bildnis eines Zwanzigjährigen sein. Warhol scheint hier künstlerisch zwei Perspektiven aufzuzeigen. Einerseits greift er in der verwendeten Technik auf seine mit Aquarellfarbe kolorierten Umrisszeichnungen der frühen Jahre zurück, andererseits gemahnt er in den pastos übermalten Bildnissen mit Schädel inhaltlich an das unverrückbar Vergängliche aller Dinge.

VI.

Das Schaffen der siebziger Jahre ist geprägt von Portraitaufträgen, die ein eigentliches *Who is who* der High Society Amerikas und Europas darstellen: »Warhols Freunde sind die Stars aus Rock, Mode, Film, Gesellschaft, Sport und Politik.«[10]. Initiiert hatten Warhols zweite Karriere die Schweizer Galeristen Thomas Ammann und vor allem Bruno Bischofberger, dessen eigenes Portrait bereits 1969 entstanden war. Die Kunden wurden nach ihren Wünschen in Szene gesetzt und mit der Polaroidkamera abgelichtet. Warhol schien bei keinem privaten oder öffentlichen Ereignis ohne seine Instantkamera auszukommen. Er benutzte dieses Medium exzessiv und wählte es auch in den Bildnissen der frühen achtziger Jahre, den Selbstportraits *in drag* mit weiß geschminktem Gesicht und variierenden Perücken. In einem Videofilm für »Warhol's T.V. on Saturday Night Live« wurde seine Verwandlung ebenso festgehalten wie in rund einem Dutzend dieser inszenierten Aufnahmen mit der SX-70-Kamera (Abb. S. 102, 103). Das Rollenspiel als *drag queen* berührt ebenso Warhols Homosexualität wie seine Vorliebe für täuschend echte Verwandlungen. Der New Yorker Szenefotograf Christopher Makos, der seit 1970 zu Warhols engem Umfeld gehörte, beschreibt die Entstehung der Bilder: »Die Fummelbilder entstanden Ende 1981. Es war ein dadaistisches Experiment. In einer ersten Session entstanden die häßlicheren, bei einer anderen die schönen. Zuerst hatten wir bloß einen Modekosmetiker, später kam ein Maskenbildner vom Theater. Die Perücken haben wir bei einem Spezialisten beschafft, wo sich Männer eindecken, die sich privat verkleiden. Wir hätten aus Andys Freundeskreis die teuersten Kleider haben können, aber die brauchten wir nicht. Es ging ja nicht um *drag* (Fummel), es ging um *altered image* (Verwandlung des Bildes). Mit Geschlechterwechsel hatte das nichts zu tun. Sieht man ja: kein ausgestopfter BH, keine künstlichen Fingernägel. Nur das Gesicht ist gewandelt, Andys Augenbrauen sind mit Gummi arabicum zurückgezogen. Vielleicht noch die Handhaltung, aber mehr nicht. (...) Man darf annehmen, dass Warhol sie eines Tages als Vorlagen für Selbstportraits hervorgekramt hätte«.[11]
In seiner Neutralität steht das Selbstportrait-Diptychon von 1981 diesen Inszenierungen geradezu entgegen (Abb. S. 106, 107). Es ist vergleichbarer der Art, wie Warhol bereits 1978 seinen Kunsthändler und Freund Thomas Ammann portraitiert hatte. Mit wenig Farbe zart koloriert, erinnern beide Bildnisse an die Fragilität früher Zeichnungen. Warhols Selbstbildnisse der Jahre 1942 bis 1948 mit ihrer hellwachen und zurückhaltend-

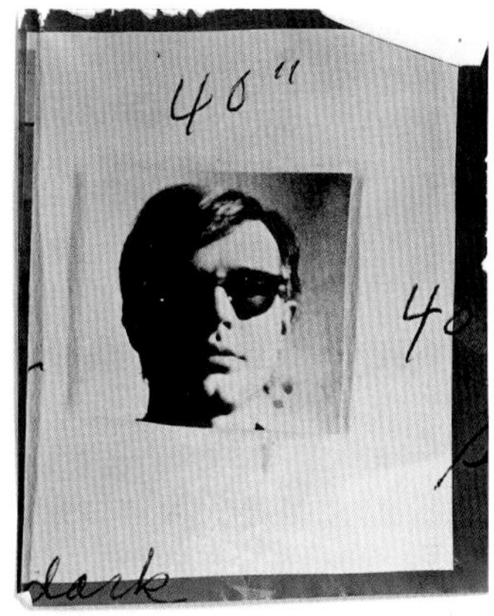

Als Bild vorgesehenes Selbstportrait mit Markierungen für die Vergrößerung
Self-portrait marked for enlargement for use in a painting
(Time Capsule 31, No. 25)
The Andy Warhol Museum, Pittsburgh, Founding Collection, Contribution The Andy Warhol Foundation for the Visual Arts, Inc.

10 Klappentext, in: Andy Warhol und Bob Colacello: Andy Warhol's Exposures, New York 1979.

11 Christopher Makos, zit. n.: Martin Schaub: Gestatten, mein Name ist Andy, in: Das Magazin, Tages-Anzeiger und Berner Zeitung BZ, Nr. 6, 8.2.–14.2.1997, S. 33.

akkuraten Darstellung scheinen ebenso nahe wie jene blassfarbenen Starfotos, unter denen Warhol das ihm gewidmete Bild seines Idols und Vorbilds Shirley Temple wie seinen Augapfel hütete.
1986 findet in der Londoner Anthony d'Offay Gallery die Ausstellung »Self-Portraits« statt, und erstmals widmet sich eine Präsentation ganz diesem Thema. Der Tendenz seines Spätwerkes folgend, erfahren auch die Selbstbildnisse mit 203,2 x 203,2 cm eine Steigerung ins Monumentale (Abb. S. 134–137). Die kleineren Standardformate 55,9 x 55,9 cm und 101,6 x 101,6 cm werden zu Serien mit Farb- und Motivvarianten kombiniert (Abb. S. 128). Alle Werke zeigen aber nur leichte Modifikationen desselben gespenstischen Selbstbildnisses mit eingefallenen Wangen und einer Perücke mit wirr abstehenden Haaren. Dieser eigenartige Nimbus mag entfernt an den sternförmigen Strahlenkranz der New Yorker Freiheitsstatue erinnern. Er überhöht das Gesicht in der Art einer Aureole, die zwischen Bildern elektrischer Entladungen und dem klassischen Heiligenschein oszilliert.
Das Numinose umgibt jedenfalls diese späten Portraits. Der Körper ist vollständig ausgeblendet, und wie bei den Selbstbildnissen von 1964 definiert erneut eine einzige Farbe den Charakter des Gesamtbildes. Als fotografische Vorlagen dienten mehrere vor schwarzem Hintergrund mit frontalem Blitzlicht geschossene Polaroidaufnahmen des Künstlers, auf denen er einen schwarzen Rollkragenpullover trägt, so dass der Körper bei der Umsetzung als Siebdruck gänzlich verschwindet (Abb. S. 132, 133). Die Versionen mit monochromem Hintergrund sind Statements eines fragilen Ausgeliefertseins, von bedrückender Präsenz, und trotz ihrer starken Farben wirken sie unglaublich ephemer. Das kadmiumrote Bild mit dem enger gesetzten Ausschnitt rückt Warhols erschreckendes Selbstbildnis hingegen in eine geradezu bedrohliche Nähe zum Betrachter (Abb. S. 129). Während die Schichtung gleicher Motive zu Warhols üblichem Vorgehen gehörte, sind Überlagerungen verschiedener Bildmotive selten. Die Verschmelzung von Campbell's-Suppendose und Elvis bietet eines der wenigen Beispiele im Frühwerk.[12]
In den wandfüllenden Tafeln (199 x 1082 cm) von 1986 entzog Warhol seine Gemälde einem Betrachten auf sehr grundsätzliche Art, indem er ein Tarnmuster verwendete, wie es für militärische Zwecke eingesetzt wird. Bei einem Teil der gleichzeitigen Selbstportraits überblendete er sein Gesicht ebenfalls mit diesem die Kontraste und Konturen verwischenden Pattern (Abb. S. 126, 135, 136). Das Auslöschen des Antlitzes im Moment des Verbergens muss durchaus wörtlich verstanden werden, vergleichbar mit der tarnenden Sonnenbrille in den frühen Selbstbildnissen. Und wie in einer Steigerung seines malerischen Schaffens zwischen Erscheinen und Verschwinden taucht das schemenhafte Bild des Künstlers auf, näher als je zuvor, um sich im Tarnmuster schließlich gänzlich zu entziehen. Die verführerische Oberfläche war Warhols Credo, und niemand hatte so sehr die Fähigkeit sie zu transzendieren, wie er, bis zur Auflösung ins Nichts: »Die Leute nennen mich immer einen Spiegel, und wenn ein Spiegel in einen Spiegel schaut, was gibt es da zu sehen?«[13]

12 Das Werk entstand im Oktober 1962, vgl. Georg Frei und Neil Printz: The Andy Warhol Catalogue Raisonné 1984–1987, Bd. 1, Paintings and Sculptures 1961–1963, London 2002, Kat.-Nr. 289, S. 256.

13 Zit. n.: Wolfgang Lange: Andy Warhol oder die Wiederaufbereitung der Kunst aus dem Geiste der Kulturindustrie, in: Kunstforum International, Bd. 92, 1987/1988, S. 151.

THE CONSTRUCTION OF A POP IMAGE

Roland Wäspe

I.

'If I'd gone ahead and died ten years ago, I'd probably be a cult figure today. By 1960, when Pop Art first came out in New York, the art scene here had so much going for it that even the stiff European types had to finally admit we were a part of world culture.'[1]

Warhol's *Popism*, a book published in 1980, opens with the remark cited above, which shifts subtly between cool, objective analysis, ironic self-reflection and self-assured statement. By this time, he had already done the self-portraits with skull as an explicit *memento mori*, and of course he was already a cult figure in 1980, though still quite alive. He had spent more than a decade systematically exploiting his own image – on behalf of his art and in parallel to it. During the sixties and seventies, Warhol explored the artistic effects of many of the mechanisms that have come to shape the art and media landscape of our time. His experimental films and television appearances were as much a part of this research as his journal *Interview* and his pictures.

His portraits of Marilyn Monroe are surely the most significant examples. Our ideas about the actress are inseparably linked with the image Warhol created of her. His own image gained comparable popularity and has become an icon in its own right. He succeeded in becoming a pop star and thus established himself as a model for the future social status and role of the artist. The basis for Warhol's rise to celebrity lay in the reception of his art, but the crucial factor was the way in which he made his own presence felt in the worlds of art and the media. Warhol's self-portraits are the interface between those two worlds within his oeuvre. And Warhol redefined the self-portrait. In a society so full of opportunities, the self-portrait could no longer be merely a single image. The often sequential character of his self-portraits, their varied colouration and the diverse roles he assumed in them combined to generate an adaptable, indeed ambiguous image in which everyone can find his or her *own* Warhol. Yet the anonymity he sought in his art, his ideal of the machine and his subtle remarks about his works as mere surface are in diametrical opposition to a psychological interpretation. 'I was never embarrassed about asking someone, literally, "What should I paint?" because Pop comes from the outside, and how is asking someone for ideas any different from looking for them in a magazine?'[2]

Thus the premise – expressed in Western art since the Renaissance – that self-portraits must always be regarded as clear statements of artistic attitude which have nothing to do with the client does not appear to apply to Warhol's self-portraits. Yet they have nevertheless become crucial to the development of his art and our understanding of it, due to the infinitely shifting balance of possible meanings. If it makes no difference what particular motif Warhol transforms into a work of art, then the question of how that transformation is accomplished at the formal level assumes even greater importance. And Warhol actually did use his own image as a field for experimentation. The unlimited exploitation of the self in the interest of achieving an artistic result is one of the most common functions of the self-portrait.

Warhol's portraits are particularly revealing within the context of the interplay between self-inquiry and self-stylisation and by virtue of the objective multiplicity of messages they convey. In their orientation toward the perfect image, whose range of variations Warhol systematically explored, they reflect the artistic methodology of Pop Art and thus mirror exactly the social and economic mechanisms of an entire era.

1 Andy Warhol and Pat Hackett, *Popism: The Warhol '60s* (New York, 1980), p. 3.

2 Andy Warhol and Pat Hackett, *Popism: The Warhol '60s* (New York, 1980), p. 16.

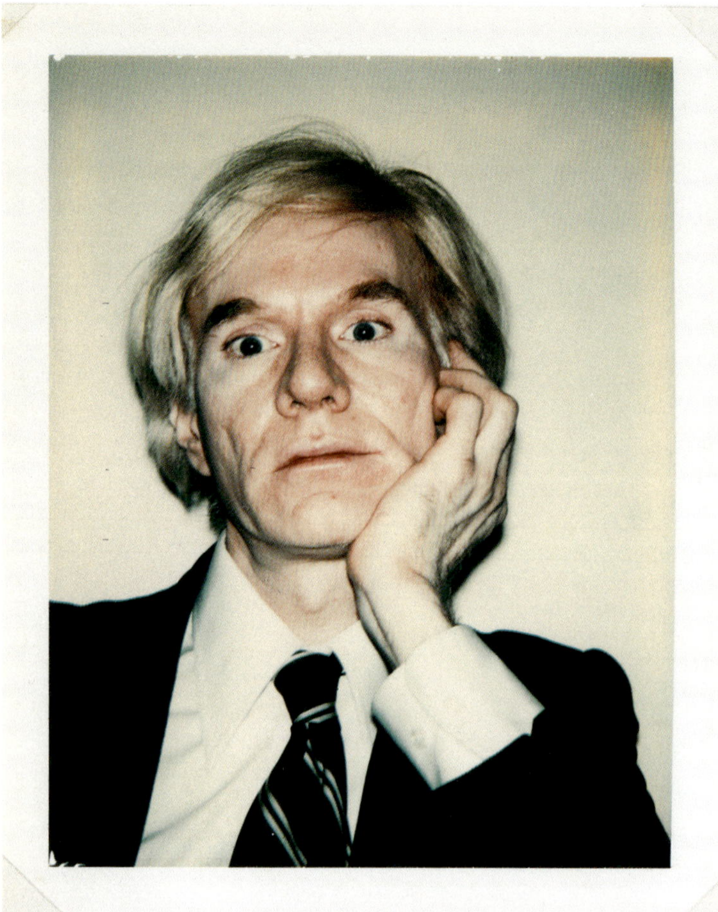

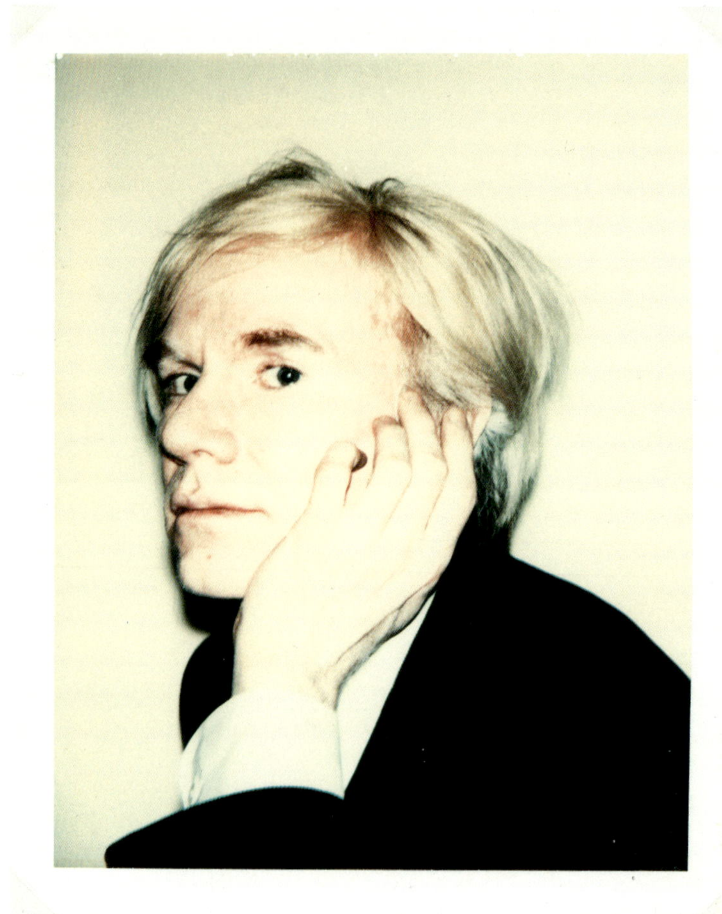

57 Self-Portrait (with Dark Suit and White Shirt), 1977/1978
Polaroid-Fotografie (Unikat)
Unique polaroid photograph
10,8 x 8,5 cm

56 Self-Portrait (with Hand to Cheek), 1977/1978
Polaroid-Fotografie (Unikat)
Unique polaroid photograph
10,8 x 8,5 cm

II.

Andy Warhol created his first Pop self-portraits in 1963/64 (ill. p. 28). These were commissioned works produced with the new silkscreen printing technique. The pictures are based on photographs in which Warhol had himself photographed in every conceivable staged pose in the neutral, anonymous setting of a photo booth. It is no coincidence that the homepage of the Andy Warhol Foundation highlights these sequences from the first photo-booth shoots as a key first step in the development of his art. Warhol took advantage of this ordinary, ubiquitous, cheap, neutral medium for his self-portraits. The photo booth replaces the mirror, and the sequential character of the images has obvious affinities with film. The subjective eye of the photographer is absent. The subject is free to photograph himself however he wishes. Yet we are astonished to realise that this does not happen in Warhol's self-portraits. The photographs do not seem at all spontaneous but are instead highly stylised. No matter how the selected pose looks, it is usually rendered frontally or as an exact profile.

Closely related to these are the *Thirteen Most Wanted Men*, which Warhol did for the façade of the New York State Pavilion at the 1964 World's Fair. He found sources for these works in a booklet of wanted notices issued by the New York City Police Department in 1962.[3] The wanted poster, the most negative type of society portrait, is a standard feature of every western movie. Even Duchamp had his image printed on such a poster, and Warhol adopted this topos of the standardised negative image. As it relates to film, the wanted photo is the exact opposite of the staged, elegant portrait from the Hollywood glamour world. Can the reality of the everyday photographic image compete successfully with the smooth ideality of the movie star? Figuratively speaking, Andy Warhol was a wanted man, and the black sunglasses he wears in these portraits conceal a face that does not want to be recognised. The pose with trench coat and sunglasses is inevitably associated with the genre of the detective movie: the classical image of Humphrey Bogart shows him with his raincoat collar turned up.

It is important to remember that Andy Warhol virtually grew up in cinemas. As a young child, he went to the nearby 'Boom Boom' cinema, named for the gangster films and westerns shown there, with his eldest brother Paul, who was born in 1922.[4] Thus the aesthetic form of his pictures must always be seen in relation to this second, equally important reality of the movies. The pioneering underground movies *Sleep*, 1963 (5 hrs., 21 min.), Kiss, 1963/64 (48 min.), *Haircut No. 1*, 1963 (24 min.), which takes the thematic and temporal capacity of the medium to its very limits, have a great deal in common with Warhol's repetitive pictures. And it is also impossible to overlook the fact that, in Warhol's movies, the epic length of the real viewing time and that of the film-maker and the filmed objects or protagonists are identical and the – in tendency, at least – make the simulacrum of the film a faultless substitute for reality. Which reality is more real? The reality of the movie has the definite advantage that it can be repeated identically.

III.

The first themes that appear in Warhol's paintings came from the world of comic books and advertisements. The endlessly repetitive industrial product is found in paintings derived from images of postage stamps, banknotes and shipping labels. The first silkscreen paintings from photographic sources were done in August 1962 and display the motifs of the *Baseball Player* and *Teen Stars* series. Pastels and golds first appeared as transcendent backgrounds in his portraits of movie idol Troy Donahue and the famous *Marilyn* series, which Warhol began after the star's suicide on August 5, 1962, as an homage to the film goddess.

These series not only introduce the theme of the contemporary portrait but also exhibit the virtual explosions of colour that identify Warhol as a masterful colourist. Both series include black-and-white versions printed directly onto the primer coat which offer striking evidence of the decisive role of colour in the process of

3 The source is preserved in *Time Capsule 92*, no. 147.

4 See Matthew Wrbican, *Ein Leitfaden zu Andy Warhol's Time Capsules*, exh. cat. Museum für Moderne Kunst Frankfurt am Main (Frankfurt am Main, 2003), unpag., *Time Capsule 69*, no. 041.

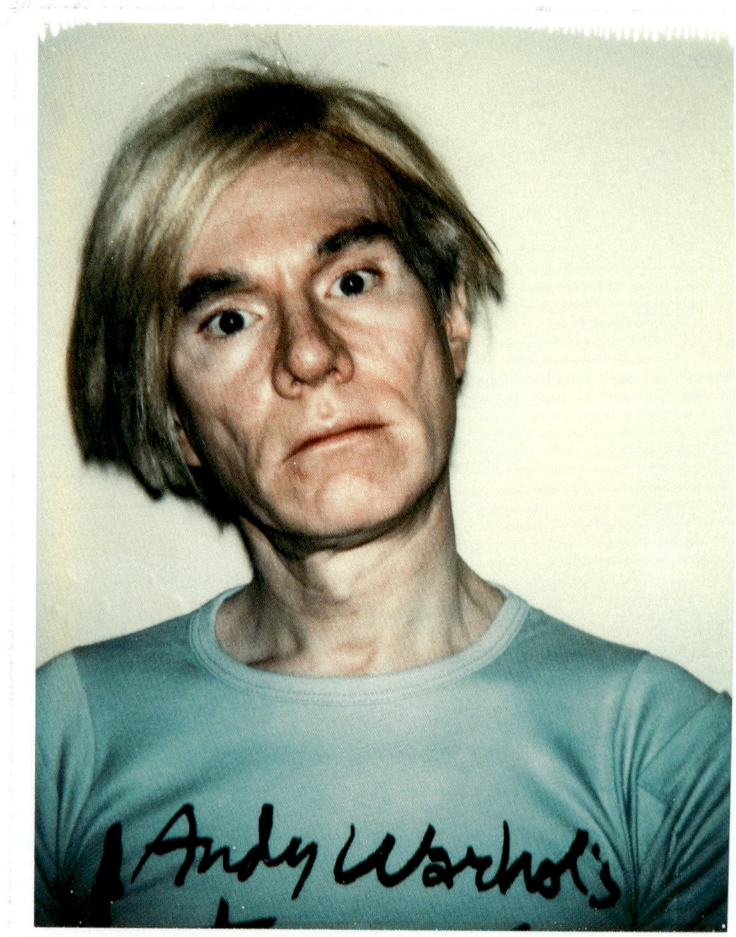

54 Self-Portrait (in Interview T-shirt), 1977/1978
Polaroid-Fotografie (Unikat)
Unique polaroid photograph
10,8 x 8,5 cm

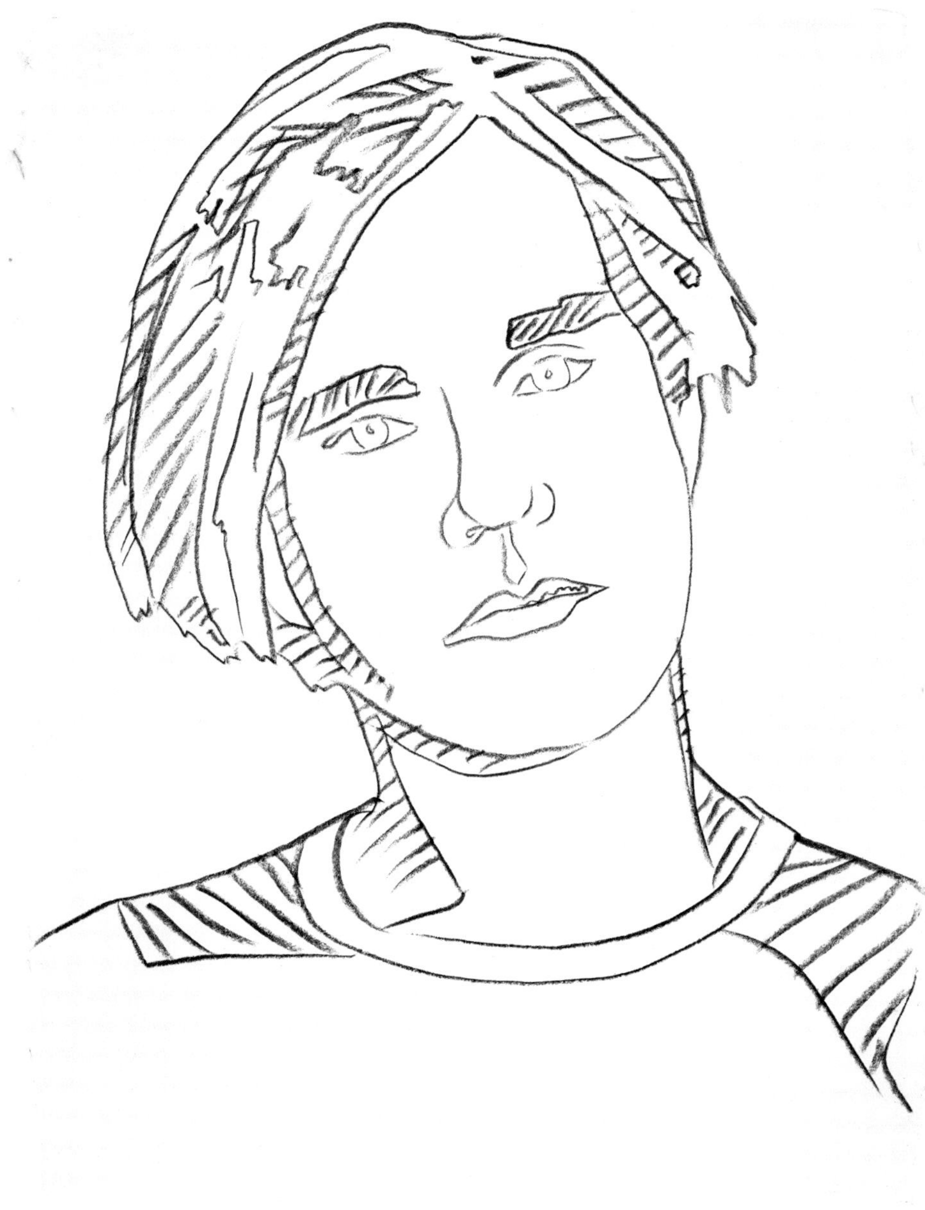

58 Self-Portrait, 1978
Grafit auf Papier / Graphite on paper
80 x 61 cm

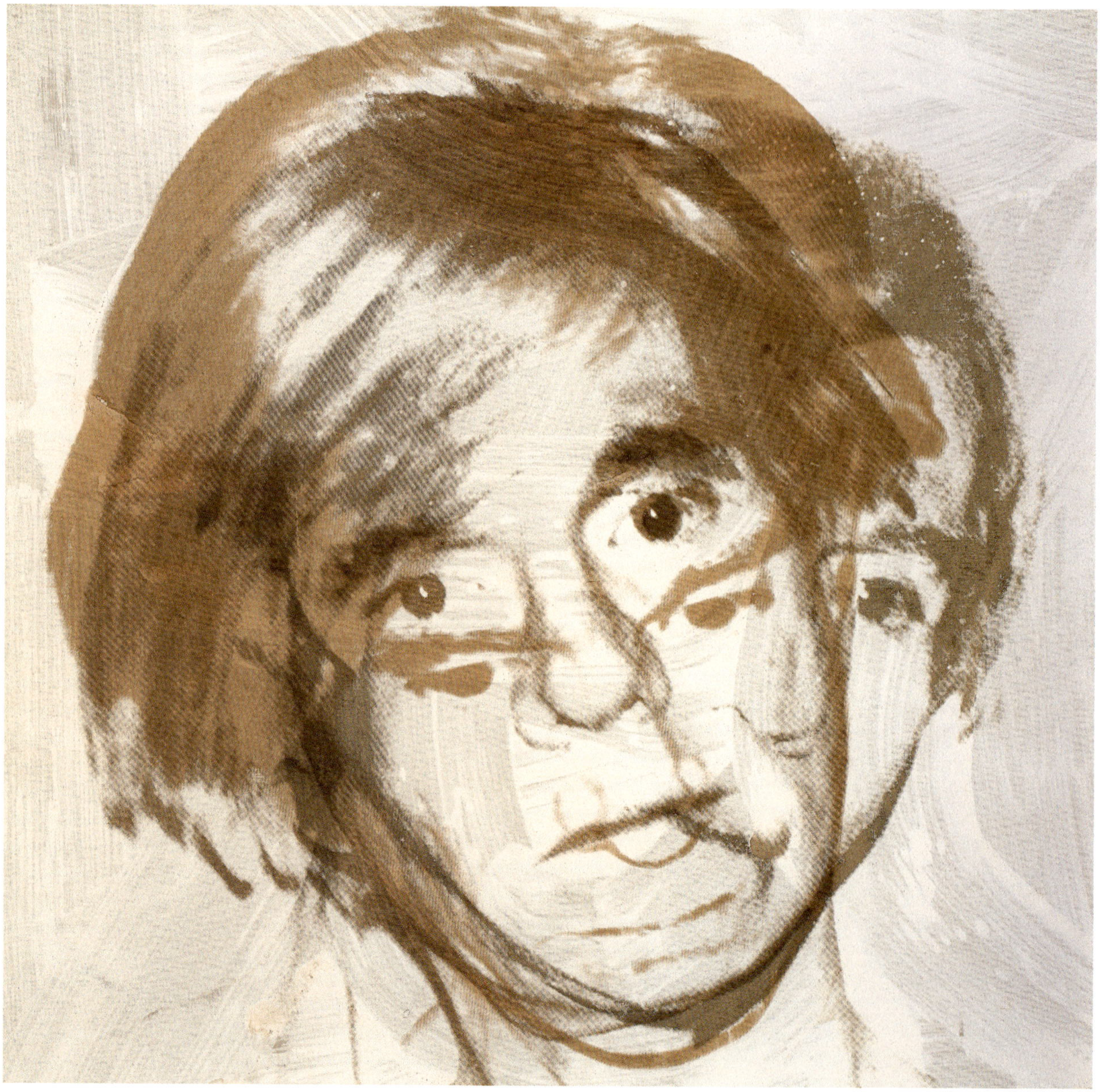

23 Self-Portrait, 1978
Kunstharzfarbe und Siebdruckfarbe auf Leinwand
Synthetic polymer paint and silkscreen ink on canvas
101,6 x 101,6 cm

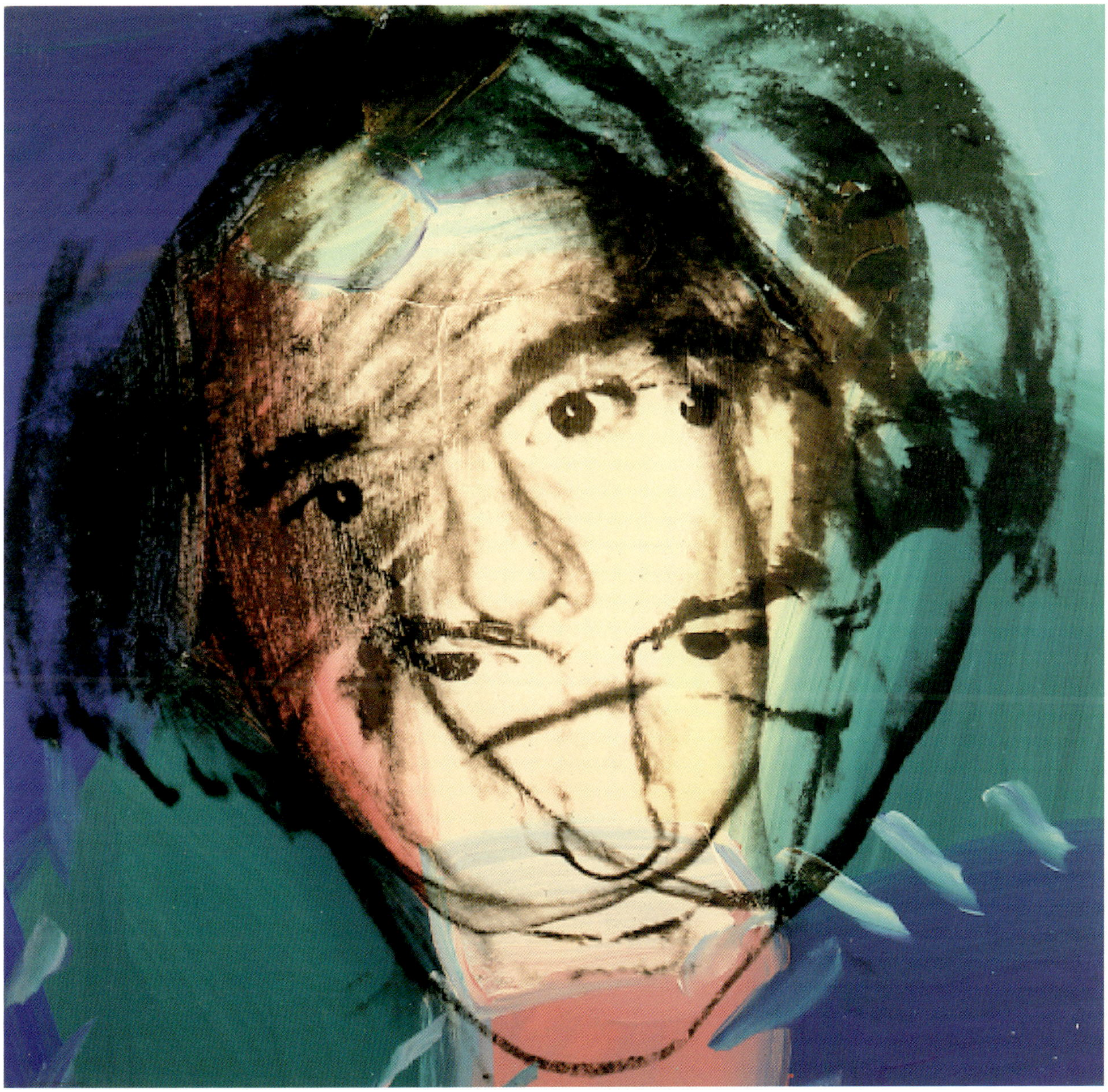

24 Self-Portrait, 1978
Kunstharzfarbe und Siebdruckfarbe auf Leinwand
Synthetic polymer paint and silkscreen ink on canvas
101,6 x 101,6 cm

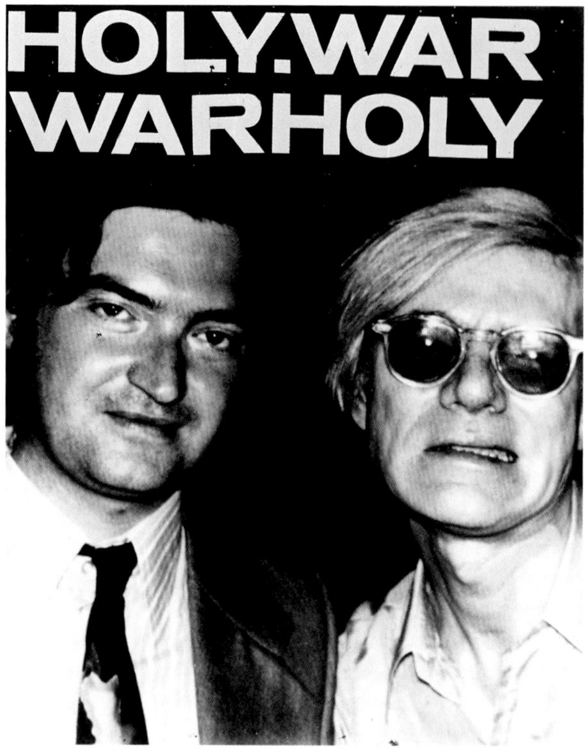

HOLY.WAR
WARHOLY
(wohl Entwurf zu einem Zeitschriftencover
probably a design for a magazine cover)
(Time Capsule 67)
The Andy Warhol Museum, Pittsburgh, Founding Collection, Contribution The Andy Warhol Foundation for the Visual Arts, Inc.

transforming the image. Warhol went on to produce both versions in his next pictures. The *Early Elvis* group was the first series of portraits on a monochrome bright-red background, and he chose Pthalo blue for his portrait of the star of the contemporary art scene. David Bourdon tells us that the portrait of Robert Rauschenberg was done following a visit by Rauschenberg, Ileana and Michael Sonnabend and Carl Fredrik Reutersward to Warhol's studio on September 18, 1962. As Bourdon explains later, 'Warhol attempted to ingratiate himself with Rauschenberg by offering to make silkscreened portraits of him. All Rauschenberg had to do, Andy said, was to provide him with some photographs. Rauschenberg was enthusiastic about the project and immediately began to discuss what kind of photographs would be suitable.'[5]
Rauschenberg provided a number of photographs, including a then recent frontal exposure showing him wearing a trench coat, his gaze slightly elevated. Interesting in the present context is the fact that these portraits of Rauschenberg fit seamlessly in formal respects with the other pictures Warhol produced about the same time. It would be reasonable to expect the same of a self-portrait. The twenty-by-sixteen-inch self-portraits commissioned by the collector Florence Barron in late 1963 and early 1964 present a surprisingly new type of work based upon sequential photo-booth exposures, in which the shifts of contour and overlappings typical of the silkscreen prints are greatly reduced (ill. p. 28). For the final portrait in the group, he selected the same Phthalo-blue background he had used in the Rauschenberg portraits and *Blue Liz as Cleopatra*, thus lending the self-portrait a similar timbre of colour and meaning. Warhol mounted the original strip of four exposures next to a similar photograph of Judith Green on a sheet of paper, noting the desired dimensions of '80 inches' and an instruction to the printer to 'Make good contrast b[lack] & white not too much grey'[6] (ill. p. 26). Together with the portraits of Judith Green, the eight photographs were enlarged on a single silkscreen, individually masked and then printed. The four exposures can be read as a movie-style motion sequence in which Warhol abruptly loosens the knot of his leather tie while turning his head to the left and then to the right. The process produces not only a portrait in four variations but also tells a short, sketchlike story with a before and an after.

IV.

That same year, Warhol did a second series of self-portraits in which he also appears facing the viewer but without glasses and wearing a black tee-shirt (ill. pp. 33–37). Although he used nearly the same format of twenty by sixteen inches, he imbued these works with an imposing presence comparable to that of his *Marilyn* pictures by incorporating a vividly coloured background and shimmering silvery hair. The full frontal view is rendered from a slightly lowered perspective, which gives the face an expression of self-assurance. The source photograph is also copied with extremely hard contrast,

5 Quoted from Georg Frei and Neil Pritz, *The Andy Warhol Catalogue Raisonné: Paintings and Sculptures 1961–1963* (London, 2002), cat. nos. 290–300 (Rauschenberg), p. 257, footnote 1.

6 See Georg Frei and Neil Pritz, *The Andy Warhol Catalogue Raisonné. Paintings and Sculptures 1961–1963* (London, 2002), ill. no. 267, p. 434.

7 Andy Warhol and Pat Hackett, *Popism: The Warhol '60s* (New York, 1980), p. 17.

which makes the image in the silkscreen print look even flatter, much like a pen-and-ink drawing.

The result is an austere self-portrait of striking presence. The transformation he achieved becomes particularly evident in comparison to the photograph by Ken Heyman in which Warhol, flanked by two of these portraits, imitates the pose once again (ill. p. 30). In *Popism*, Warhol notes that these portraits were done in response to a suggestion by the art dealer Ivan Karp: 'You know, people want to see *you*. Your looks are responsible for a certain part of your fame – they feed the imagination.'[7] Karp saw the situation precisely as it was, and Warhol delivered the corresponding self-confident image.

Warhol took the logical next step to the larger pictorial format of seventy-two by seventy-two inches in 1967 in the self-portraits that show him in the elaborate pose with his index finger touching the corner and the middle finger pointing toward the middle of his mouth (ill. pp. 47–51). The attitude, which lies somewhere between dandyish artifice and philosophical contemplation, invites a wide range of possible readings. Depending upon the colouration of a specific version, the viewer will tend toward the one or the other interpretation, and the paintings offer an abundant array of subtle colour combinations.

Measuring twenty-two by twenty-two inches, the versions of 1966/67 that preceded the large-scale works are only slightly larger than the first self-portraits, but their striking effects are achieved primarily through the selection of a nearly square format and Warhol's unconstrained use of colour (ill. pp. 40–44). Moreover, the portrait looks like close-up compared to the preceding ones. The frame of view is much smaller, and the head fills the entire pictorial field from top to bottom. Warhol later used both the square format and the close-up approach in his last self-portraits (*Fright Wig*) of 1986. Why he chose precisely this staged image for the large-format portrait is easiest to understand if we compare it to the other self-portraits done at the same time, of which apparently only a few versions exist (ill. p. 57). The full frontal presentation of the image remains an absolute prerequisite for its presence, which is further heightened by the complete concealment of the right side of the face in shadow. The result is a balanced composition consisting of light and dark areas. This enabled Warhol to use reversed images of the motif, although he copied them twice in order to produce images with the original orientation. In the late seventies, this process of reversal became the key concept for the *Reversal Series* (ill. p. 95).

Warhol experimented intensively with colour schemes of varying vividness in 1967, producing striking painterly effects. As in the *Marilyns*, the contours of the colour areas do not conform precisely to the outlines of the underlying photographic image. This made it possible to produce an infinite range of variations in the proportions and thus the expressions of the face. The yellow of the hair bleeds into the narrowed face, giving it even greater prominence; the light-blue background crosses over into the area of the throat and the backs of the fingers, integrating the face into the picture; the shaded side is dissolved into vibrant traces of dark-blue, which the subject appears to contemplate. In explaining his preference for the silkscreen technique, Warhol described precisely these effects as the most important advantages offered by the medium: 'That way you get the same image, slightly different each time. It was all so simple – quick and chancy.'[8] Warhol exhibited six large-size portraits from this series at the United States Pavilion at the 1967 World's Fair in Montreal. It is hard to imagine a more prominent setting for his self-presentation as *the* American artist. Karp's marketing strategy had achieved its goal. The stylised self-portrait had become a public image. The art product and the image were identical.

V.

The self-portrait now served as a trademark that supported both Warhol's artistic work and his media appearances. And thus it was only logical for him to choose a portrait for the brochure introducing his company, Andy Warhol Films, Inc. (ill. p. 66). A movable disk bearing a certain resemblance to a European parking timer is in-

Drei Selbstportraits mit 16-mm-Filmstreifen
Three Self-Portraits with 16-mm reel
(Time Capsule 61)
The Andy Warhol Museum, Pittsburgh, Founding Collection, Contribution The Andy Warhol Foundation for the Visual Arts, Inc.

8 Andy Warhol and Pat Hacket, *Popism. The Warhol '60s* (New York, 1980), p. 22.

serted into a square plastic envelope showing a full-face portrait of Andy Warhol. The blank right lens of his glasses contains the title 'NOW IN RELEASE FROM ANDY WARHOL FILMS INC.' The left lens and the slightly open mouth are punched out, revealing a portion of the disk inside. The titles of Warhol's films are shown between the lips, and the open eye is replaced by a round cut-out from a corresponding film still.

The viewer can browse through the list of Warhol's films by turning the disk and observe the world through Warhol's glasses. The fact that Warhol put 173 copies of the object as *Time Capsule 50* in his material diary clearly indicates how important this commercial use of his image was to him – by 1974, when he began packing his *Time Capsules*, if not earlier. Warhol also used his self-portrait for other publications. *Time Capsule 61* preserves a brochure containing an interview done in December 1969, in which a sequence of three self-portraits are printed one above the other next to a strip of sixteen-millimetre film. The uppermost black-and-white portrait seems blurred, while the others are in sharp focus and coloured in magenta and light-green. The slight reduction of the frame of view creates a cinematographic zoom effect (ill. p. 81).

The dust jacket of Warhol's *The Philosophy of Andy Warhol (From A to B and Back Again)*, published in 1975 shows a full-face photograph of the artist next to the monumental lettering. The cover of his *Exposures* (1979) presents a photo of the artist in profile, laughing as he gazes toward his models (ill. p. 62). In the following years, new self-portraits adorned exhibition catalogues published by the Kunsthaus Zürich (1978), the Kestner-Gesellschaft in Hanover (1981) and others. Warhol placed a reverse image of the source photograph for the 1966 self-portrait on the cover of his book entitled *Popism: The Warhol '60s* (ill. p. 56).

'On June 3, 1968, Valerie Solanas, who had appeared in one of Warhol's films, walked into the "Factory." Solanas, the founder of S.C.U.M. (Society for Cutting Up Men), fired shots at Warhol and art critic Mario Amya, seriously wounding Warhol. Hughes, Jed Johnson, and Morrissey witnessed the attack. Surgeons saved Warhol's life in an operation that lasted several hours. He spent eight weeks in the hospital and never completely overcame the after-effects of his wounds. Solana gave herself up to police on the day of the attack.'[9] Richard Avedon took the now famous photograph of the consequences of this dramatic event on August 20, 1969. The picture shows Warhol's upper body, covered by countless scars. Warhol also photographed himself while still in the hospital, producing an image in which the reflection of the flash in a mirror casts a bright star-shaped pattern of light over his ravaged torso (ill. p. 58). At that point in time, Warhol could hardly have thought of making a silkscreen print from such a photograph. And although the society portraits made from Polaroids were a major focus of his work during the seventies and eighties, he evidently did no more self-portraits until ten years after the attack on his life.

As Warhol noted in a statement printed in the November 1963 issue of *Art News*, the phenomenon of sudden, violent death was a central theme in his art from the very beginning. The silkscreen technique diminishes the recognisability of the image through blurring and overlapping, suggesting the possibility of eradication. Whereas the subjects of his pictures up to that time addressed the subject of death only indirectly, the explicit theme of *memento mori* was firmly established in the self-portraits of 1978, probably in a direct line of progression from the *Skull* pictures of 1976 (ill. p. 122). In the preliminary Polaroid photographs, Warhol poses with a human skull balances on his head and shoulder: Warhol as Hamlet. The posture of the artist as a philosophical sceptic is one of the most widespread stereotypes. These images, along with the concurrent self-portraits showing him in the violent grip of a strangler, visualise the threat of death in physical terms (ill. pp. 67/68). Yet it is ultimately left to the viewer to choose an interpretation from the range of possibilities between dramatic *mise-en-scène* and genuine existential threat.

9 Antje Dallmann, 'Andy Warhol – Eine Chronologie in Amerika', in *Andy Warhol Retrospektive*, exh. cat. Nationalgalerie Berlin, 2001, p. 298.

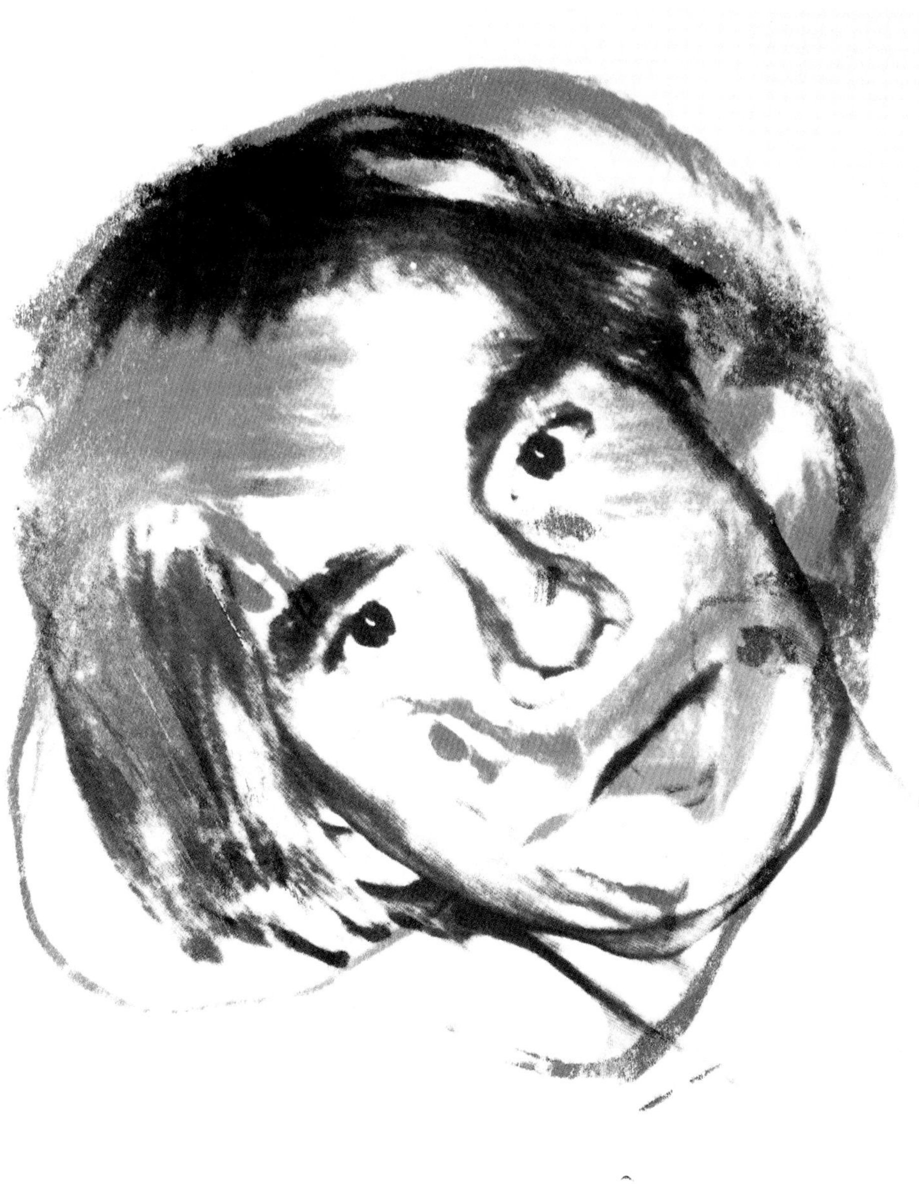

50 Self-Portrait, ca. 1977
Siebdruck auf Curtis Rag Papier
Screenprint on Curtis Rag paper
114,3 x 88,9 cm

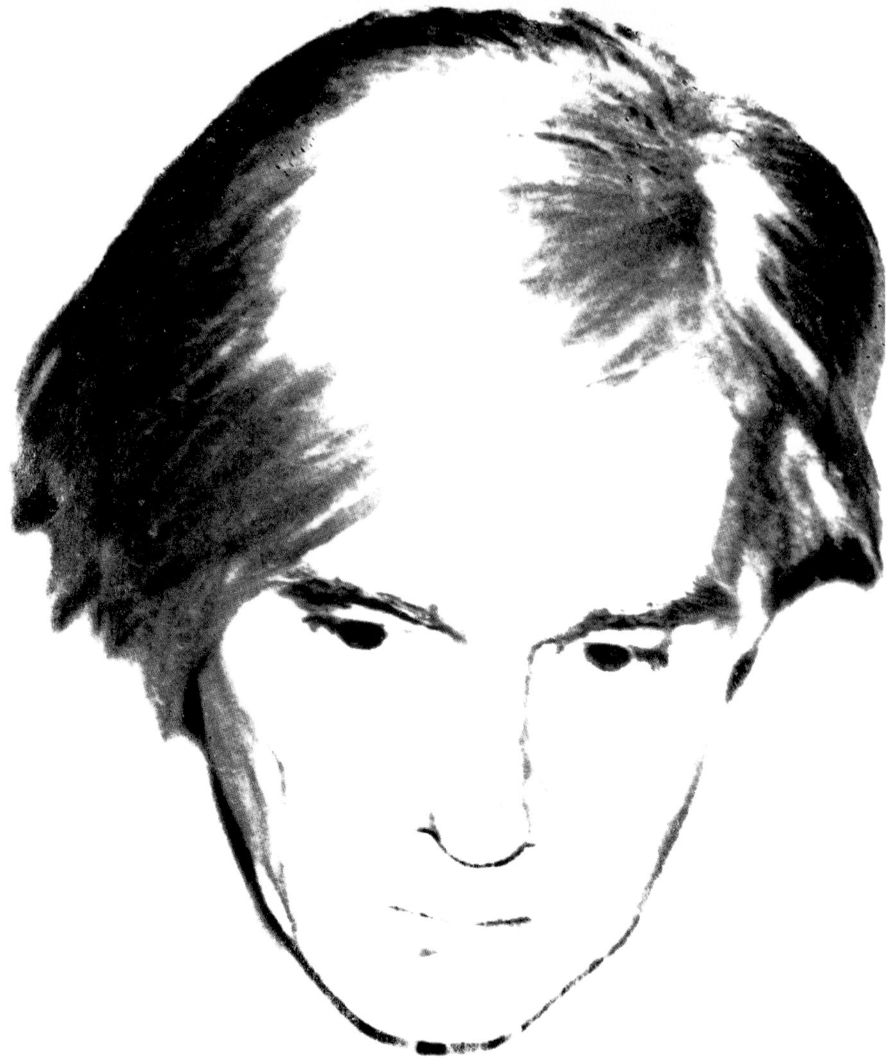

51 Self-Portrait, ca. 1977
Siebdruck auf Curtis Rag Papier
Screenprint on Curtis Rag paper
114,3 x 88,9 cm

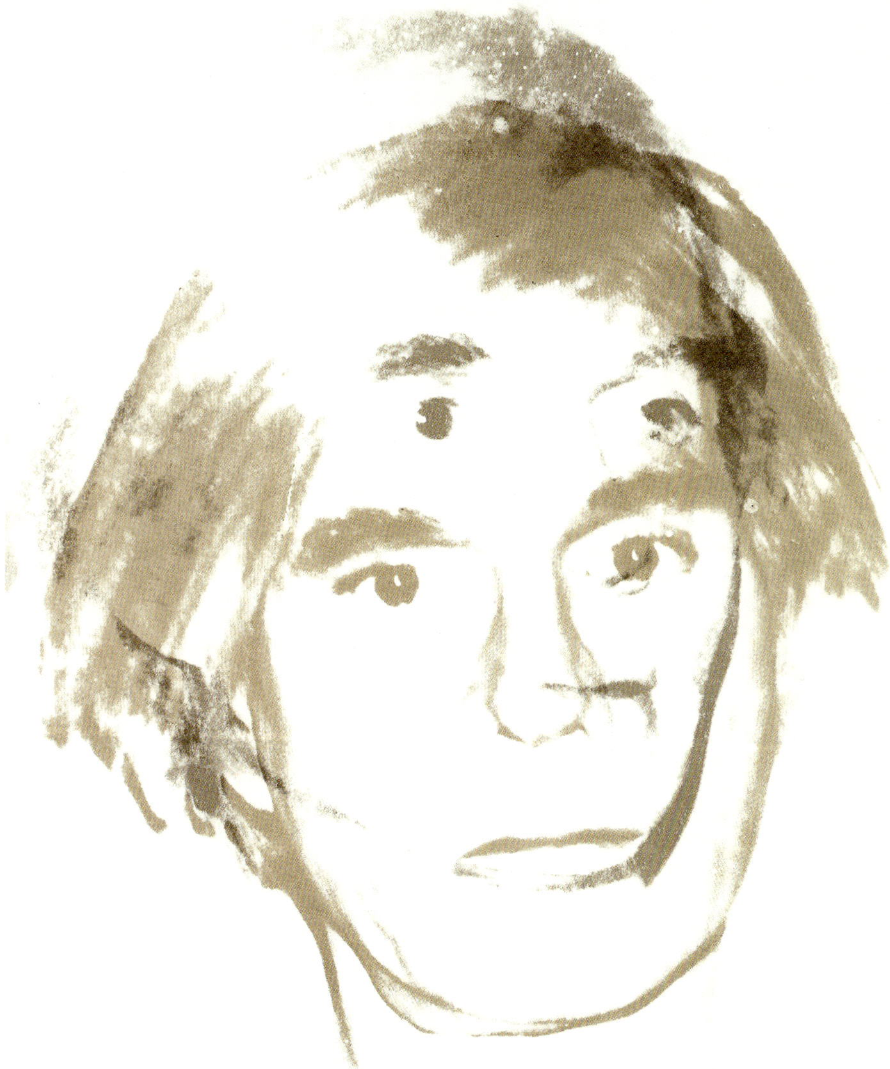

52 Self-Portrait, ca. 1977
Siebdruck auf Curtis Rag Papier
Screenprint on Curtis Rag paper
114,3 x 88,9 cm

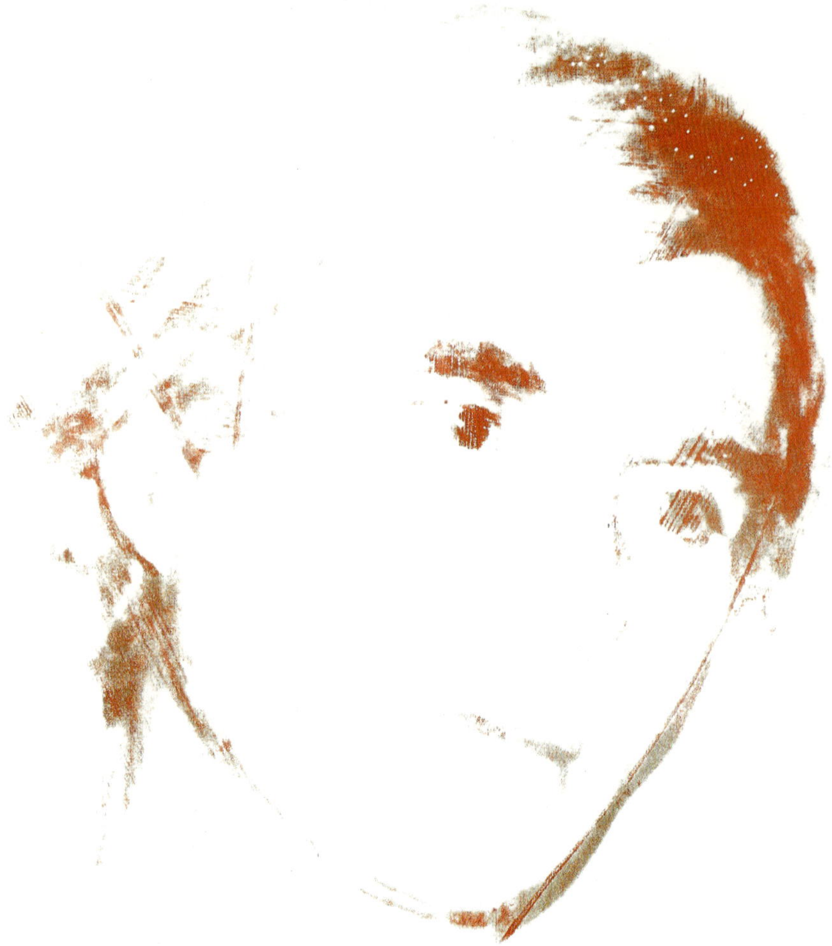

53 Self-Portrait, ca. 1977
Siebdruck auf Curtis Rag Papier
Screenprint on Curtis Rag paper
114,3 x 88,9 cm

The three series done in 1978 are characterised both by shared motifs and intensive painting work. The paint in these self-portraits appears in thick patches that do not conform to the contour lines of the face. Streaks and intermingling swaths of paint form a second autonomous layer covering the dramatic, thought-provoking motifs. The upper segment of some of these pictures is submerged in light-yellow; the face appears in radiant pink, the skull in bright orange. Expressive red brushstrokes cover a dark-blue undertone, while forceful blows applied with the brush also inflict wounds on the fragile image. Warhol developed paintings with multiple layers and sequential progressions of the original photographic image, alternating back and forth between positive image and negative reversals of tonal values.
Warhol created a collage containing a drawn self-portrait that served as both an invitation and a poster for the extensive retrospective exhibition of his work at the Kunsthaus Zürich in 1978 (May 26 to July 30). The *Wallpaper* (ill. p. 101) he made based on the collage was also applied to the walls of the exhibition rooms, as had also been done with his *Cows* at the Castelli Gallery in 1966 and at the retrospective shown at the Whitney Museum of American Art in New York in 1970 and his *Maos* at the Musée Galliera in Paris in 1974. The most interesting aspect of the design chosen here is the reduction to pure line drawing, although the motif is actually based on a photograph. Warhol turned fifty on August 6, 1978, but the graphic version presents the image of an ageless Warhol that might even be taken for the portrait of a twenty-year-old. It appears to open two artistic perspectives. On the one hand, the technique refers back to the watercoloured outline drawings of the early years; on the other, it calls to mind the inexorable transience of all things expressed in the thickly overpainted skull portraits.

VI.

Warhol's work of the seventies is dominated by portrait commissions which collectively represent a kind of *Who's Who* of American and European high society: 'Warhol's friends are the stars of rock, fashion, film, society, sports, politics.'[10] Warhol's second career was launched by Swiss gallerists Thomas Ammann and, above all, Bruno Bischofberger, whose portrait he did in 1969. He set his clients in scene in accordance with their wishes and photographed them with a Polaroid camera. Warhol apparently never attended a private or public event without his instant camera. He made excessive use of the medium and also selected it for his portraits of the early eighties, his self-portraits *In Drag*, where he appears in white make-up and a variety of different wigs. His self-transformation was recorded in a video clip produced for 'Warhol's T.V on Saturday Night Live' and in roughly twelve staged photographs taken with an SX-70 camera (ill. pp. 102, 103).
Role-playing as a drag queen relates both to Warhol's homosexuality and his fascination for deceptively perfect transformation. New York scene photographer Christopher Makos, a member of Warhol's close circle of friends since 1970, describes the origins of these pictures: 'The drag pictures were done in late 1981. It was a Dadaist experiment. The ugly ones were done in the first session, the beautiful one in a second. At first, we had only one fashion make-up specialist. A make-up artist from the theatre joined us later on. We got the wigs from a specialist who supplies men who want to disguise themselves for private occasions. We could have gotten the most expensive dresses from people close to Andy, but we didn't need them. The point was not *drag* itself but the *altered image*. It had nothing to do with transsexuality. As you can see: no stuffed bras, no artificial fingernails. Only the face is altered; Andy's eyebrows are pulled back with gum arabic. Perhaps the hand gesture, but nothing more. . . . One may assume that Warhol would have pulled them out one day as sources for self-portraits . . .'[11]
The neutrality of the self-portrait diptych of 1981 presents a striking contrast to these staged images (ill. pp. 106, 107). It bears a much closer resemblance to Warhol's 1978 portrait of his friend and art dealer Thomas Ammann. Delicately coloured with very little

10 Cover flap blurb in *Andy Warhol's Exposures* (New York, 1979).

11 Christopher Makos, cited in Martin Schaub, 'Gestatten, mein Name ist Andy', *Das Magazin, Tages-Anzeiger und Berner Zeitung BZ*, no. 6 (Feb. 8–14, 1997), p. 33.

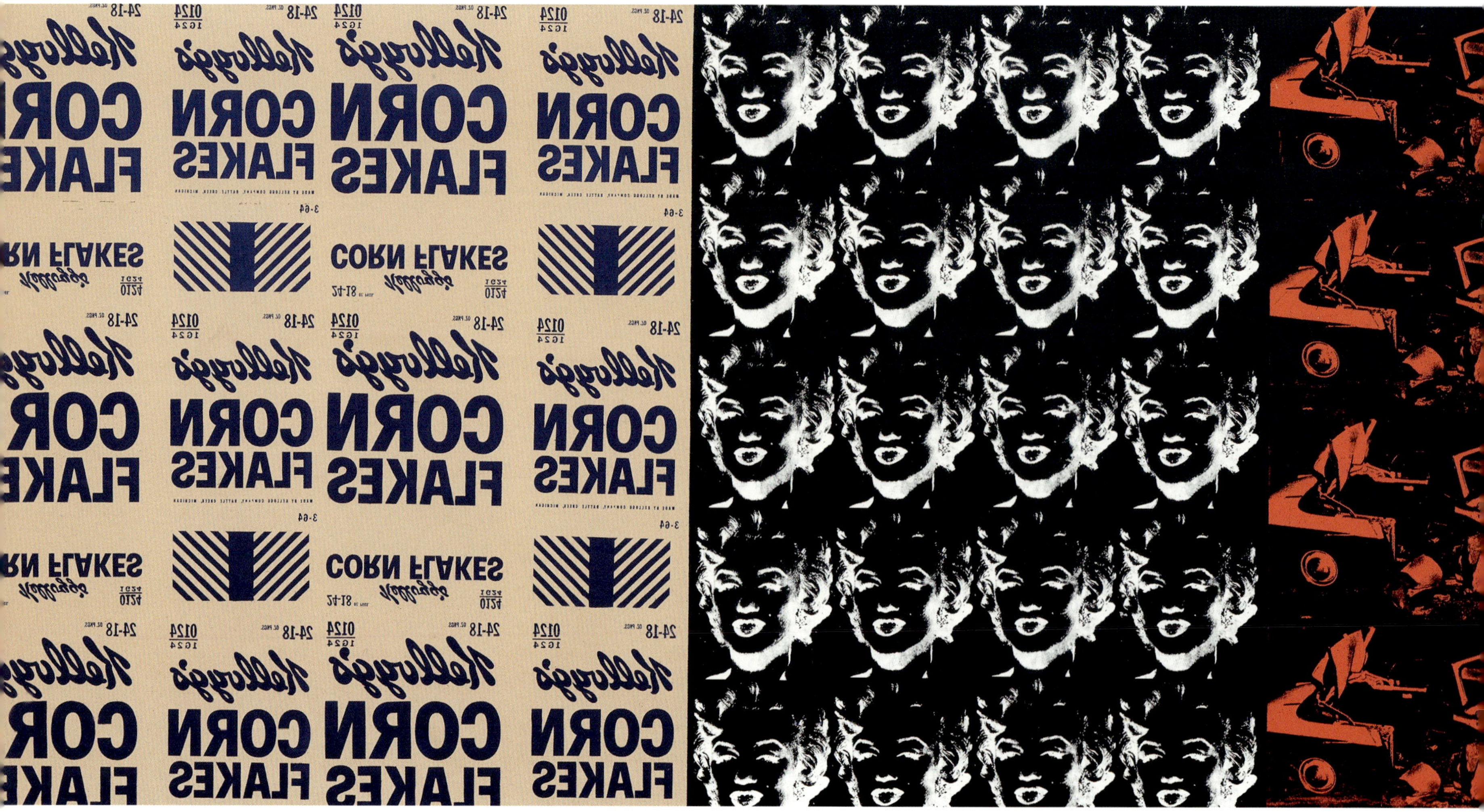

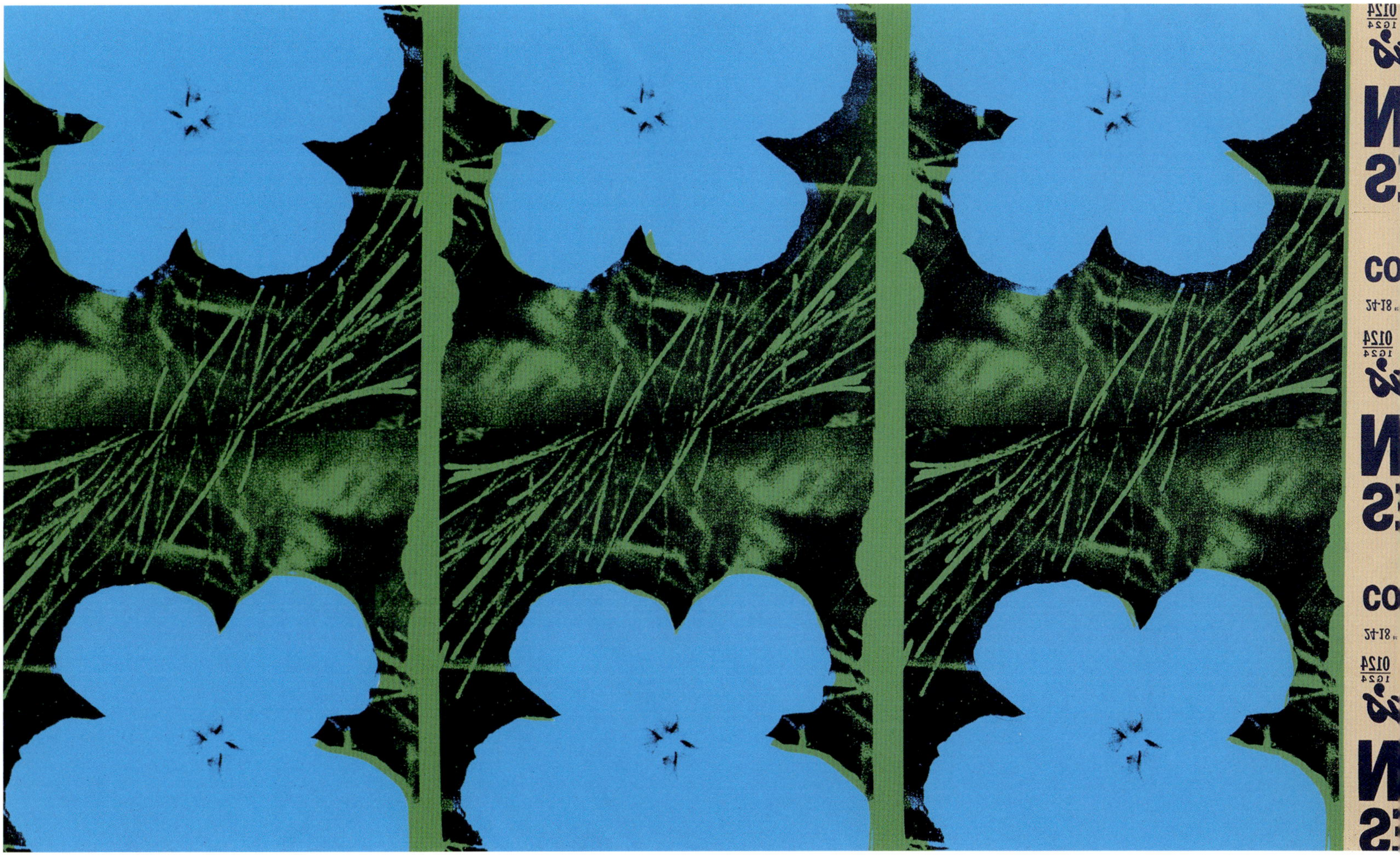

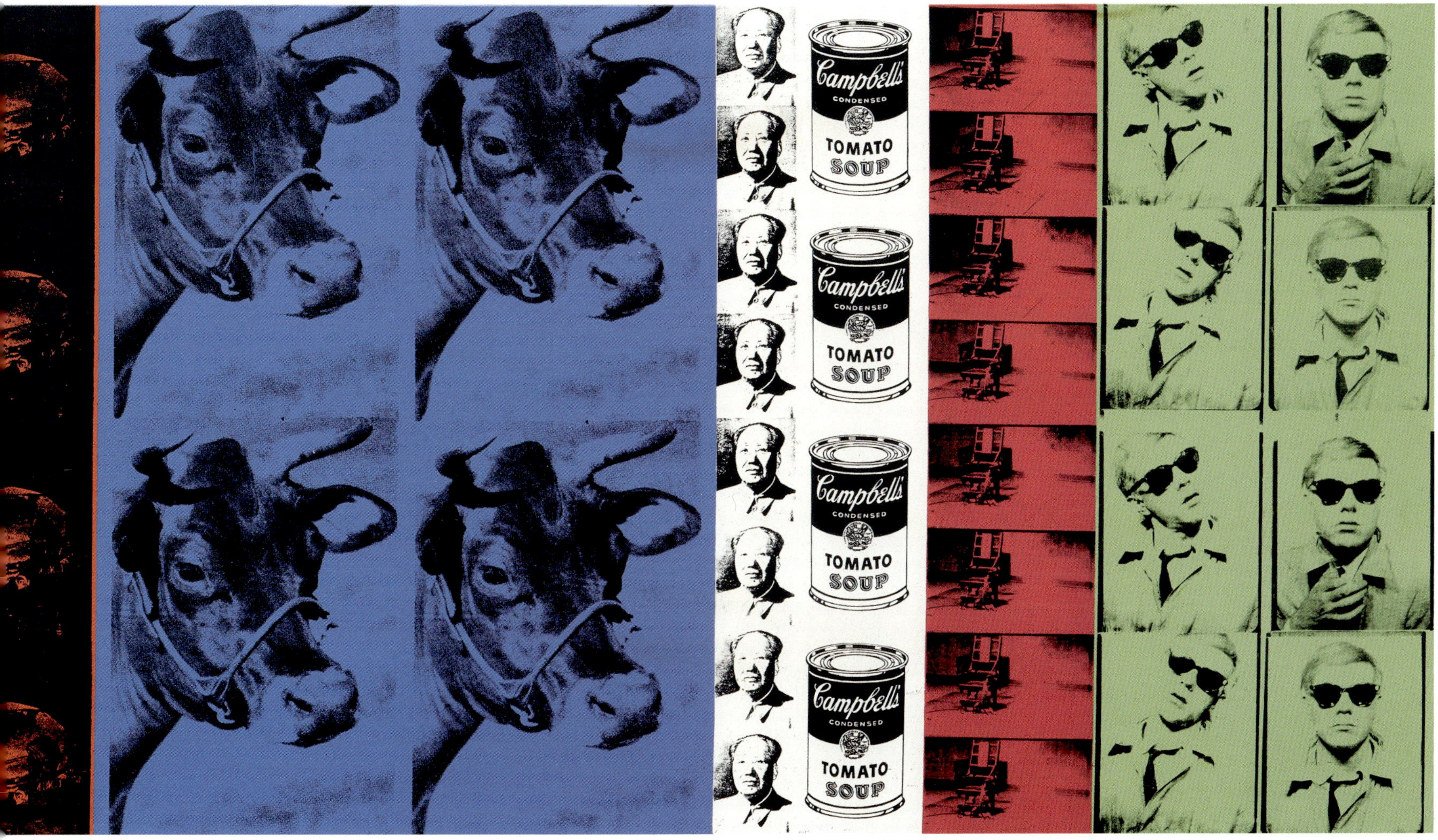

25 Big Retrospective Painting, 1979
Kunstharzfarbe und Siebdruckfarbe auf Leinwand
Synthetic polymer paint and silkscreen ink on canvas
207 x 1080 cm

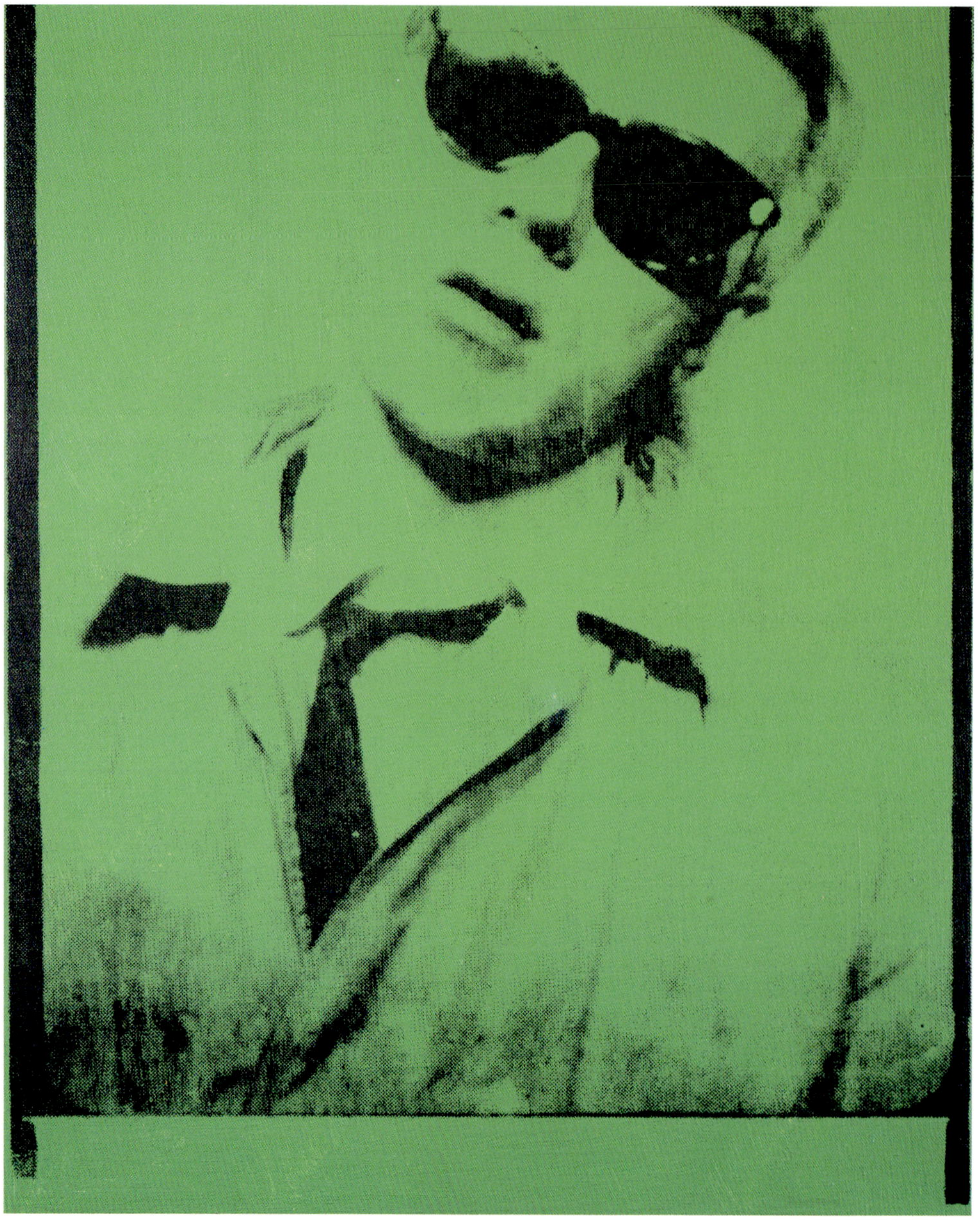

27 Self-Portrait (Retrospective Series), 1979
Kunstharzfarbe und Siebdruckfarbe auf Leinwand
Synthetic polymer paint and silkscreen ink on canvas
50,8 x 40,6 cm

paint, both portraits recall the fragile quality of earlier drawings. Warhol's self-portraits completed between 1942 and 1948, with their extremely attentive, restrained accuracy, appear to have as much in common with these drawings as the pale-coloured star photos Warhol collected as a youth, among them the personally dedicated picture of his idol and model Shirley Temple he treasured like a precious jewel.

The Anthony d'Offay Gallery in London presented the 'Self-Portraits' exhibition in 1986, the first show devoted exclusively to this theme. In keeping with the tendency observable in his late work, the eighty-by-eighty-inch self-portraits are enlarged to monumental proportions (ill. pp. 134–137). The smaller standard formats of twenty-two by twenty-two inches and forty by forty inches were combined into series featuring variations of colour and motif (ill. p. 128). Yet all of these works show only slight modifications of the same ghostly self-portrait of the artist with sunken cheeks wearing a wig with its hair standing wildly on end. This odd nimbus may bear some remote association to the star-shaped crown atop the head of the Statue of Liberty. It heightens the face in the manner of an aureole that oscillates between images of electrical sparks and the classical halo.

In any event, these late portraits have an undeniably numinous quality. The body is completely eliminated and, as in the self-portraits of 1964, a single colour once again defines the character of the picture as a whole. The source photographs for these works were several Polaroid flash photos of the artist in a frontal view against a black background. Warhol appears wearing a black turtleneck sweater, and thus the body disappears entirely in the silkscreen print (ill. pp. 132, 133). The versions with monochrome backgrounds express a sense of fragile vulnerability whose presence is ominous, and they seem incredibly ephemeral, despite their vivid colouration. In contrast, the cadmium-red picture with the narrower frame of view moves Warhol's frightening self-portrait threateningly close to the viewer (ill. p. 129). Although the layering of identical motifs was a part of Warhol's standard procedure, he rarely superimposed different motifs. The blending of a Campbell's soup can and Elvis is one of the rare example in his early work.[12] In his large-scale panels of 1986 (116 x 426 in.), Warhol made his paintings fundamentally inscrutable by applying camouflage pattern of the type used by the military. In some of the self-portraits from the same period, he covered his face with this pattern, obscuring both contrasts and contours (ill. pp. 126, 135, 136). The eradication of the face at the moment of concealment should be taken quite literally, much like the disguising dark glasses in his early self-portraits. And as if to intensify his painting in the realm between appearance and disappearance, the artist emerges as a sketchy image, closer than ever before, only to disappear completely behind the camouflage pattern in the end. Warhol's credo was the seductive surface, and no one was as adept at transcending it – to the point of total dissolution into nothingness – as he. 'People are always calling me a mirror and if a mirror looks into a mirror, what is there to see?'[13]

12 The work was completed in October 1962; see Georg Frei and Neil Pritz, *The Andy Warhol Catalogue Raisonné: Paintings and Sculptures 1961–1963* (London, 2002), cat. no. 289, p. 256.

13 Cited in Wolfgang Lange, 'Andy Warhol oder die Wiederaufbereitung der Kunst aus dem Geiste der Kulturindustrie', *Kunstforum International* 92 (1987/88), p. 151.

»DIE BESTE AMERIKANISCHE ERFINDUNG ÜBERHAUPT – EINFACH VERSCHWINDEN ZU KÖNNEN«[1]

Dietmar Elger

I.

Andy Warhol hat den Satz 1975 in seinem Buch »The Philosophy of Andy Warhol (From A to B and Back Again)« notiert und diesen Wunsch auch für sich persönlich in Anspruch genommen. Gleichzeitig strebte er wie kaum ein anderer Künstler nach kommerziellem Erfolg, medialer Präsenz und öffentlicher Anerkennung. Die Filmstars in der Glamourwelt Hollywoods waren seine Idole und wurden zu den Motiven seiner Pop-Art-Bilder. Schon während seiner Kindheit, die er in der eher trostlosen Industriestadt Pittsburgh verbrachte, sammelte Warhol zahlreiche Pressefotos und bewahrte unter anderem eine Autogrammkarte des Kinderstars Shirley Temple mit der persönlichen Widmung »To Andrew Warhola«. In den fünfziger Jahren, inzwischen in New York, inszenierte Warhol sich vor der Kamera in den exzentrischen Posen, die er seinen Vorbildern Greta Garbo und dem Schriftsteller Truman Capote abgeschaut hatte. Das makellose Schönheitsideal, welches die Filmstars der Öffentlichkeit vermittelten, ließ ihn seine eigene Unvollkommenheit nur noch intensiver spüren. Warhol litt unter seinen körperlichen Unzulänglichkeiten, seinem zu dünnen Haar, der zu großen Nase und den Hautunreinheiten. »Sogar in meiner Familie hatte ich den Spitznamen ›Andy, der rotnasige Warhola‹«,[2] erinnerte er sich noch 1975 an seine Jugendjahre. Auf einer Fotografie von 1956 überzeichnete Warhol seine Nase mit einem Bleistift, um sie dadurch schlanker erscheinen zu lassen (Abb. rechts). Zwei Jahre später soll er sich dann in New York sogar einer kosmetischen Operation unterzogen haben. Und 1961/1962 verarbeitete Warhol das Thema in vier Gemälden mit dem Titel »Before and After«.

Andy Warhol hat fast während seines gesamten Lebens Selbstportraits gemalt. Eine der frühesten Darstellungen zeigt den gerade 17-jährigen Studenten am Carnegie Institute for Technology in Pittsburgh (Abb. S. 11). Die letzte Serie entstand 1986, also nur Monate vor seinem Tod im Februar 1987. Kaum eines der zahlreichen Selbstportraits in Warhols Œuvre entspricht dabei den klassischen Vorbildern und traditionellen Ansprüchen

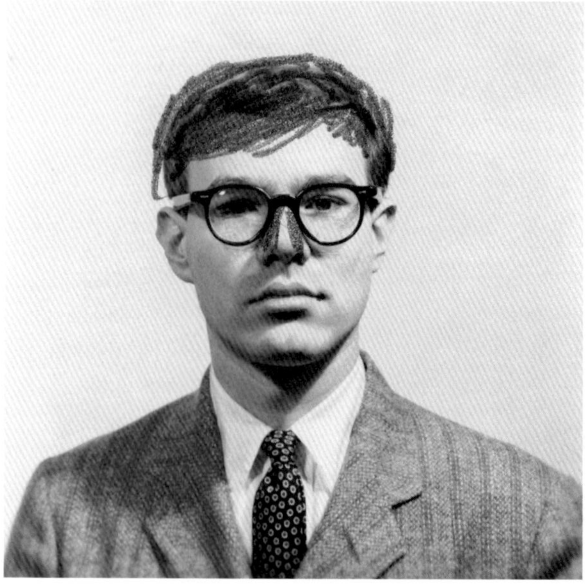

Andy Warhol. Passport Photo Modified with Pencil, 1956
The Archives of The Andy Warhol Museum, Founding Collection, Contribution
The Andy Warhol Foundation for the Visual Arts, Inc.

an das Thema. Denn sie öffnen dem Betrachter weder einen Blick in die Seele des Künstlers noch legen sie dessen innere Befindlichkeit offen. Warhols Portraits seiner eigenen Person sind Inszenierungen, Rollenspiele, die erstaunlicherweise ebenso sehr seinen Wunsch nach exhibitionistischer Zurschaustellung und öffentlicher Präsenz befriedigen wie auch jenen nach Anonymität und Privatheit erfüllen. Jack Wilson, ein Mitstudent am Carnegie Institute, kann sich erinnern, dass sich Warhol schon damals immer wieder selbst

1 Andy Warhol: Die Philosophie des Andy Warhol. Von A bis B und zurück, München 1991, S. 116.

2 Andy Warhol: Die Philosophie des Andy Warhol. Von A bis B und zurück, München 1991, S. 64.

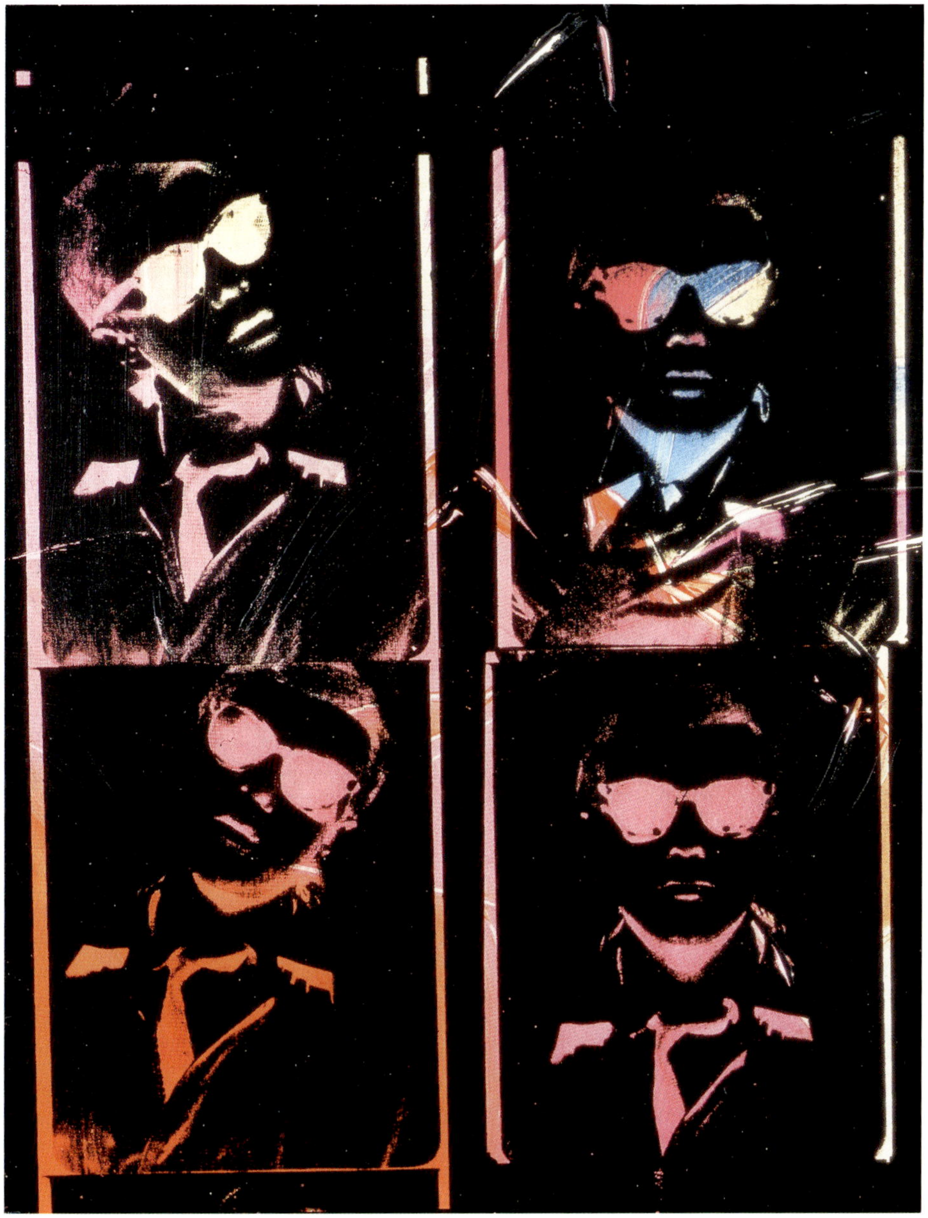

26 Four Multicolored Self-Portraits (Reversal Series), 1979
Kunstharzfarbe und Siebdruckfarbe auf Leinwand
Synthetic polymer paint and silkscreen ink on canvas
120 x 91,4 cm

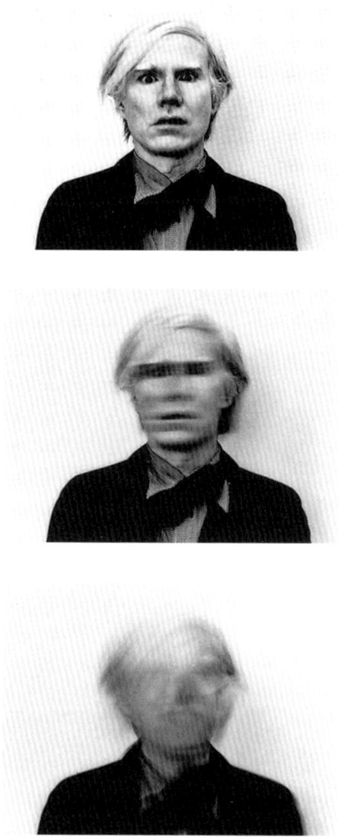

Duane Michals
Andy Warhol, 1973

gezeichnet habe: »Er *liebte* es damals, sich selbst zu portraitieren. Er zeichnete sich öfter als alle anderen.«[3] Trotzdem lassen sich nur noch wenige dieser frühen Arbeiten aus den Jahren zwischen 1945 und 1949 als Selbstportraits identifizieren. Und noch weniger Werke wurden von Warhol ausdrücklich als solche betitelt. Auch »Boy Picking His Nose« von 1948/1949 ist ein solches Selbstportrait. Warhol spricht hier zwar schon im Titel ausdrücklich seine Nase an, mit der er ja so unzufrieden war. Die karikaturhafte Ausführung der Zeichnung und die taktlose, provokante Aufdringlichkeit des Themas lenken aber von diesem körperlichen Makel wieder ab. Später ging Andy Warhol solche Probleme pragmatischer an: »Bei meinem Selbstportrait habe ich alle Pickel weggelassen, weil man das grundsätzlich so machen sollte. Pickel sind eine vorübergehende Angelegenheit, und sie haben rein gar nichts damit zu tun, wie man wirklich aussieht.«[4] Solche kosmetischen Retuschen in den fotografischen Vorlagen waren bei Warhols späteren Gesellschaftsportraits der siebziger und achtziger Jahre ein ebenso beliebtes Stilmittel. Der Künstler tat beinahe alles, um seine zahlenden Auftraggeber zufrieden zu stellen; er ließ ihre Gesichter glatter, perfekter und jünger erscheinen und versuchte, seinen Kunden so zu schmeicheln.

Das »Self-Portrait (Diptych)« von 1981 (Abb. S. 106, 107) kommt solchen Auftragsbildern in der Art und Form der Darstellung am nächsten. Warhol greift hier nicht nur auf das typische Format seiner Auftragsportraits von 40 x 40 inches zurück, sondern verwendet auch zwei Fotografien, in denen er sich weniger als in allen anderen Selbstbildnissen inszeniert. Tatsächlich handelt es sich bei den Vorlagen für die beiden Bilder um Aufnahmen, die Christopher Makos von Warhol für die Setkarte der Modellagentur Zoli Inc. angefertigt hatte. Die Agentur vermittelte Andy Warhol an Firmen wie Barneys New York, TDK oder Drexel Burnham für kommerzielle Werbekampagnen. Bereits Mitte der siebziger Jahre hatte Warhol von ähnlichen Angeboten berichtet: »Neulich hat eine Gesellschaft meine Aura kaufen wollen. Diese Leute wollten kein ›Produkt‹ von mir, sondern sagten: ›Wir wollen Ihre Aura.‹ Ich habe nicht herausbekommen, was sie nun wirklich wollten.«[5] Mit dem »Self-Portrait (Diptych)« schloss Andy Warhol Anfang der achtziger Jahre endgültig zu den Reichen und Berühmten in seinen Auftragsportraits auf. Die traditionelle Position des Künstlers als gesellschaftlicher Außenseiter hatte er Jahre zuvor bereits hinter sich gelassen. Aber anders als die typischen Kundenbildnisse spiegelt sein Doppelportrait weder Selbstbewusstsein noch Macht oder Eleganz wider. Warhol präsentiert sich gerade in diesen beiden Darstellungen ungewohnt schüchtern und melancholisch. Das »Self-Portrait (Diptych)« ist von allen seinen Bildnissen jenes, in welchem der Betrachter am wenigsten von dieser Aura Warhols als Star der Pop Art wiederfindet.

Die frühen Selbstportraits der fünfziger Jahre antizipieren Strategien der Selbstrepräsentation, wie sie Andy Warhol in seinen späteren Gemälden anwenden sollte. Alle diese Werke thematisieren ebenso sehr die Darstellung wie die Verhüllung, behandeln die stilisierte Repräsentation wie die Anonymisierung der eigenen Person. Auf einer frühen Zeichnung präsentiert sich Warhol zwar frontal dem Betrachter, hält sich aber schützend beide Hände vor das Gesicht (Abb. S. 17). Duane Michals hat ihn 1958 in dieser Pose auch fotografiert (Abb. S. 16). Warhol ist der meistfotografierte amerikanische Künstler des 20. Jahrhunderts. Aber wohl keiner hat ihn in seinen Darstellungen so treffend charakterisiert wie der vier Jahre jüngere, ebenfalls in Pittsburgh aufgewachsene Michals. Anfang der siebziger Jahre trafen sich beide zu einer weiteren Fotositzung. Drei der dabei entstandenen Aufnahmen montierte Duane Michals zu einer kurzen, poetischen Geschichte (Abb. links). Auf dem ersten Bild wird Warhol noch scharf von der Kamera fokussiert. Dann beginnt der Künstler langsam seinen Kopf hin- und herzubewegen, so dass sein Gesicht auf dem dritten Foto schemenhaft verschwindet.

»Ich bleibe lieber ein Rätsel«, hat Andy Warhol einmal erklärt, und es scheint, als beziehe er sich damit auf

3 Jack Wilson, in: Patrick S. Smith: Warhol. Conversations about the Artist, Ann Arbor 1988, S. 17.

4 Andy Warhol: Die Philosophie des Andy Warhol. Von A bis B und zurück, München 1991, S. 62.

5 Andy Warhol: Die Philosophie des Andy Warhol. Von A bis B und zurück, München 1991, S. 77.

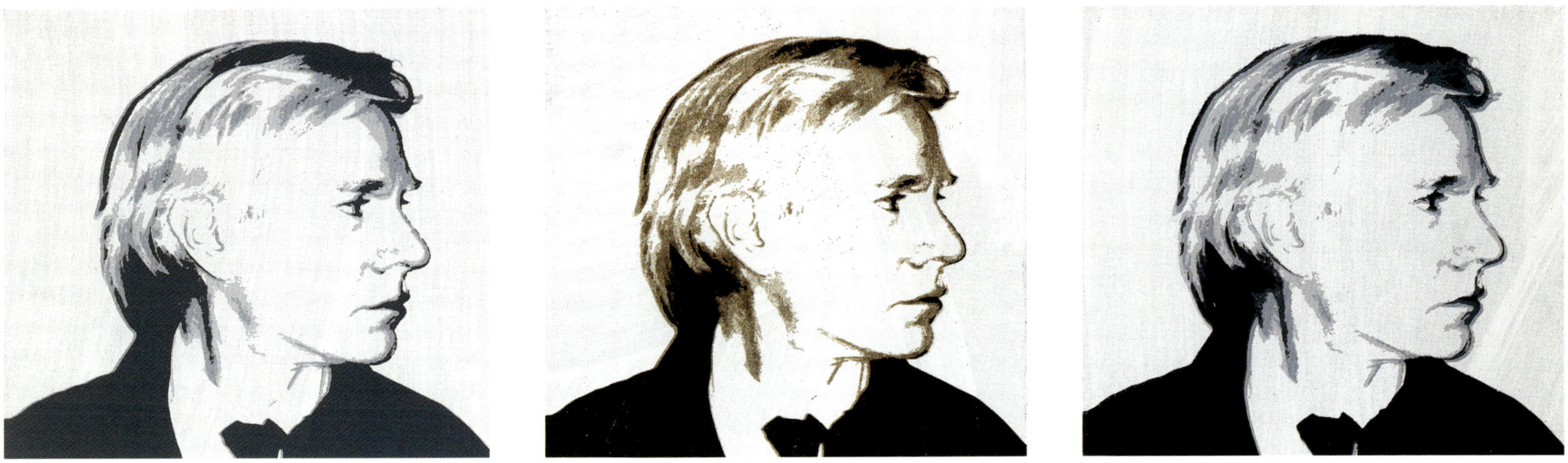

28 Three Self-Portaits (triptych), 1979
Kunstharzfarbe und Siebdruckfarbe auf Leinwand
Synthetic polymer paint and silkscreen ink on canvas
3 Tafeln, je / 3 canvases, each 25,4 x 25,4 cm

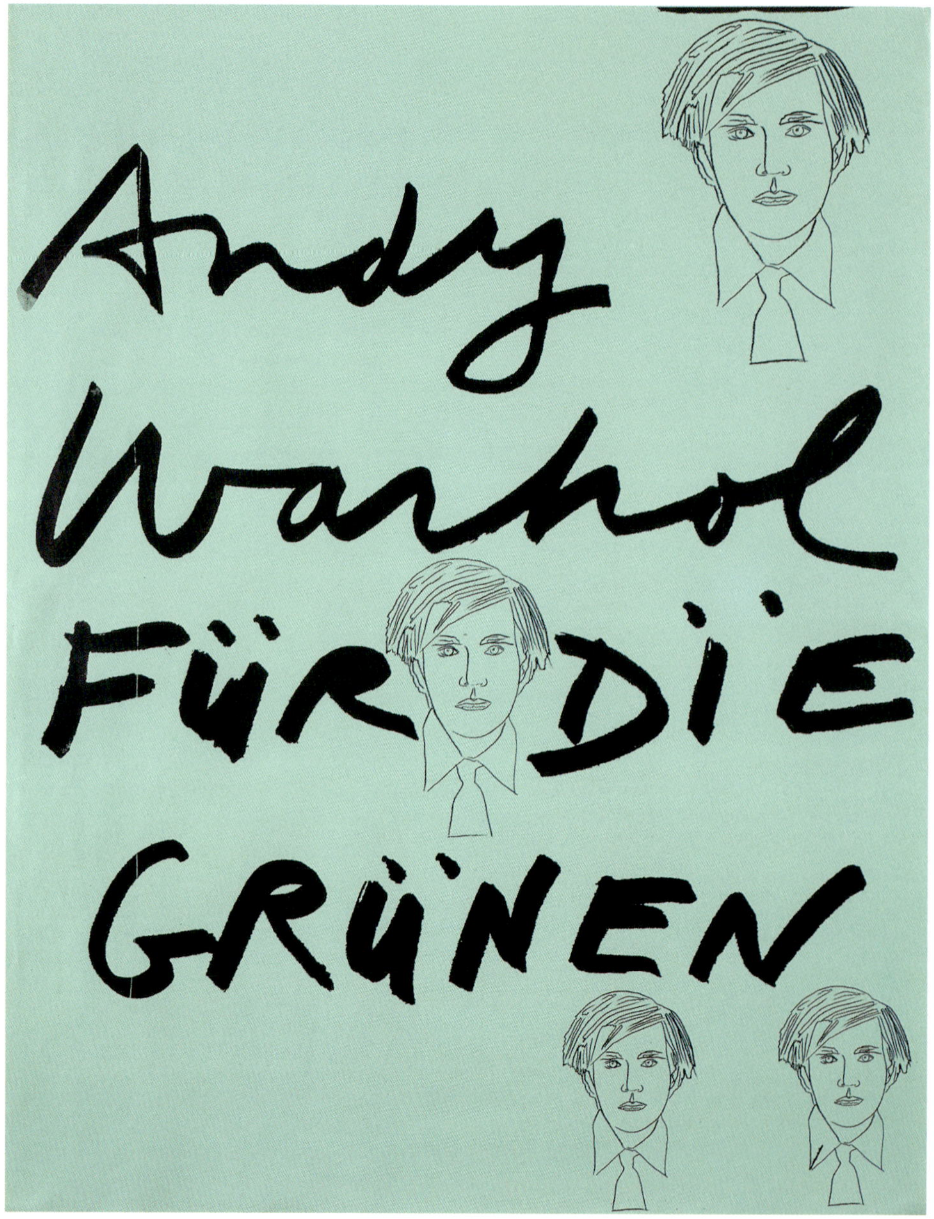

60 Andy Warhol für die Grünen, 1980
Siebdruck auf Papier / Screenprint on paper
110,5 x 76,5 cm

Duane Michals' Bildsequenz: »Ich habe noch nie gerne von meinem Background erzählt, und wenn ich gefragt werde, erfinde ich sowieso jedes Mal was anderes dazu.«[6] Tatsächlich erkennt der Leser in den Erinnerungsbüchern ehemaliger Mitarbeiter aus der Factory oder den Biografien der Kunstkritiker den Menschen Andy Warhol immer nur bruchstückhaft wieder. Der Künstler hat jedem in seiner Umgebung nur Aspekte seines Lebens und seiner ebenso vielschichtigen wie widersprüchlichen Persönlichkeit preisgegeben. Seine öffentlichen Auftritte waren ein Teil dieser wohlkalkulierten Inszenierung. Mitte der sechziger Jahre präsentierte Warhol sich gegenüber der Presse als scheuer und einsilbiger Interviewpartner. Betrachtet man heute ein altes Filmdokument von 1964, so kann einem die Fernsehreporterin des Senders CBS schon Leid tun, wie sie daran scheitert, Warhol mehr als ein zögerliches »Yes« oder »I don't know« zu entlocken. 1967 ließ sich der Künstler bei Veranstaltungen vor Publikum sogar von einem Doppelgänger vertreten. Alan Midgette, der ihm lediglich durch seine silbergefärbten Haare etwas ähnelte, hielt an mehreren Universitäten Vorträge in Warhols Namen, bis der Schwindel aufflog und die Honorare zurückgezahlt werden mussten.

In den siebziger Jahren entwickelte sich Andy Warhol zum begeisterten Szene- und Partygänger. Er gehörte zu den Stammgästen in New Yorks berühmter Disko Studio 54 und wurde zu allen wichtigen gesellschaftlichen Ereignissen eingeladen. Für ihn waren solche Anlässe Vergnügen und Arbeit zugleich, denn hier traf er mit den Reichen und Berühmten zusammen, von denen er hoffte, sie würden bei ihm ihre Portraits bestellen. Sein Privatleben hingegen hielt er streng unter Verschluss. In sein Stadthaus in der 57 East 66th Street, das er 1974 bezogen hatte, ließ er nur wenige enge Freunde ein. Ebenso verschlossen hielt er eine andere Seite seines Lebens. Warhol besuchte jeden Sonntagmorgen den katholischen Gottesdienst und engagierte sich als Freiwilliger in der Suppenküche der New Yorker Church of the Heavenly Rest, wo er kostenlose Mahlzeiten an die Obdachlosen verteilte.

Andy Warhol hat seit den frühen sechziger Jahren immer wieder Freunde und die Mitarbeiter in seinem Atelier, der Factory, um Vorschläge für neue Bilder gebeten. Auf diese Weise erhielt er von Henry Geldzahler, Kurator für die Kunst des 20. Jahrhunderts am New Yorker Metropolitan Museum of Art, die Anregung zu der »Death and Disaster«-Serie, und der Kunsthändler Ivan Karp schlug ihm das Thema Selbstportrait vor. »Ich bat Ivan auch um Ideen, und irgendwann sagte er: ›Weißt du, die Leute wollen *dich* sehen. Dein Aussehen ist gewissermaßen für einen Teil deines Ruhmes verantwortlich – es nährt die Fantasie.‹ So kamen meine ersten Selbstportraits zustande.«[7] Tatsächlich entstand das erste Selbstportrait im Stil der noch jungen Pop Art Ende 1963 als eine Auftragsarbeit der Sammlerin Florence Barron (Abb. S. 28). Warhol verwendete vier Motive, die er im Siebdruckverfahren auf die blau grundierten Leinwände übertrug. Im Zusammenhang mit diesem Werk entstanden elf weitere einzelne Bilder (Abb. S. 27, 29). Als Vorlagen dienten ihm Aufnahmen, die er in einer billigen Passbild-Kabine am Times Square angefertigt hatte. Die maschinell erstellten Automatenfotos schließen den sonst vorhandenen subjektiven, interpretierenden Fotografen aus. Die anschließende Übertragung der Vorlagen mit Hilfe des industriellen Siebdruckverfahrens neutralisiert zudem den individuellen künstlerischen Gestus. Auch das Motiv selbst trägt zu einer solchen Objektivierung und Distanzierung der Darstellung bei. Warhol scheint sich hier hinter den dunklen Gläsern seiner Sonnenbrille geradezu verstecken zu wollen. Sie verdecken seine Augen auf die gleiche Weise wie der schwarze Balken in den Illustrierten, der die Anonymität der abgebildeten Personen wahren soll.

Spätere Selbstportraits Warhols bedienen sich anderer Mechanismen, mit ähnlichen Ergebnissen. In den 1964er-Bildnissen (Abb. S. 33–37) erzielt er diesen Eindruck von Verschlossenheit durch die Reduktion des Siebdruckes auf einen harten Schwarz-Weiß-Kontrast, der alle Nuancen im Graubereich ignoriert. Dadurch erscheinen die unterschiedlich farbigen Fassungen die-

6 Andy Warhol, in: Gretchen Berg: Nothing to Lose: an Interview with Andy Warhol, in: Cahiers du Cinema in English, Nr. 10, Mai 1967, S. 39.

7 Andy Warhol und Pat Hackett: Popism. The Warhol '60s, London 1981, S. 17.

ses zweiten Portraits, trotz des direkten Blickkontaktes Warhols mit dem Betrachter, ebenso distanziert und anonym wie das *Photobooth*-Portrait.

Während die beiden frühen Selbstportraits von 1963 und 1964 Warhol noch als eine Art *working class-artist* präsentieren, stilisiert er sich in seinen »Self-Portraits« von 1966/1967 zur geheimnisvollen Figur und zum entrückten Beobachter, der sich halb in den schützenden Schatten zurückzieht. Das Kinn in die linke Hand gestützt und den Finger über die Lippen gelegt, mahnt der Künstler erfurchtsvolle Stille an. Seine künstlerische Position hatte sich in den vergangenen drei Jahren tatsächlich radikal gewandelt. Andy Warhol war zum charismatischen Star der jungen, aufregenden Pop Art aufgestiegen. Die Eröffnung seiner ersten Retrospektive im Institute of Contemporary Art in Philadelphia im Oktober 1965 wollten so viele kunstbegeisterte Besucher sehen, dass die meisten Bilder von den Veranstaltern vorsichtshalber wieder abgehängt wurden, was der Stimmung an dem Abend aber keinen Abbruch tat. Es folgten umfangreiche Ausstellungen in Cincinnati und Boston und 1968 eine erfolgreiche Tournee durch mehrere europäische Museen in Stockholm, Amsterdam, Bern und Oslo. Im Jahr zuvor hatte Warhol bereits den jungen Fred Hughes als seinen Businessmanager engagieren müssen.

In den Selbstportraits dieser beiden Jahre setzt Andy Warhol vor allem auf die Qualität der Farbe als gestalterisches Element. Für jedes innerhalb dieser Serie entstandene Motiv verwendete er eine andere Kombination aus bis zu vier Farben, deren strahlende Werte in unvermittelten, aber immer wohlkalkulierten Kontrasten gegeneinander stoßen. Vor allem bei den 1967 entstandenen, großformatigen Beispielen der Werkgruppe (Abb. S. 47–51), zeigt sich die besondere Qualität solcher Farbkonstellationen, die mit ihrer eigenwertigen Präsenz und Dominanz manchmal sogar die Identifikation der dargestellten Person erschweren. Verbarg Andy Warhol in der Zeichnung aus den fünfziger Jahren sein Gesicht noch hinter seinen Händen, so erreicht er diese Wirkung hier durch die verfremdenden Qualitäten der Farben und ein geschickt inszeniertes Schattenspiel in der fotografischen Vorlage. Die gesamte rechte Gesichtshälfte und das linke Auge liegen bei diesem Motiv im Dunkeln und bieten den Farben großzügigen Raum, um sich als autonome Werte malerischer Gestaltung zu entfalten.

In dem 1981 entstandenen Motiv »The Shadow« aus der Serie »Myths« präsentiert sich Andy Warhol dann tatsächlich als personifizierter Schatten. Das Selbstportrait ist Teil eines zehnteiligen Portfolios mit Darstellungen populärer amerikanischer Mythen, wie Mickey Mouse, der Hexe aus »The Wizard of Oz«, Santa Claus, Uncle Sam oder Superman. »The Shadow« war eine erfolgreiche Radiosendung, die von 1930 bis 1954 ausgestrahlt wurde. Ein Jahr nach ihrer Erfindung erschienen auch die ersten Comic-Hefte mit den Abenteuern des beliebten Helden und Kämpfers gegen das Verbrechen. Obwohl Warhol für die anderen Figuren (Mickey Mouse, Superman) auf Originalvorlagen zurückgriff oder Modelle engagierte und sie ihren Vorbildern möglichst ähnlich fotografierte, posierte er für den »Shadow« selbst und verzichtete dabei auf alle Attribute der gezeichneten Figur wie deren schwarzen Umhang, den breitkrempigen Hut oder roten Schal. Die im selben Jahr entstandenen Unikat-Siebdrucke variieren das Motiv aus dem Mappenwerk »Myths« (Abb. S. 113–117). Der das Blatt dominierende Schattenriss und das fotografische Halbprofil werden hier teilweise von linearen Nachzeichnungen begleitet. »The Shadow« ist tatsächlich mehr als ein oberflächliches Rollenspiel. Warhol identifiziert sich mit der geheimnisvollen Schattenfigur aus den Comicheften der dreißiger Jahre. Das Image, welches er der Öffentlichkeit von sich vermitteln möchte, entlarvt er hier allerdings als die bloße Projektion seiner selbst auf eine leere Bildfläche. Auch seine Interpreten hat Warhol gerne auf diese Oberfläche verwiesen. In einem Interview von 1967 riet er seiner Gesprächspartnerin Gretchen Berg: »Wenn Sie alles über Andy Warhol wissen wollen, müssen Sie nur auf die Oberfläche achten: auf die von meinen Bildern, meinen Filmen und von mir. Dahinter gibt es nichts.«[8]

8 Andy Warhol, in: Gretchen Berg: Nothing to Lose: an Interview with Andy Warhol, in: Cahiers du Cinema in English, Nr. 10, Mai 1967, S. 40.

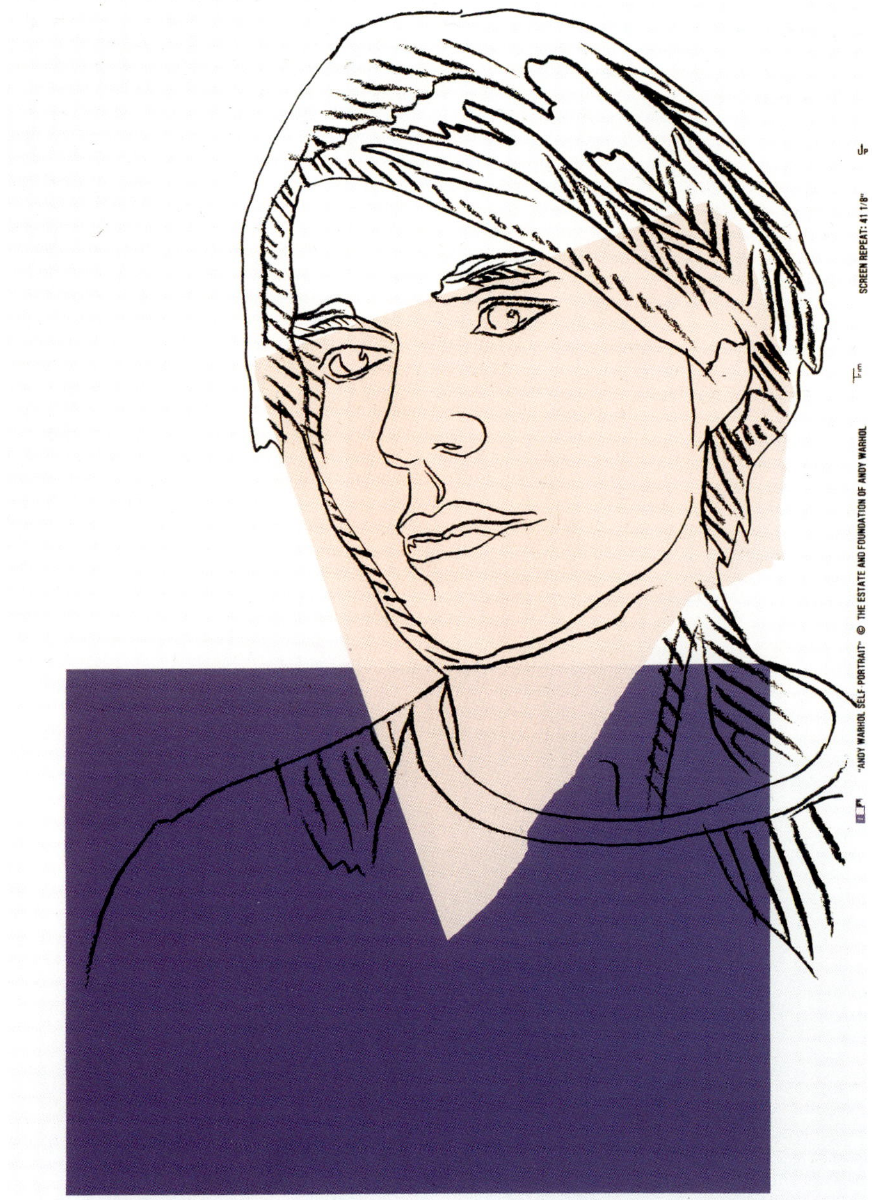

59 Self-Portrait Wallpaper, 1978
Siebdruck auf Papier / Silkscreen on paper
104,2 x 96 cm

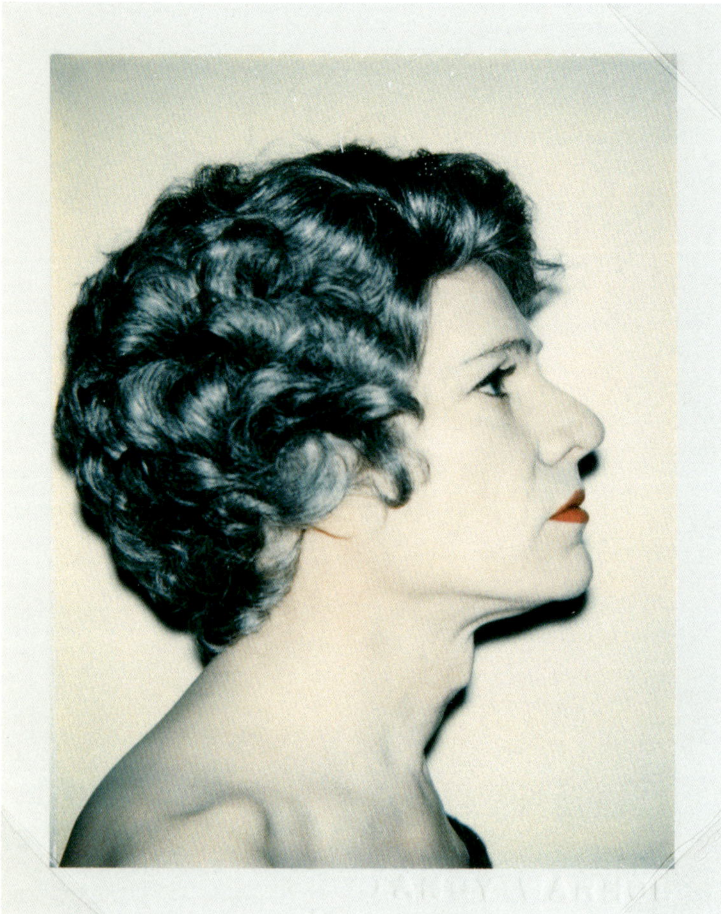

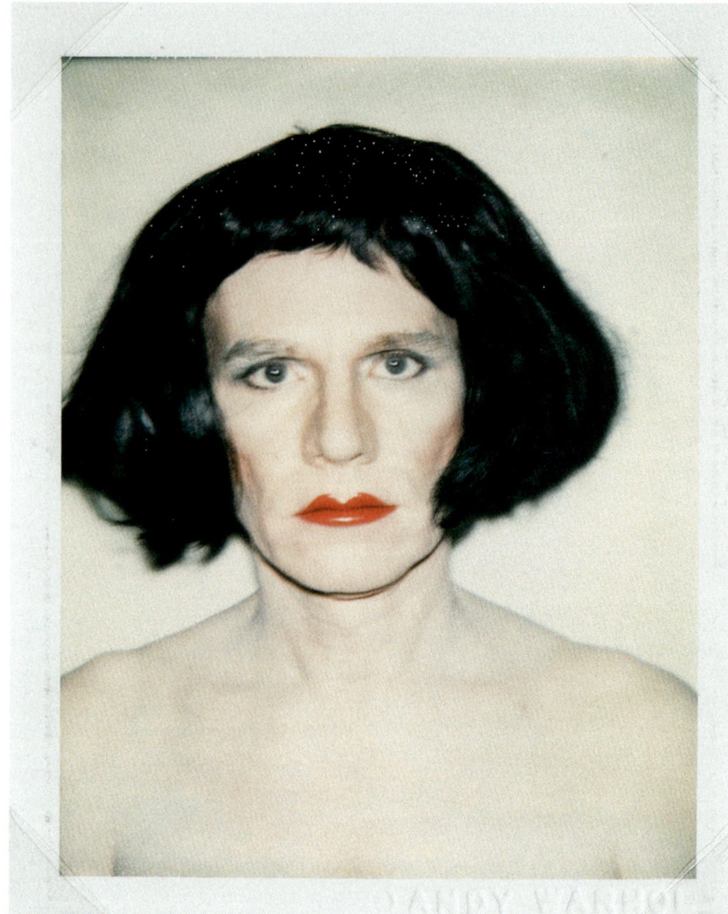

61 Self-Portrait in Drag, 1980
Polaroid-Fotografie (Unikat)
Unique polaroid photograph
10,8 x 8,5 cm

70 Self-Portrait in Drag, 1981
Polaroid-Fotografie (Unikat)
Unique polaroid photograph
10,8 x 8,5 cm

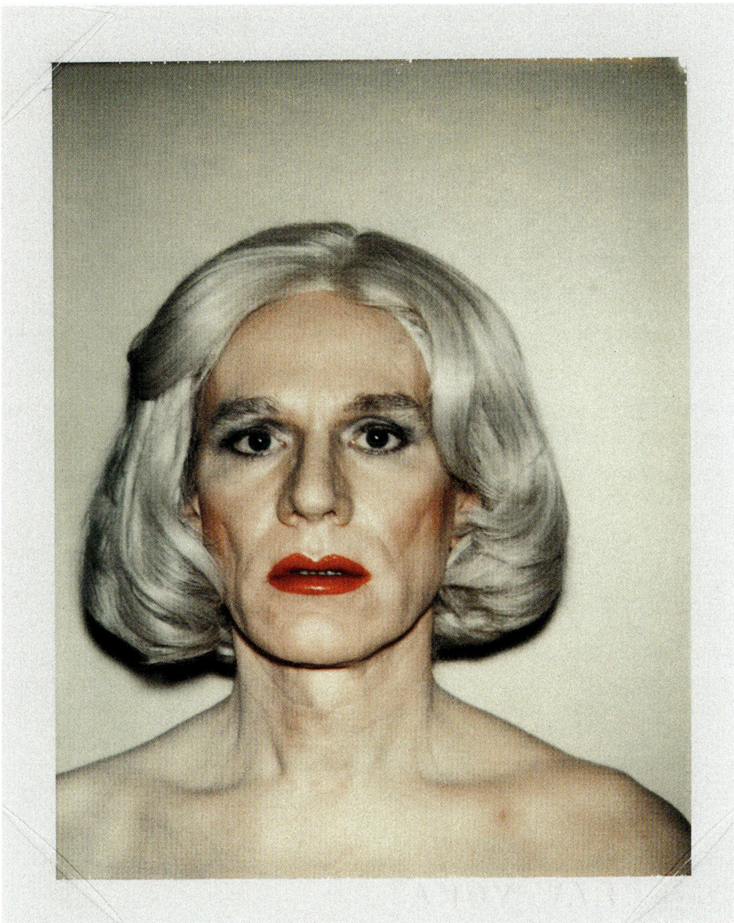

71 Self-Portrait, 1981
Polaroid-Fotografie (Unikat)
Unique polaroid photograph
10,8 x 8,5 cm

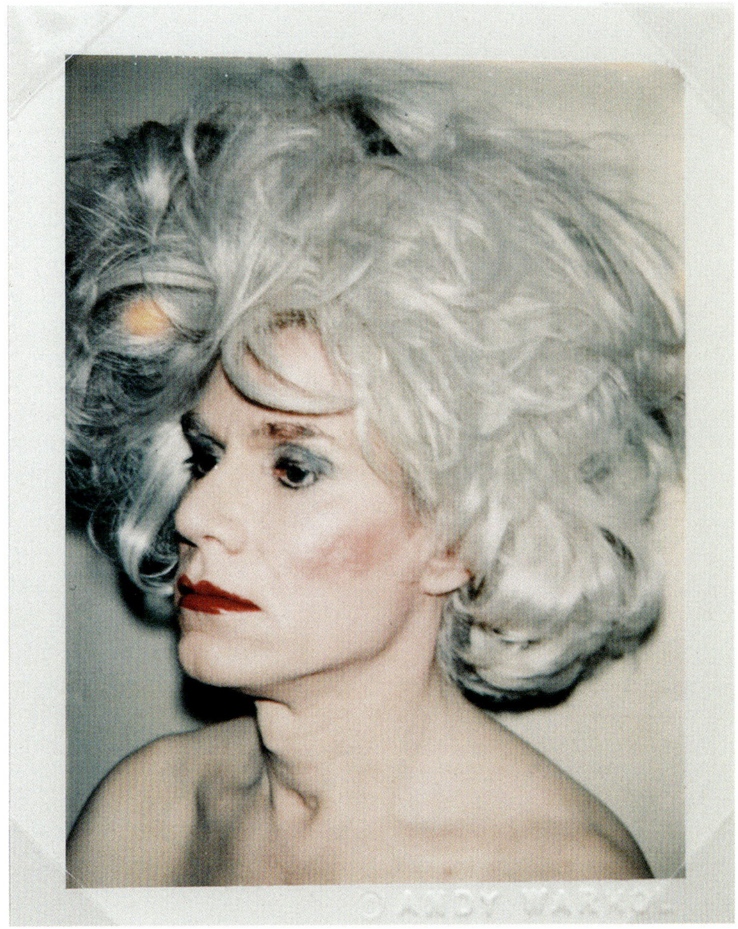

72 Self-Portrait in Drag (with Bouffant Wig), 1981
Polaroid-Fotografie (Unikat)
Unique polaroid photograph
10,8 x 8,5 cm

Soweit dies seine Selbstportraits betraf, war die Formulierung eine reine Schutzbehauptung. Der Blick auf die Oberfläche seiner Portraits bleibt an der für die Öffentlichkeit errichteten Fassade hängen und in den vom Künstler inszenierten Posen sowie den effekvollen Farbarrangements seiner Malerei gefangen. Genau in diesem Sinne funktionieren auch seine letzten Selbstportraits mit *Camouflage*-Mustern.

Die Serie der so genannten *Fright-Wig*-Selbstportraits entstand als Auftragsarbeit für eine Ausstellung bei Anthony d'Offay in London. In der für ihn typischen Art hatte Warhol dem Galeristen die Wahl des Motivs freigestellt. Dieses Angebot empfand d'Offay als so ungewöhnlich, dass er lange zögerte, bevor er Ende 1985 schließlich seine Wahl traf: »Zu Weihnachten besuchten wir einen Freund von Lucio Amelio, einen Sammler, der ein ausdrucksstarkes rotes Beuys-Portrait von Andy Warhol in seinem Haus hängen hatte. Als ich das Bild anschaute, fielen mir zwei Dinge auf: erstens, dass Warhol fraglos der größte Portraitist des 20. Jahrhunderts war, und zweitens, dass er seit einigen Jahren keines seiner ikonenhaften Selbstportraits mehr gemacht hatte. Eine Woche später besuchte ich Warhol in New York und schlug ihm eine Ausstellung mit neuen Selbstportraits vor. Schon einen Monat später zeigte er mir eine Reihe von Fotos, auf denen er die – mittlerweile berühmte – *fright wig* trug. Eins dieser Fotos hatte nicht nur einen dämonischen Zug, es erinnerte sogar an eine Totenmaske. Ich hatte das Gefühl, das Schicksal herauszufordern, wenn ich dieses Bild aussuchte, deshalb entschieden wir uns für ein Selbstportrait von hypnotischer Intensität. Wir einigten uns auf die Anzahl der Bilder und darauf, dass einige mit *Camouflage*-Muster versehen sein würden. Als ich einige Wochen später wieder nach New York kam, waren die Bilder fertig. Das Problem war nur, dass Warhol viel lieber das dämonische Horrorfilmbild malte als das, was wir eigentlich ausgewählt hatten. Ich machte ihm Vorhaltungen und erinnerte ihn daran, was wir vereinbart hatten. Ohne Murren fertigte er daraufhin alle Bilder neu an, diesmal von dem Foto, das wir zuerst ausgesucht hatten. So sorgte jeder auf seine Weise dafür, dass zwei großartige Portraitserien entstanden.«[9]

Im Juli und August 1986 wurden die Werke in der Anthony d'Offay Gallery erstmals ausgestellt. Nur wenige Monate später, am 22. Februar des folgenden Jahres, ist Andy Warhol in New York gestorben. Diese letzten Selbstportraits konzentrieren sich ganz auf das Gesicht des Künstlers, das aus der schwarzen Umgebung dramatisch auftaucht, sowie auf die geradezu explodierenden Haarsträhnen seiner silbernen Perücke. Warhols hypnotischer Blick fixiert den Betrachter, besonders eindringlich in jenem Beispiel, bei dem der Künstler den Bildausschnitt enger gewählt hat und der intensive Rot-Schwarz-Kontrast die Ausstrahlung des Motivs zusätzlich steigert (Abb. S. 129).

Durch die Verwendung eines farbigen Tarnmusters in anderen Fassungen der Serie nimmt Warhol diese Wirkung wieder ganz bewusst zurück. Das *Camouflage*-Motiv hatte er damals auch ohne die Kombination mit einer figurativen Darstellung verwendet. In solchen Werken, zu deren Umkreis auch die »Shadow«-, »Yarn«- oder »Rorschach«-Serien gehören, lotet Warhol den Spannungsbogen zwischen abstraktem Zeichen und dekorativem Muster aus. Aber erst in den »Camouflage«-Portraits setzt Warhol deren Motiv in seiner eigentlichen Funktion, Objekte zu tarnen und in ihrer Umgebung verschwinden zu lassen, ein. Die »Self-Portraits (Camouflage)« (Abb. S. 126, 135, 136) zeigen den Künstler, wie er sich seinem Publikum präsentiert und sich ihm gegenüber zugleich maskiert. Der suggestive, auf den Betrachter gerichtete Blick verliert hier seine Präsenz und tritt hinter dem abstrakten Muster zurück.

In der Fassung mit den vier Portraits aus der National Gallery of Art in Washington (Abb. S. 137) hat sich Andy Warhol einer anderen malerischen Strategie bedient. Hier verwendete er für sein Werk eher ungewöhnliche, bleiche Farben und druckte die Motive dabei so extrem versetzt übereinander, dass sein Gesicht vor den Augen des Betrachters zu verschwimmen beginnt. Wie schon in den frühen Zeichnungen der fünfziger Jahre bewegt sich Warhol auch bei diesem letzten Selbstportrait noch

9 Brief von Anthony d'Offay an den Autor vom 17. Februar 2004.

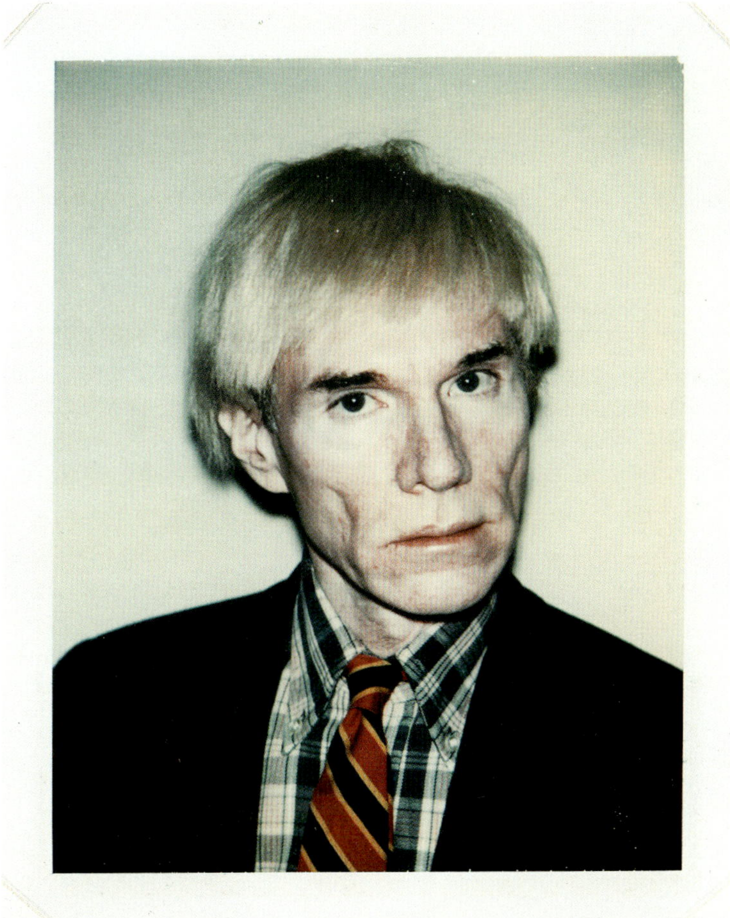

74 Self-Portrait (in Dark Suit and Plaid Shirt), 1981
Polaroid-Fotografie (Unikat)
Unique polaroid photograph
10,8 x 8,5 cm

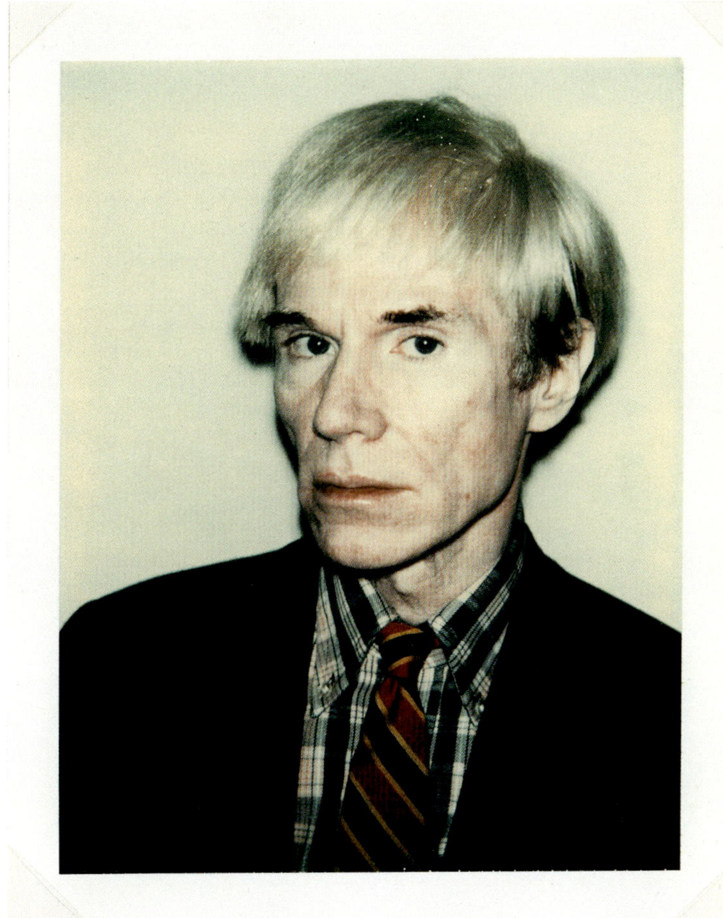

75 Self-Portrait (in Dark Suit and Plaid Shirt), 1981
Polaroid-Fotografie (Unikat)
Unique polaroid photograph
10,8 x 8,5 cm

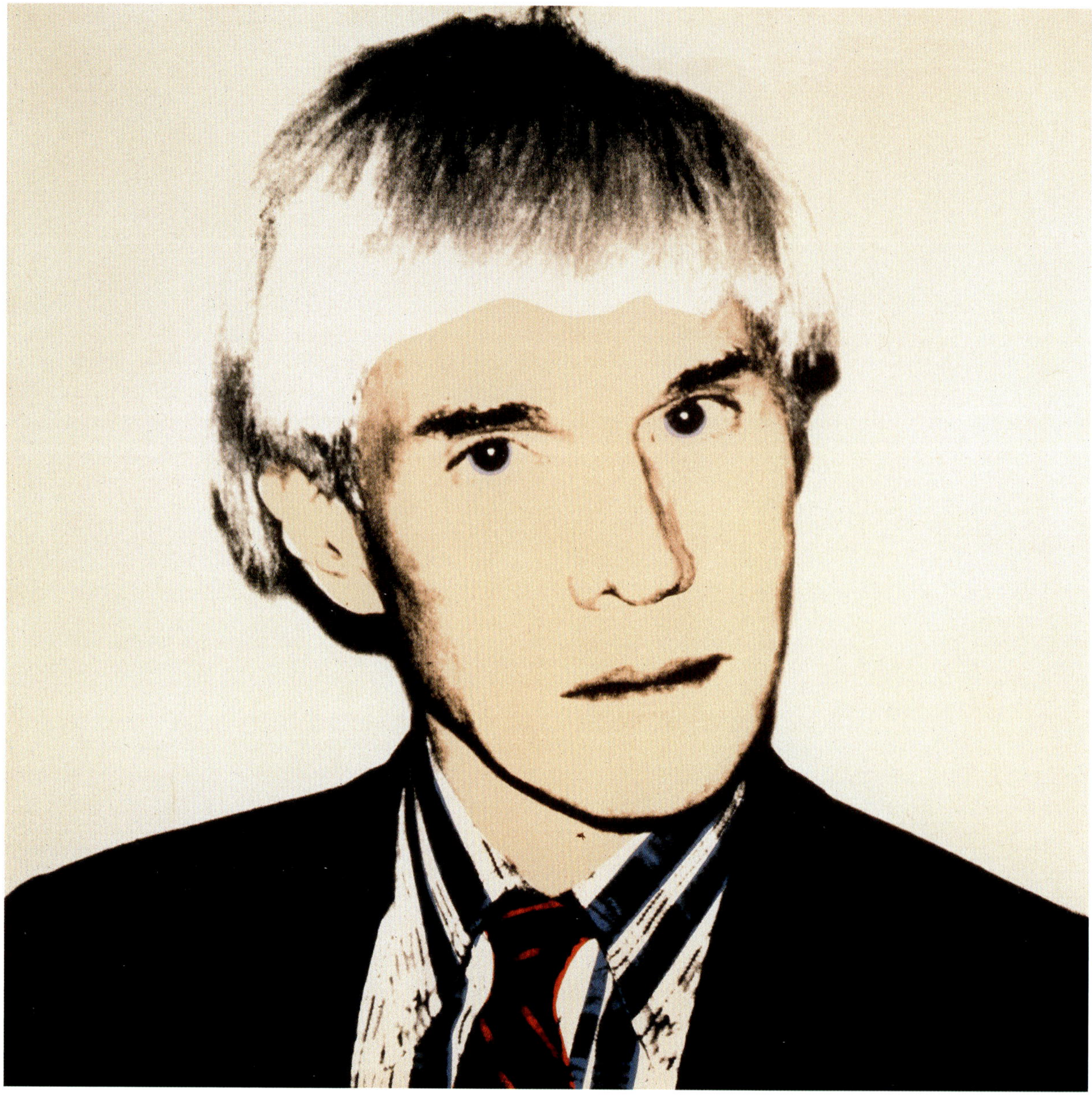

29 Self-Portrait, Diptych, 1981
Kunstharzfarbe und Siebdruckfarbe auf Leinwand
Synthetic polymer paint and silkscreen ink on canvas
2 Tafeln, je / 2 canvases, each 101,6 x 101,6 cm

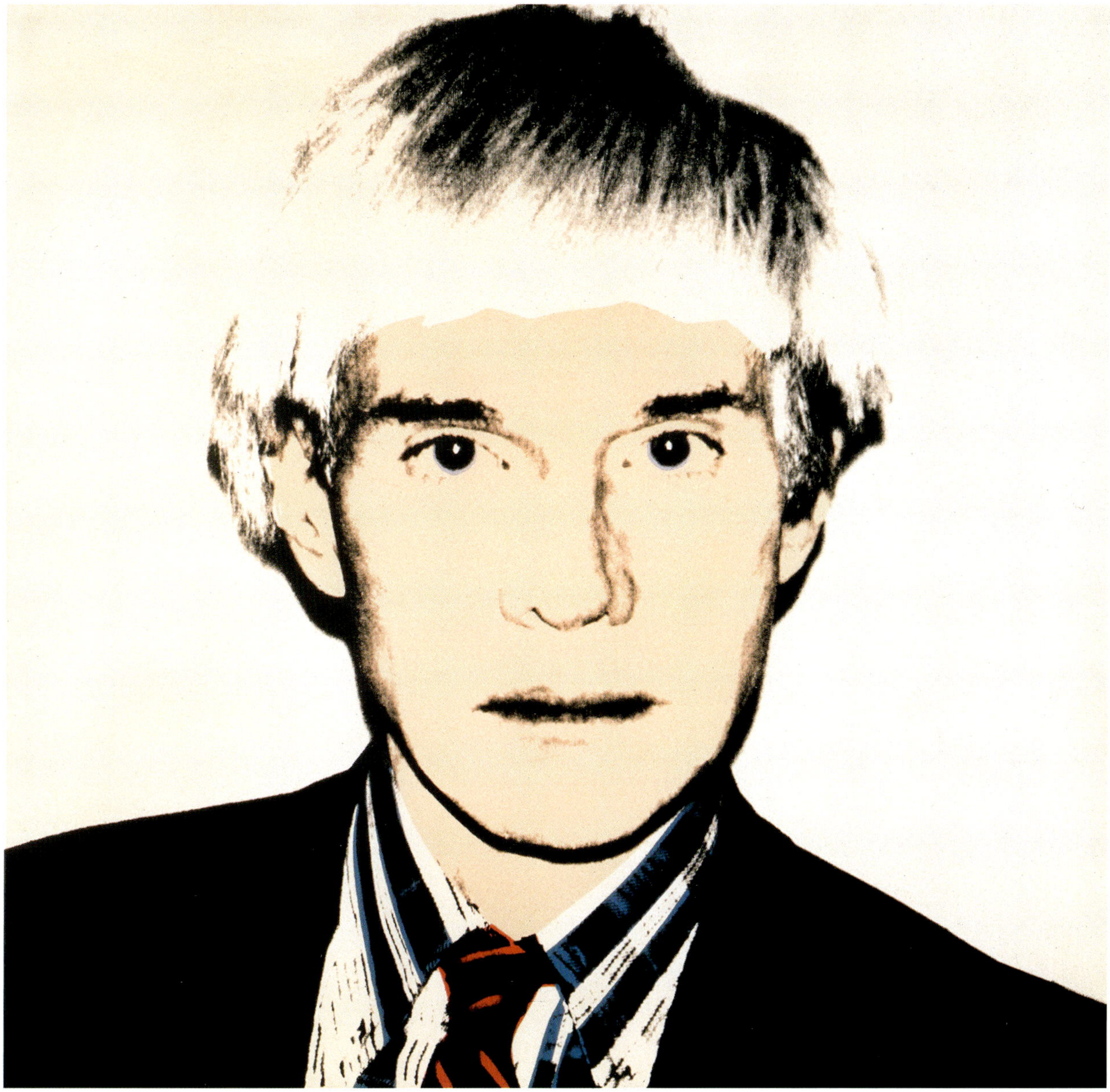

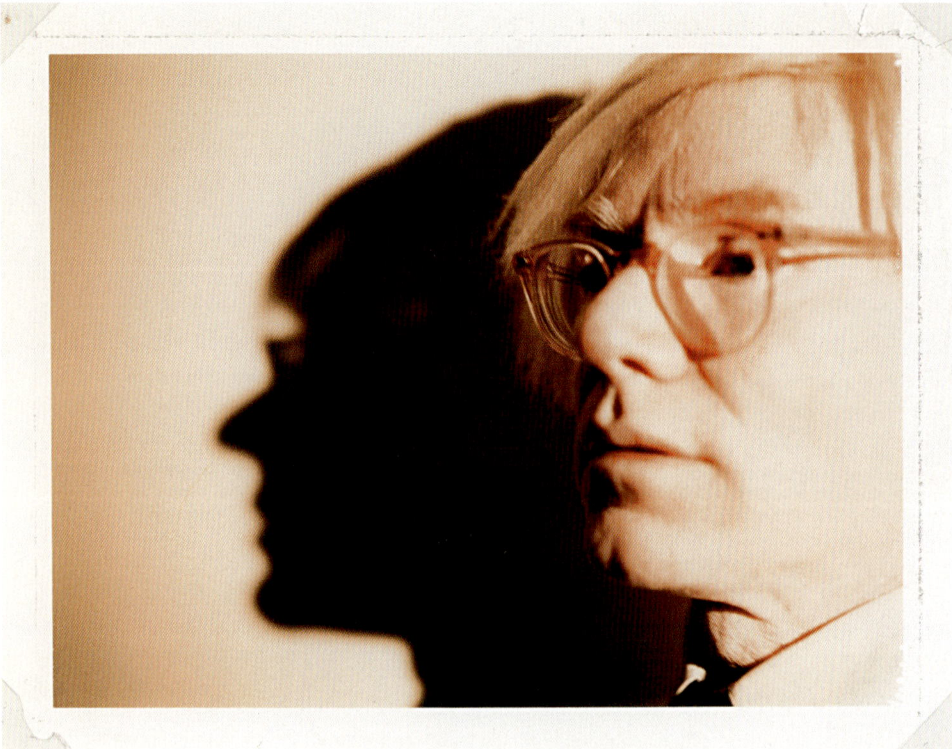

73 Self-Portrait (in Profile with Shadow), 1981
Polaroid-Fotografie (Unikat)
Unique polaroid photograph
10,8 x 8,5 cm

immer auf dem schmalen Grat zwischen exhibitionistischer Lust an der Selbstdarstellung und der Scheu, mehr von der eigenen Person preiszugeben, als sich von den malerischen Oberflächen der Bilder ablesen ließe.

II.

In dem berühmten Interview mit Gene R. Swenson von 1963 gestand Andy Warhol ein: »Ich glaube, es war das große Crash-Bild, die Titelseite einer Zeitung: ›129 DIE‹. Außerdem malte ich gerade die ›Marilyns‹. Mir wurde plötzlich klar, dass alles, was ich machte, mit Tod zu tun hatte.«[10] Das Thema des gewaltsamen, häufig anonymen Todes zieht sich – mehr oder weniger offen – leitmotivisch durch das gesamte Werk des Künstlers. 1964 sollte seine erste europäische Einzelausstellung bei Ileana Sonnabend diese Todesthematik sogar im Titel tragen: »Meine Ausstellung in Paris wird ›Tod in Amerika‹ heißen. Ich zeige Bilder von elektrischen Stühlen und Hunden in Birmingham und Autowracks und ein paar Selbstmorde.«[11] Auf das düstere Motto hat Warhol dann aber doch lieber verzichtet. Erst zwei museale Ausstellungen, die kurz nach seinem Tod zusammengestellt wurden, haben ihre Werkauswahl auf diese Themen fokussiert. Unter den Titel »Death and Disaster« zeigte die Menil Collection in Houston vor allem Bilder aus den sechziger Jahren mit anonymen Verkehrsunfällen, die »Electric Chairs«, das »Tunafish Disaster«, die »Most Wanted Men«, mehrere »Jackie«-Portraits, die in Zusammenhang mit der Erschießung Präsident Kennedys entstanden, und »Atomic Bomb«. Die Retrospektive im Hamburger Kunstverein im Herbst 1987 bezog auch einige spätere Serien ein. Sie präsentierte unter anderem zwei »Vesuvius«-Gemälde von 1985 und die dreiteilige Arbeit »Fate Presto« über das Erdbeben am 23. November 1980 in Neapel, berücksichtigte aber auch mehrere »Flowers«-Bilder. Das Blumen-Motiv greift die kunsthistorische Vanitas-Symbolik auf und steht so für die Vergänglichkeit allen Lebens. Erstaunlicherweise hat aber keiner der Veranstalter auch nur ein einziges Selbstportrait für seine Ausstellung ausgewählt, obwohl 1978 gleich mehrere Serien mit kleinformatigen Bildern entstanden waren, die diese Todesthematik demonstrativ aufgreifen. In seiner »Philosophie des Andy Warhol« widmete der Künstler dem Thema »Tod« zwar ein eigenes Kapitel und versprach im Inhaltsverzeichnis noch mutig, »Alles zum Thema« zu berichten, beschränkte sich dann jedoch auf zwei eher hilflose Statements: »Ich glaube nicht daran, weil man dann nicht mehr da ist und gar nicht mehr mitbekommt, daß es passiert ist. Ich kann nichts zum Thema sagen, weil ich nicht darauf vorbereitet bin.«[12]

Andy Warhol hatte eine ausgeprägte Furcht vor dem Tod, deren Ursachen in seiner Kindheit lagen. Mit gerade vier Jahren musste er damals die lange Krankheit und den Tod seines Vaters Andrej Warhola miterleben. Später berichtete der Freund Henry Geldzahler von nächtlichen Anrufen Warhols Mitte der sechziger Jahre, in denen dieser von seiner Angst vor dem Einschlafen sprach. »Er schlief normalerweise nicht vor Morgen-

10 Andy Warhol, in: Gene R. Swenson: What is Pop Art? Interview with Eight Painters (Part 1), in: Art News, November 1963, S. 60.

11 Andy Warhol, in: Gene R. Swenson: What is Pop Art? Interview with Eight Painters (Part 1), in: Art News, November 1963, S. 60.

12 Andy Warhol: Die Philosophie des Andy Warhol. Von A bis B und zurück, München 1991, S. 125.

grauen ein, weil Schlafen dem Tod gleicht und die Nacht Furcht erregend ist, und weil man nie sicher sein kann, dass man wieder aufwachen wird«,[13] versuchte Geldzahler Warhols Angstvorstellungen zu erklären. Wenige Jahre später schien sich Warhols Phobie auf schicksalhafte Weise zu erfüllen. Am 3. Juni 1968 wurde er von der radikalen Feministin Valerie Solanas in der Factory niedergeschossen und lebensgefährlich verletzt. Für den Künstler wurde dieser Anschlag auf sein Leben zu einer traumatischen Erfahrung.

Warhol hat immer eine schicksalhafte Ironie darin gesehen, dass die Zeitungen, die am folgenden Morgen über die Tat berichteten, vom gleichen Tag, einem 4. Juni, datieren, wie die Titelseite seines ersten »Death and Disaster«-Bildes, »129 Die in Jet« von 1962. Später berichtete Warhol, in welcher Weise dieses Attentat seine Wahrnehmung der Wirklichkeit beeinflussen sollte: »Schon bevor auf mich geschossen wurde, dachte ich immer, ich sei eher halb als ganz da – im Grunde spürte ich, daß ich immer nur ein Fernsehprogramm anschaute, anstatt richtig zu leben. Manche Leute sagen, daß das, was im Film passiert, unwirklich sei, aber tatsächlich ist es so, daß das, was dir im Leben passiert, unwirklich ist.«[14] Noch im Krankenhaus hat sich Warhol deshalb in einem Akt der Selbstvergewisserung, dass der Anschlag tatsächlich Realität war, mit freiem, von den Narben der Operation gezeichnetem Oberkörper im Spiegel fotografiert (Abb. S. 58). Ein Jahr später posierte er so auch für den Fotografen Richard Avedon und 1970 der Malerin Alice Neel.

1978 wurde Andy Warhol fünfzig Jahre alt. Exakt ein Jahrzehnt war seit dem Attentat vergangen. In dieser Situation begann er mit drei neuen Serien von Selbstportraits. Alle Werke haben dasselbe bescheidene, nicht museale, sondern eher private Format von 40,6 x 33 cm. Warhol verwendete zwei fotografische Vorlagen, auf denen er mit einem Totenschädel auf dem Kopf und auf seiner Schulter jongliert, sowie ein weiteres Motiv, das ihn im Würgegriff einer nicht erkennbaren Person zeigt. Keine anderen Werkgruppen verknüpfen sein Selbstbildnis auf so offene und drastische Weise mit Darstellungen von Todessymbolen und Todeskämpfen. Andererseits konterkariert Warhol diese düstere Motivik durch einen dem fotografischen Siebdruck unterlegten, expressiv-malerischen und äußerst *lebendigen* Farbauftrag. Den Totenkopf hatte er zwei Jahre zuvor bereits für die Serie der »Skulls« verwendet (Abb. S. 122). Ronnie Cutrone, sein Studioassistent, hatte die Vorlage für diese Bilder so fotografiert, dass der Schatten des Schädels sich überraschend auch als das Profil eines Fötus identifizieren lässt. Das Motiv, so Cutrone, symbolisiere damit die ganze Spanne des Lebens von der Geburt bis zum Tod.[15] Unter den späten Selbstportraits von 1986 findet sich ein Siebdruck auf Papier, bei dem die dunkle Partie neben dem Gesicht Warhols wie zufällig eine ähnliche Form freigibt (Abb. S. 123).

In diesem Jahr vor seinem frühen Tod entstanden auch Warhols außergewöhnlichste und radikalste Selbstportraits. Dabei handelt es sich um zwei überraschend kleine Formate aus der Serie der *Fright-Wig*-Portraits, bei denen er das schwarze Kopfmotiv negativ auf gold- und silbergrundierte Leinwände druckte (Abb. S. 138, 139). Mehr als allen anderen Bildnissen Warhols ist diesen Werken eine auratische und ikonenhafte Wirkung eigen. Durch das Negativbild erscheint der Künstler hier der profanen Alltags- und grellen Medienwelt entrückt. Der Kopf schwebt über der monochromen Fläche; er hat sich von seinem Körper scheinbar losgelöst. Der Goldgrund erinnert tatsächlich an mittelalterliche Tafeln mit christlichen Themen, vor allem an das Motiv der Veronika mit dem Schweißtuch. Das in Albrecht Dürers bekanntem Holzschnitt der »Veronika zwischen den Heiligen Peter und Paul« (Abb. S. 130) von 1510 präsentierte Antlitz Christi mit der Dornenkrone erfährt in Warhols wild aufgerichteten Haarsträhnen eine säkulare Umdeutung. Rückblickend können diese Bilder, die Warhol wohl ganz bewusst nicht in seiner Londoner Ausstellung zeigen wollte, nur als ein ahnungsvolles *Memento mori* verstanden werden. In keinen anderen Werken und vor allem in keinem seiner zahlreichen Selbstportraits, hat sich der Apologet der Oberfläche Andy Warhol weiter von seiner Pop-Ästhetik und -Ikonografie entfernt als in diesen beiden bescheidenen Werken.

13 Henry Geldzahler, in: Victor Bockris: Warhol, London 1989, S. 160.

14 Andy Warhol: Die Philosophie des Andy Warhol. Von A bis B und zurück, München 1991, S. 91.

15 Vgl. Trevor Fairbrother: Skulls, in: The Work of Andy Warhol. Discussions in Contemporary Culture, Dia Art Foundation, Nr. 3, Seattle 1989, S. 97/98.

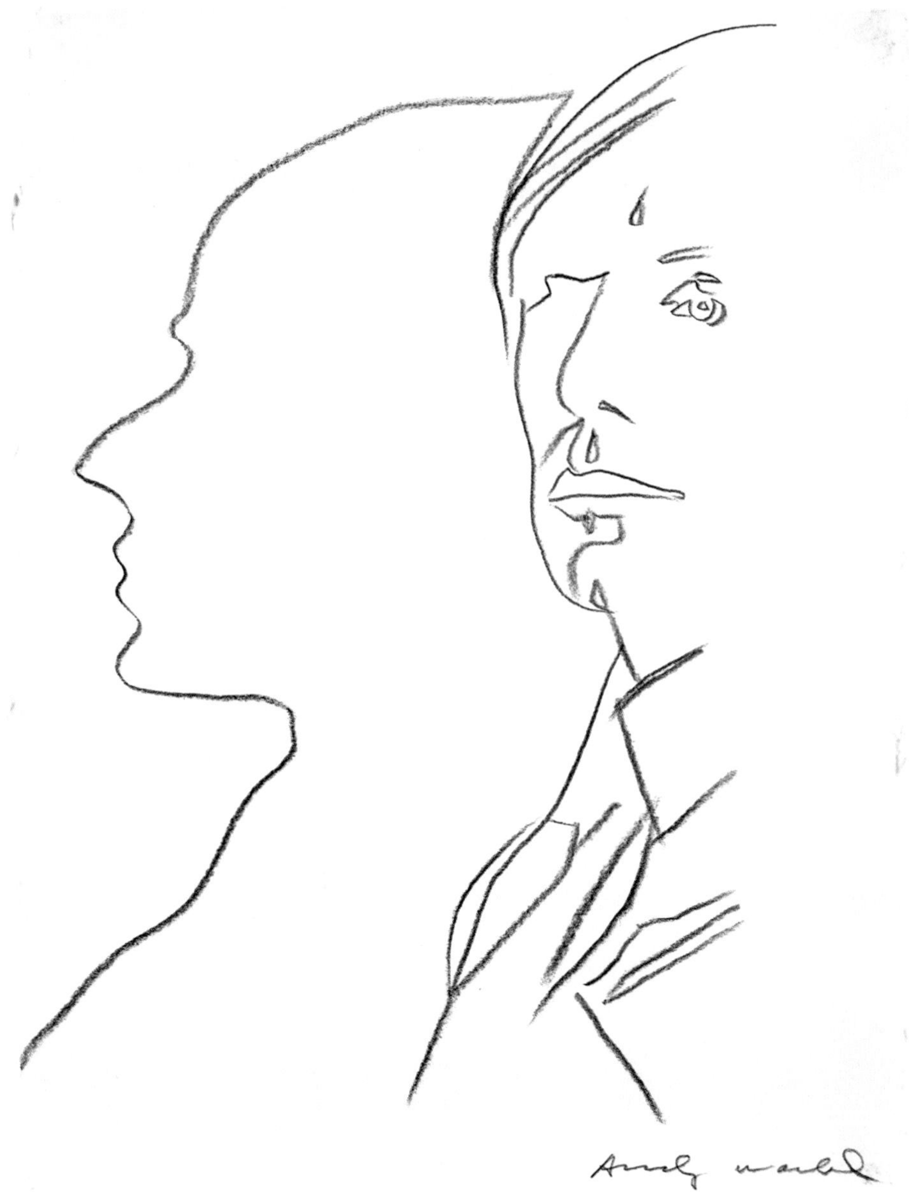

64 The Shadow, 1981
Grafit auf HMP Papier / Graphite on HMP paper
80 x 61 cm

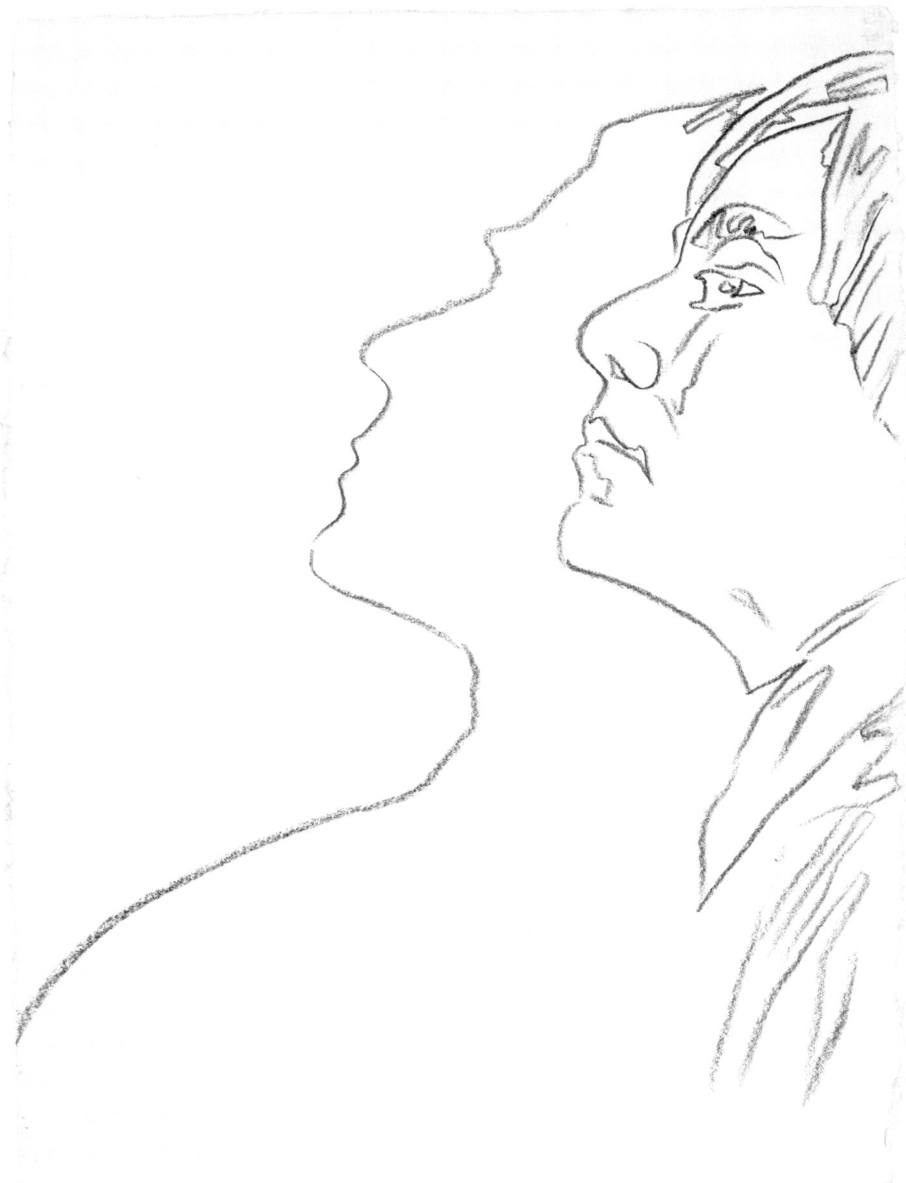

62 Myths: The Shadow, ca. 1981
Grafit auf HMP Papier / Graphite on HMP paper
80 x 60,6 cm

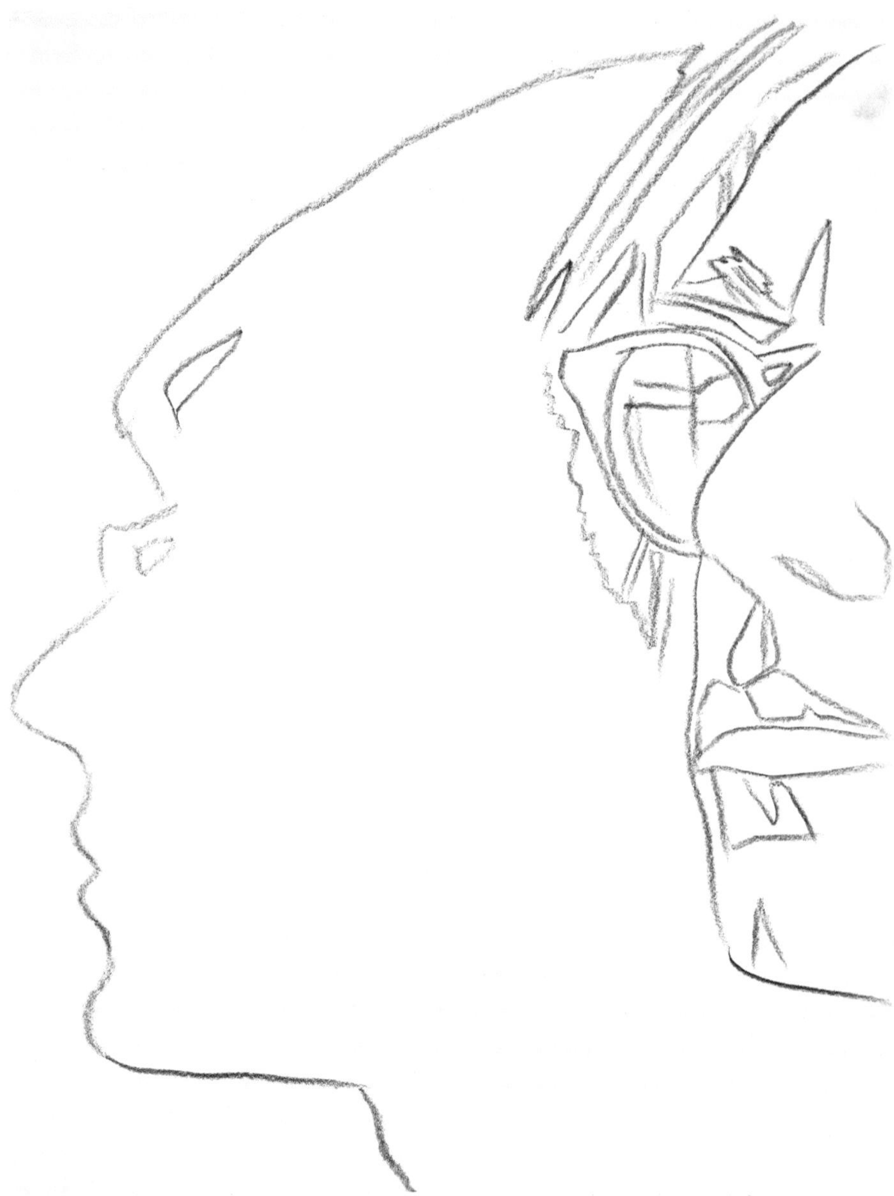

63 The Shadow, 1981
Kohle auf HMP Papier / Charcoal on HMP paper
80 x 58,4 cm

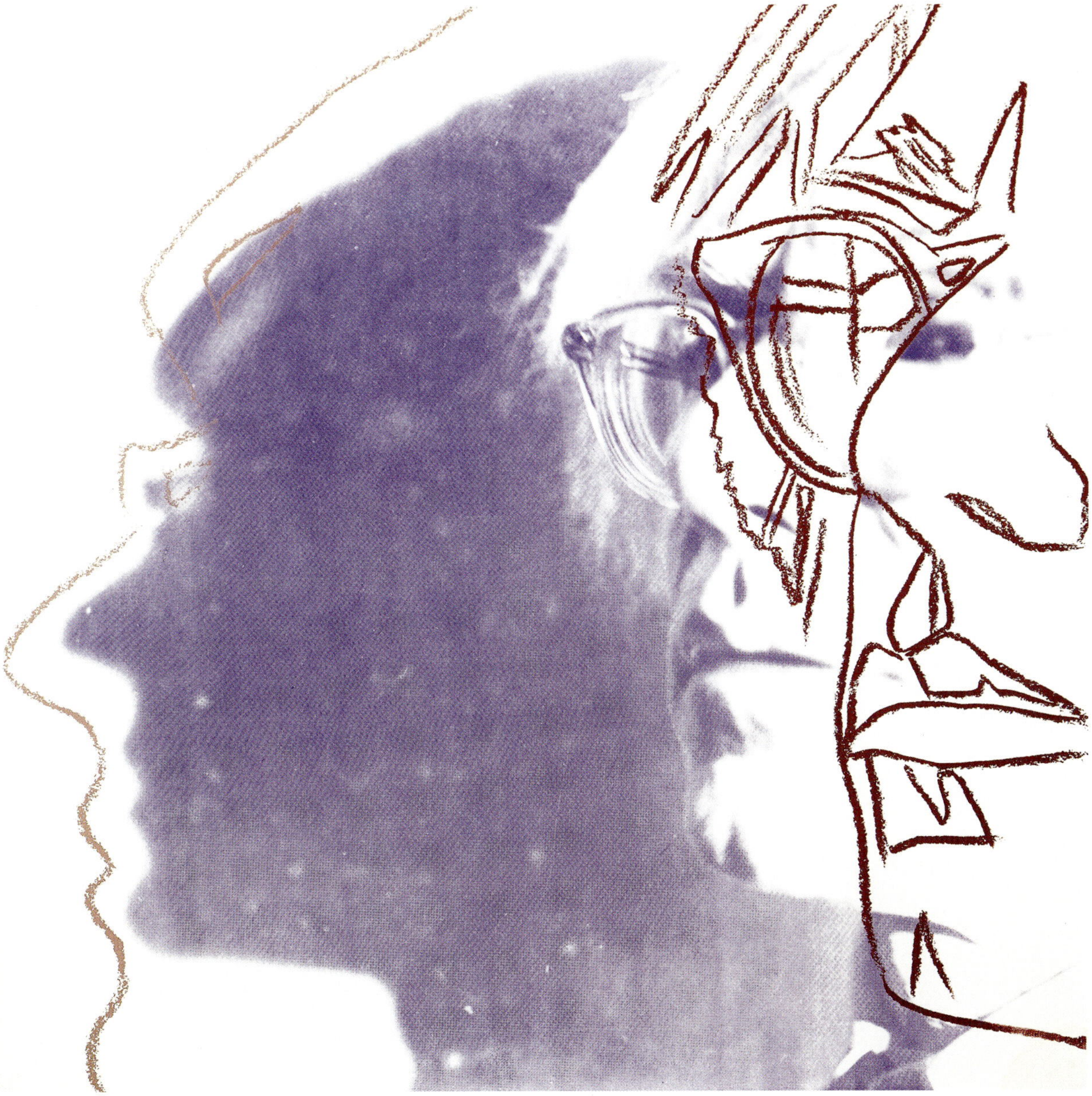

67 The Shadow, 1981
Unikat-Siebdruck auf Lenox Museumskarton
Unique screenprint on Lenox Museum Board
96,5 x 96,5 cm

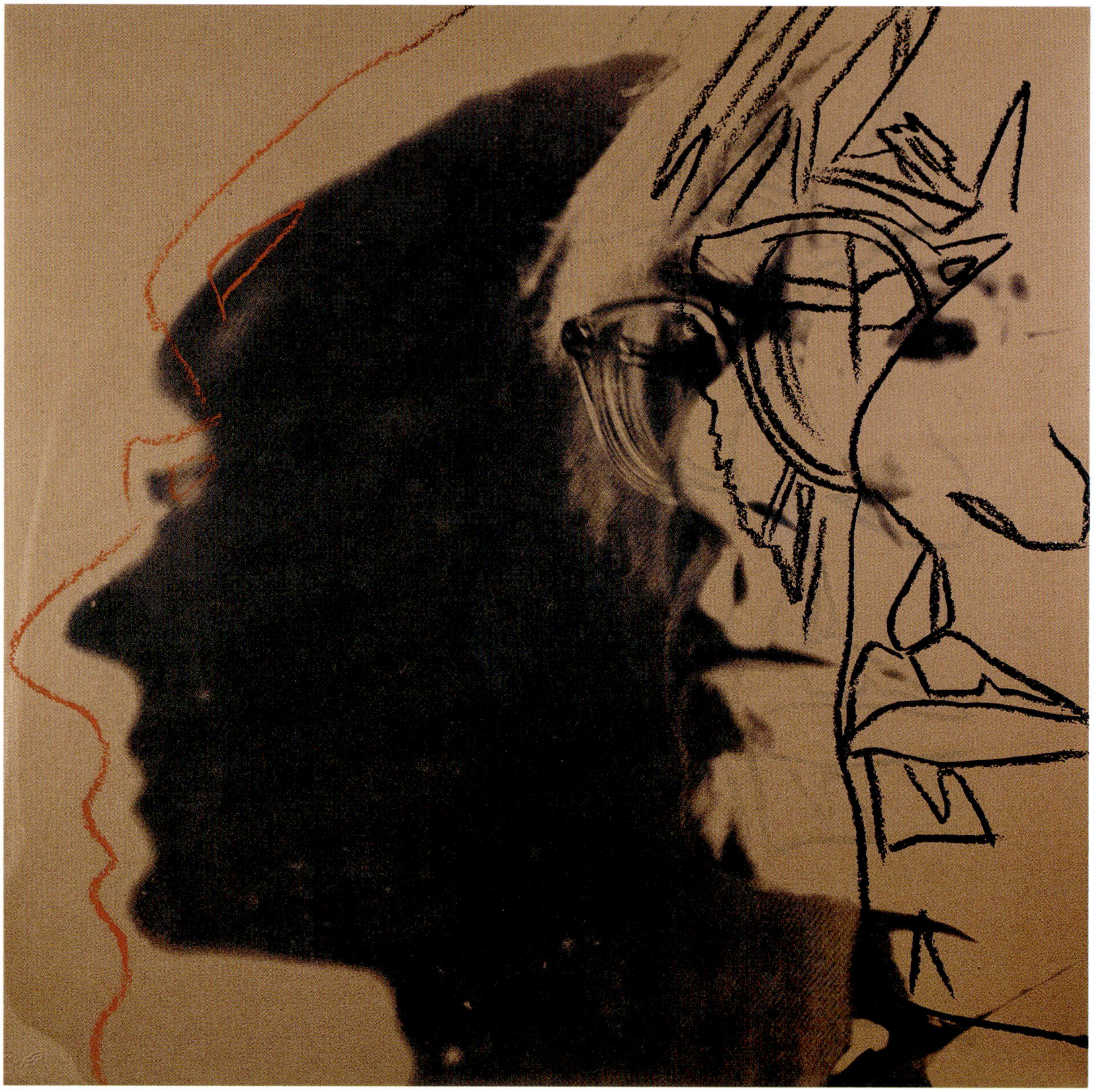

68 The Shadow, 1981
Unikat-Siebdruck auf Lenox Museumskarton
Unique screenprint on Lenox Museum Board
96,5 x 96,5 cm

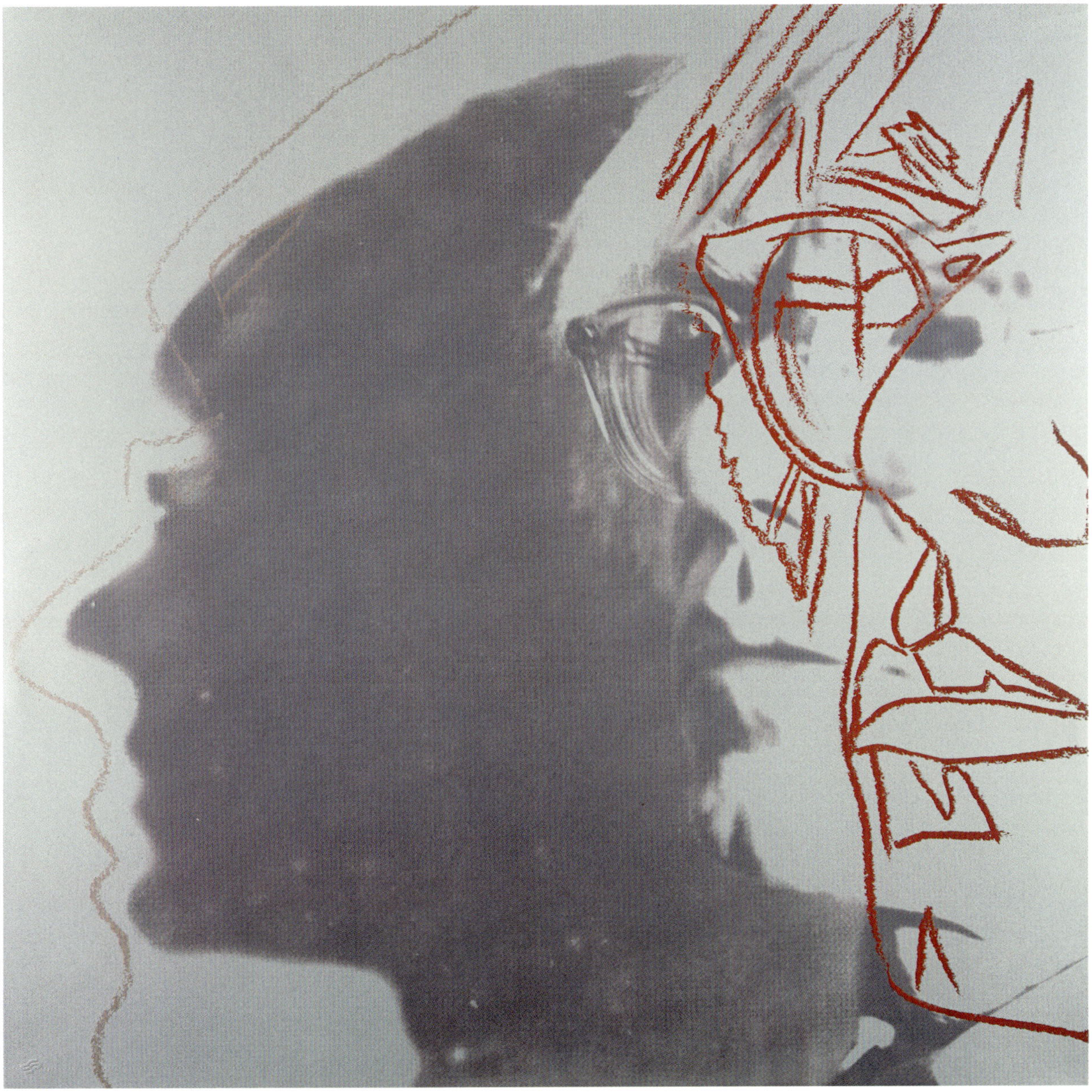

65 The Shadow, 1981
Unikat-Siebdruck auf Lenox Museumskarton
Unique screenprint on Lenox Museum Board
96,5 x 96,5 cm

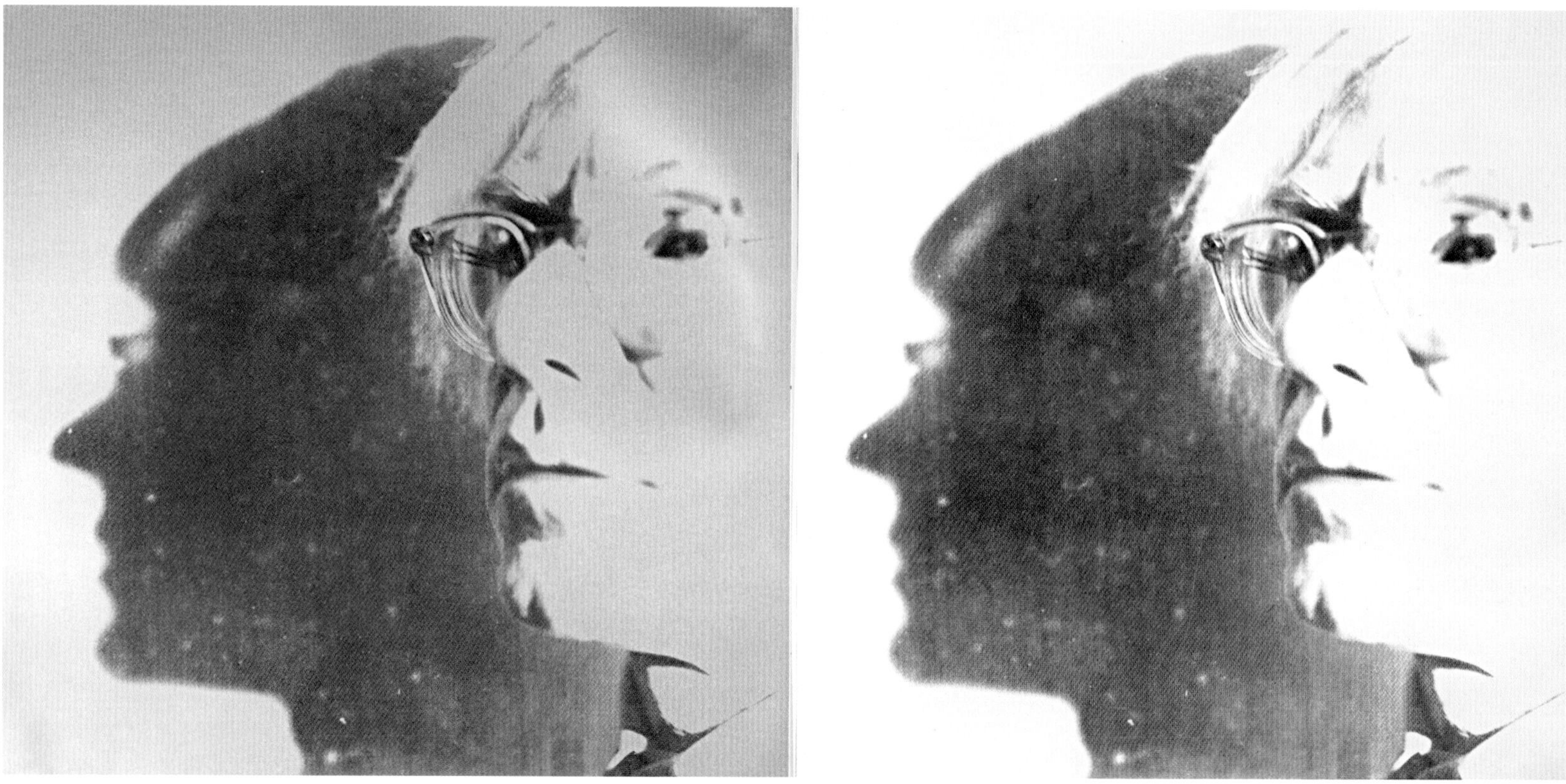

66 The Shadow, 1981
Unikat-Siebdruck auf Lenox Museumskarton
Unique screenprint on Lenox Museum Board
2 Drucke, je / 2 prints, each 96,5 x 96,5 cm

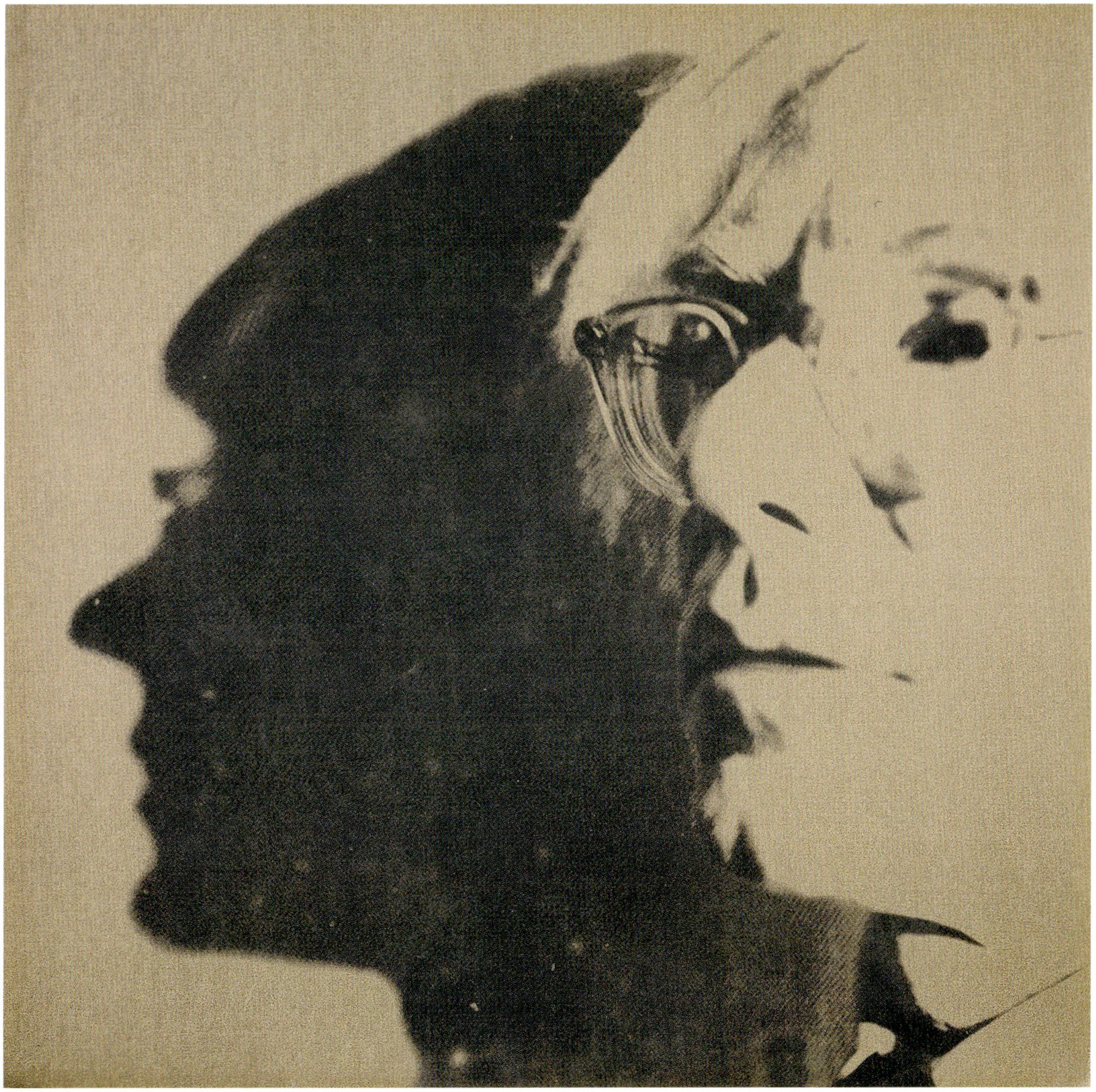

69 The Shadow, 1981
Unikat-Siebdruck auf Lenox Museumskarton
Unique screenprint on Lenox Museum Board
96,5 x 96,5 cm

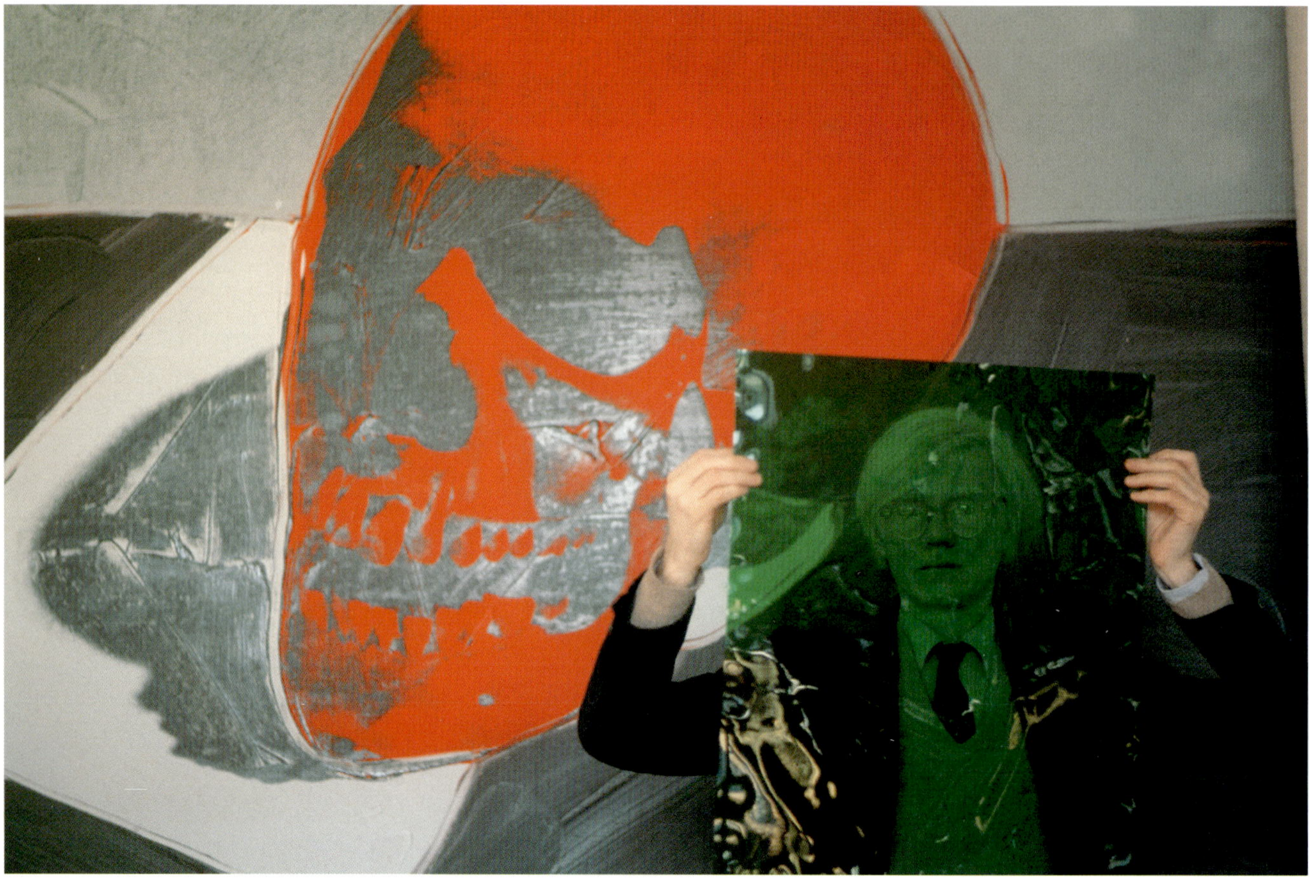

Thomas Höpker
Andy Warhol, 1977

'THE BEST AMERICAN INVENTION – TO BE ABLE TO DISAPPEAR'[1]

Dietmar Elger

I.

Andy Warhol expressed that thought in 1975 in his book entitled *The Philosophy of Andy Warhol (From A to B and Back Again)*, and the desire to disappear played a significant role in his personal life. Yet few artists before or after him were as dedicated to achieving commercial success, media presence and public recognition as Warhol. He idolised the movie stars of the Hollywood glamour world and made them the subjects of his Pop Art pictures. Even as a child growing up in the rather dreary industrial city of Pittsburgh, Warhol amassed a large collection of press photographs and other objects, including an autograph card signed by child star Shirley Temple and dedicated 'To Andrew Warhola'. In the fifties in New York, Warhol had himself photographed in eccentric poses borrowed from his idols Greta Garbo and writer Truman Capote.

The ideal of perfect beauty personified by movie stars only made him more aware of his own imperfection. Warhol was tormented by his physical inadequacies – his thin hair, his prominent nose and his acne. 'Even the people in my family called me "Andy the Red-Nosed Warhola"',[2] he recalled in 1975, looking back on his adolescent years. Warhol retouched his nose with a pencil on a photograph taken in 1956 to make it look slimmer (ill. p. 94). He is even said to have undergone cosmetic surgery in New York two years later. And in 1961/62, Warhol returned to the subject in four paintings entitled *Before and After*.

Andy Warhol painted self-portraits almost all his life. One of the earliest shows him as a seventeen-year-old student at the Carnegie Institute for Technology in Pittsburgh (ill. p. 11). The last series was done in 1986, only a few months before his death in February 1987. Virtually none of the numerous self-portraits in Warhol's oeuvre conforms to classical models or traditional expectations with regard to the genre. They offer the viewer no insights into the artist's soul, nor do they expose his inner thoughts and feelings. Warhol's portraits of himself are staged scenes, role plays that surprisingly satisfy both his desire for exhibitionist self-exposure and public presence and his need for anonymity and privacy. Jack Wilson, a fellow student at the Carnegie Institute, recalls that Warhol frequently drew himself: 'He *loved* to do self-portraits then. He drew himself more than anybody.'[3] Yet very few of these early works done between 1945 and 1949 are identifiable as self-portraits. And even fewer were given corresponding titles by Warhol. *Boy Picking His Nose* of 1948/49 is one such self-portrait. Although Warhol expressly alludes in the title to the nose that bothered him so much, the caricature-style execution of the drawing and the provocative bluntness of the theme draw attention away from this physical defect. Later on, Andy Warhol took a more pragmatic approach to such problems. 'When I did my self-portrait, I left all the pimples out because you always should. Pimples are a temporary condition and they don't have anything to do with what you really look like.'[4] Warhol also made frequent use of such cosmetic retouching techniques in his later society portraits of the seventies and eighties. The artist was willing to go to practically any length to satisfy his paying clients. He made their faces look smoother, younger and more perfect in an attempt to flatter them.

The *Self-Portrait (Diptych)* of 1981 (ill. pp. 106, 107) comes closest to these commissioned works in terms of type and form. In this work, Warhol not only used the forty-by-forty-inch format that was typical of his commissioned portraits but also worked with two photographs that show less evidence of staging than any of his other

1 Andy Warhol, *The Philosophy of Andy Warhol (From A to B and Back Again)* (New York, 1975), p. 113.

2 Andy Warhol, *The Philosophy of Andy Warhol (From A to B and Back Again)* (New York, 1975), p. 63.

3 Jack Wilson, in Patrick S. Smith, *Warhol: Conversations about the Artist* (Ann Arbor, 1988), p. 17.

4 Andy Warhol, *The Philosophy of Andy Warhol (From A to B and Back Again)* (New York, 1975), p. 62.

self-portraits. The sources for both pictures were actually photos of Warhol made by Christopher Makos for a set card distributed by the Zoli Modeling Agency, Inc. The agency placed Andy Warhol with such firms as Barneys New York, TDK and Drexel Burnham for commercial ad campaigns. Warhol mentioned similar offers as early as the mid-seventies: 'Some company recently was interested in buying my "aura". They didn't want my product. They kept saying, "We want your aura." I never figured out what they wanted.'[5] With his *Self-Portrait (Diptych)*, Andy Warhol finally joined the illustrious circle of the rich and famous people depicted in his commissioned portraits in the early eighties. He had already cast off the traditional image of the artist as a social outsider years before. Yet his double self-portrait reflects none of the self-confidence, power and elegance typically found in the portraits of his clients. Warhol appears unusually shy and melancholy in these two images. Of all of his self-portraits, *Self-Portrait (Diptych)* offers the least indication of Warhol's aura as a Pop Art star.

The early self-portraits of the fifties anticipate strategies of self-representation that Warhol would pursue in his paintings of later years. All of these works emphasise both exposure and concealment, and they involve both stylised representation and self-anonymisation. In one early drawing, Warhol is shown facing the viewer but covering his face with his hands (ill. p. 17). Duane Michals photographed him in the same pose in 1958 (ill. p. 16). No other twentieth-century American artist was photographed as often as Warhol. Yet no one characterised him as aptly as Michals, a fellow native of Pittsburgh four years his junior. The two met again for another photo session in the early seventies. Michals combined three of the photographs from this shoot to create a short poetic narrative (ill. p. 96). In the first image, Warhol appears in sharp focus, facing the camera. The artist then begins to move his head back and forth, so that his face fades into obscurity in the third photograph.

'I'd prefer to remain a mystery', Andy Warhol once said, and the remark would seem to apply to Duane Michals' photo sequence: 'I never like to give my background and, anyway, I make it all up different every time I'm asked.'[6] Indeed, readers of the memoirs of former members of the Factory staff or biographies written by art critics never recognise more than fragments of Andy Warhol, the person. The artist revealed only isolated aspects of his life and his equally complex and conflict-laden personality to anyone around him. His public appearances were a part of this carefully calculated *mise-en-scène*. In the mid-sixties, Warhol presented himself to the press as a shy, taciturn interview partner. Viewers of an old film document from 1964 may well feel sorry for the CBS TV reporter who fails to get more than a hesitant 'yes' or 'I don't know' out of Warhol. In 1967, the artist even went so far as to send a double to represent him at public events. Alan Midgette, who bore no resemblance to Warhol apart from his silver-dyed hair, gave lectures in Warhol's name at several different universities before the ruse was eventually discovered. Warhol was forced to repay the fees.

During the seventies, Andy Warhol gradually developed into an avid party-goer and scene celebrity. He was a regular at New York's Studio 54 disco and a welcome guest at all of the important society events. He viewed these occasions as both work and pleasure, as they put him in contact with the rich and famous, from whom he hoped to acquire portrait commissions. Yet he kept his personal life under lock and key. Only a very few close friends were permitted to visit him in the house at 57 East 66th Street to which he moved in 1974. And he kept another side of his life under wraps as well. Warhol attended mass at a Catholic church every Sunday morning, and he also served as a volunteer in the soup kitchen at the New York Church of the Heavenly Rest, where he distributed free meals to the homeless.

From the early sixties on, Andy Warhol often asked friends and people on his studio staff at the Factory for suggestions for new pictures. In response to one such request, Henry Geldzahler, Curator of Twentieth-Century Art at the Metropolitan Museum of Art in New York, gave him the idea for the *Death and Disaster*

5 Andy Warhol, *The Philosophy of Andy Warhol (From A to B and Back Again)* (New York, 1975), p. 77.

6 Andy Warhol, in Gretchen Berg, 'Nothing to Lose: An Interview with Andy Warhol', in *Cahiers du Cinema in English* 10 (May 1967), p. 39.

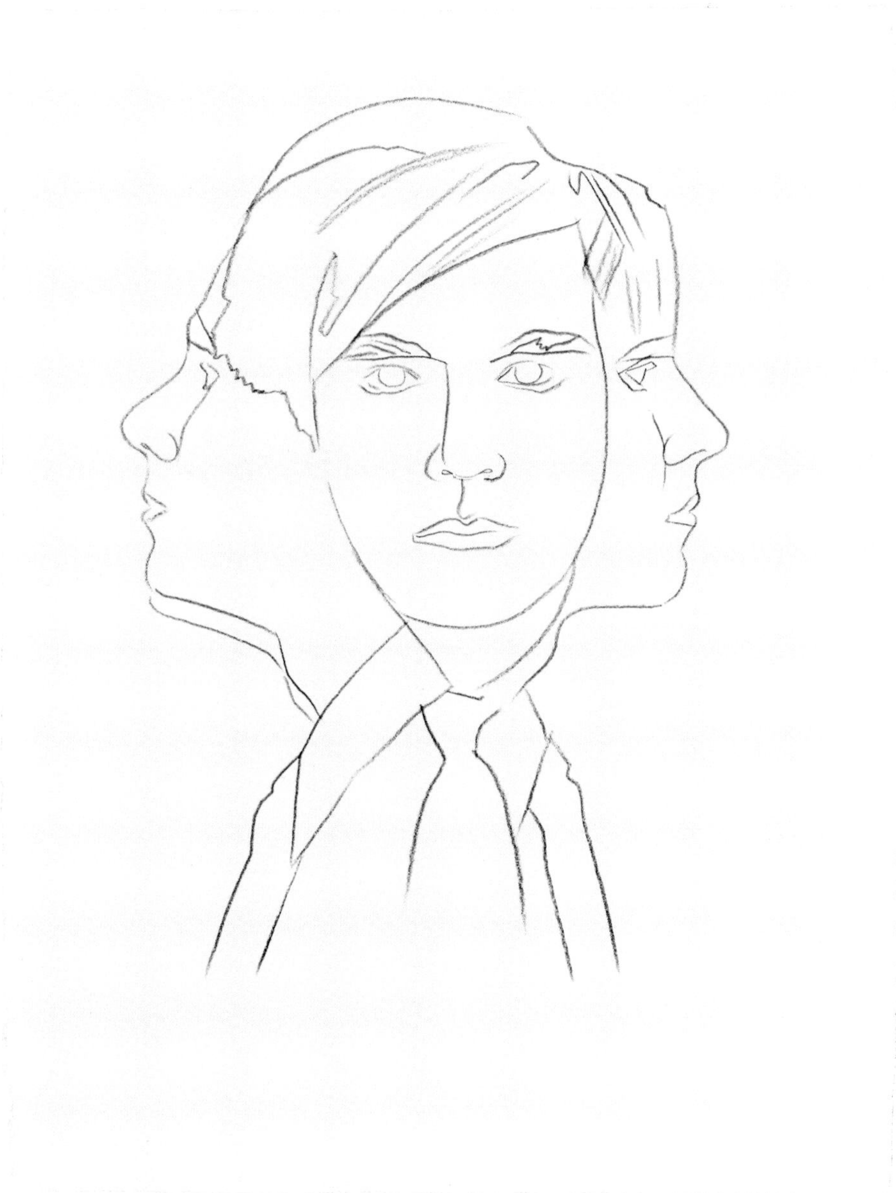

82 Self-Portrait, 1986
Grafit auf HMP Papier / Graphite on HMP paper
79,7 x 60,3 cm

series, and it was art dealer Ivan Karp who suggested he do self-portraits. 'I asked Ivan for ideas, too, and at a certain point he said, "You know, people want to see *you*. Your looks are responsible for a certain part of your fame – they feed the imagination." That's how I came to do the first Self-Portraits.'[7] Actually, the first self-portrait done in the budding Pop Art style in late 1963 was a commissioned work executed for the collector Florence Barron (ill. p. 28). Warhol used four motifs, which he transferred to blue primed canvas in a

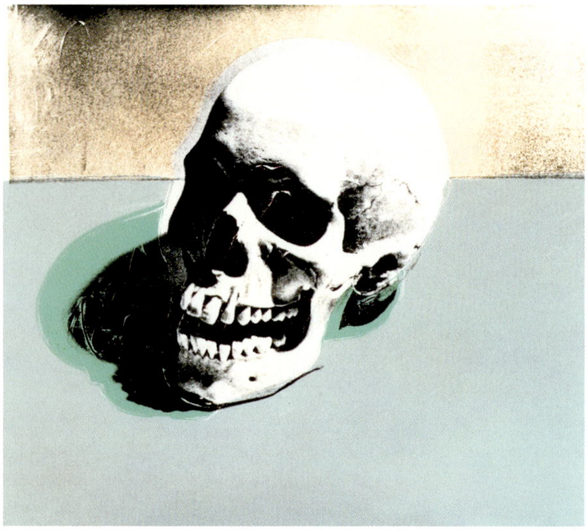

Skull, 1976
Kunstharzfarbe und Siebdruckfarbe auf Leinwand
Synthetic polymer paint and silkscreen ink
on canvas, 182,9 x 203,2 cm
The Andy Warhol Museum, Pittsburgh,
Founding Collection, Contribution
Dia Center for the Arts

serigraph process. Eleven other single pictures were also realised within the context of this work (ill. p. 27, 29). His sources were photos taken in a cheap photo booth on Times Square. These machine-made booth photos exclude the subjective, interpreting photographer who is otherwise always present. The personal artist's gesture was also neutralised by the industrial silkscreen process used to transfer the original images. And the motif itself tends to objectify the image and creates a sense of distance. In these pictures, Warhol appears intent upon hiding behind the lenses of his dark glasses. They conceal his eyes much like the black bars used in magazine photographs to preserve the anonymity of certain subjects.

Warhol employed other mechanisms to achieve similar results in some of his later self-portraits. In a series of self-portraits done in 1964 (ill. pp. 33–37), he achieved a comparable effect of unapproachability by reducing the silkscreen print to a hard black-and-white contrast, eliminating all nuances of grey. As a result, the figure in the differently coloured versions of this second portrait appears as aloof and anonymous as the one in the photo-booth portrait, even though Warhol has direct eye contact with the viewer.

While the early self-portraits of 1963 and 1964 still present Warhol as a kind of working-class artist, he stylised himself as a mysterious figure, a detached observer who retreats partially into the protective shadows, in the *Self-Portraits* of 1966/67. With his left hand supporting his chin and his finger pressed to his lips, the artist calls for reverent stillness. And his position as an artist had indeed changed radically over the course of the intervening three years. Andy Warhol had become the charismatic star of the young, exciting Pop Art movement. So many art enthusiasts were eager to attend the opening of his first retrospective at the Institute of Contemporary Art in Philadelphia in October 1965 that the organisers cautiously decided to remove most of the paintings from the walls, although that did nothing to dampen the mood on that evening. The show was followed by major exhibitions in Cincinnati and Boston and a successful tour through several European museums in Stockholm, Amsterdam, Bern and Oslo in 1968. Warhol had been compelled to hire a business manager, the young Fred Hughes, the year before.

Andy Warhol relied primarily on colour and its quality as an element of design in the self-portraits completed during those two years. He used a different combination of as many as four colours for each motif in this series, juxtaposing their vivid tones in unmediated, yet always precisely calculated contrasts. The outstanding quality of these colour combinations is particularly evident in the large-format works of the group done in 1967 (ill. pp. 47–51), whose striking presence and dominance sometimes tends to obscure the identity of the

7 Andy Warhol & Pat Hackett, *Popism: The Warhol '60s* (London, 1981), p. 17.

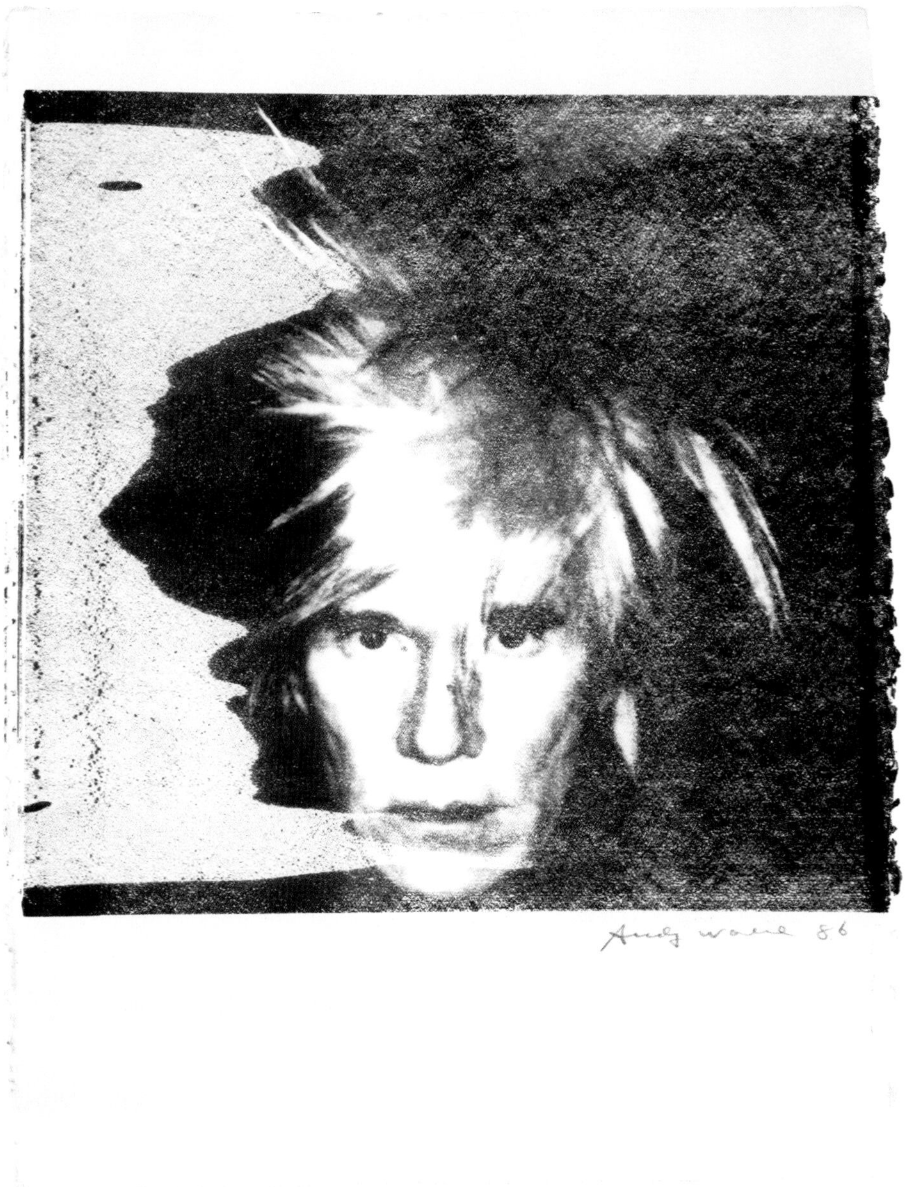

83 Self-Portrait, 1986
Siebdruck auf HMP Papier / Screenprint on HMP paper
79,7 x 60.3 cm

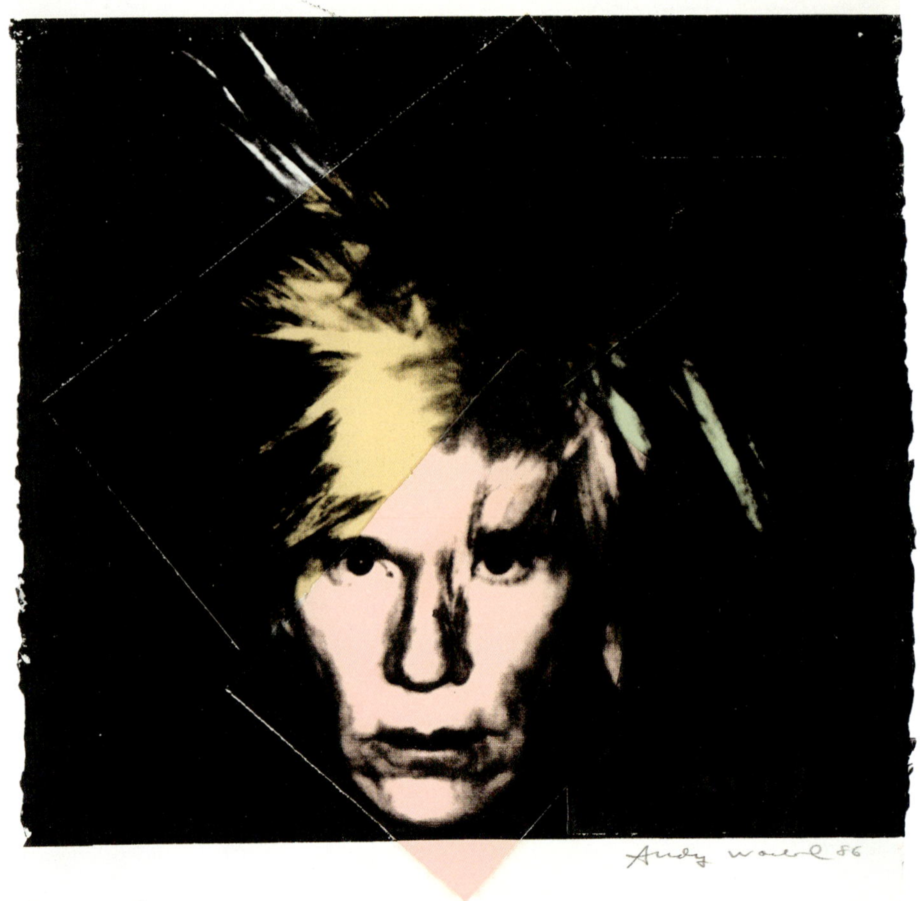

84 Self-Portrait, 1986
Siebdruck und Collage aus Farbpapieren auf handgeschöpftem Papier
Screenprint and coloured graphic art paper collage on handmade paper
81,3 x 61 cm

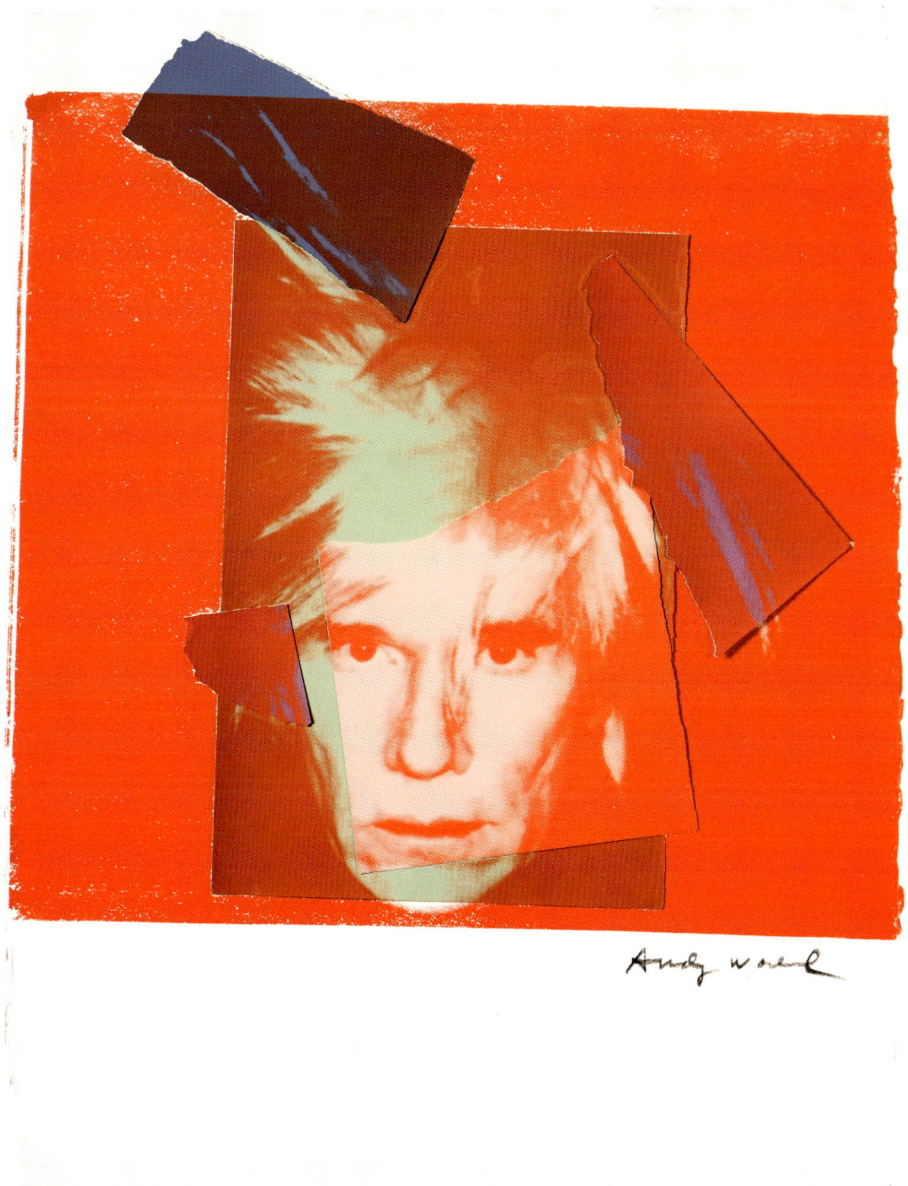

85 Self-Portrait, 1986
Siebdruck und Collage aus Farbpapieren auf handgeschöpftem Papier
Screenprint and coloured graphic art paper collage on handmade paper
81,3 x 61 cm

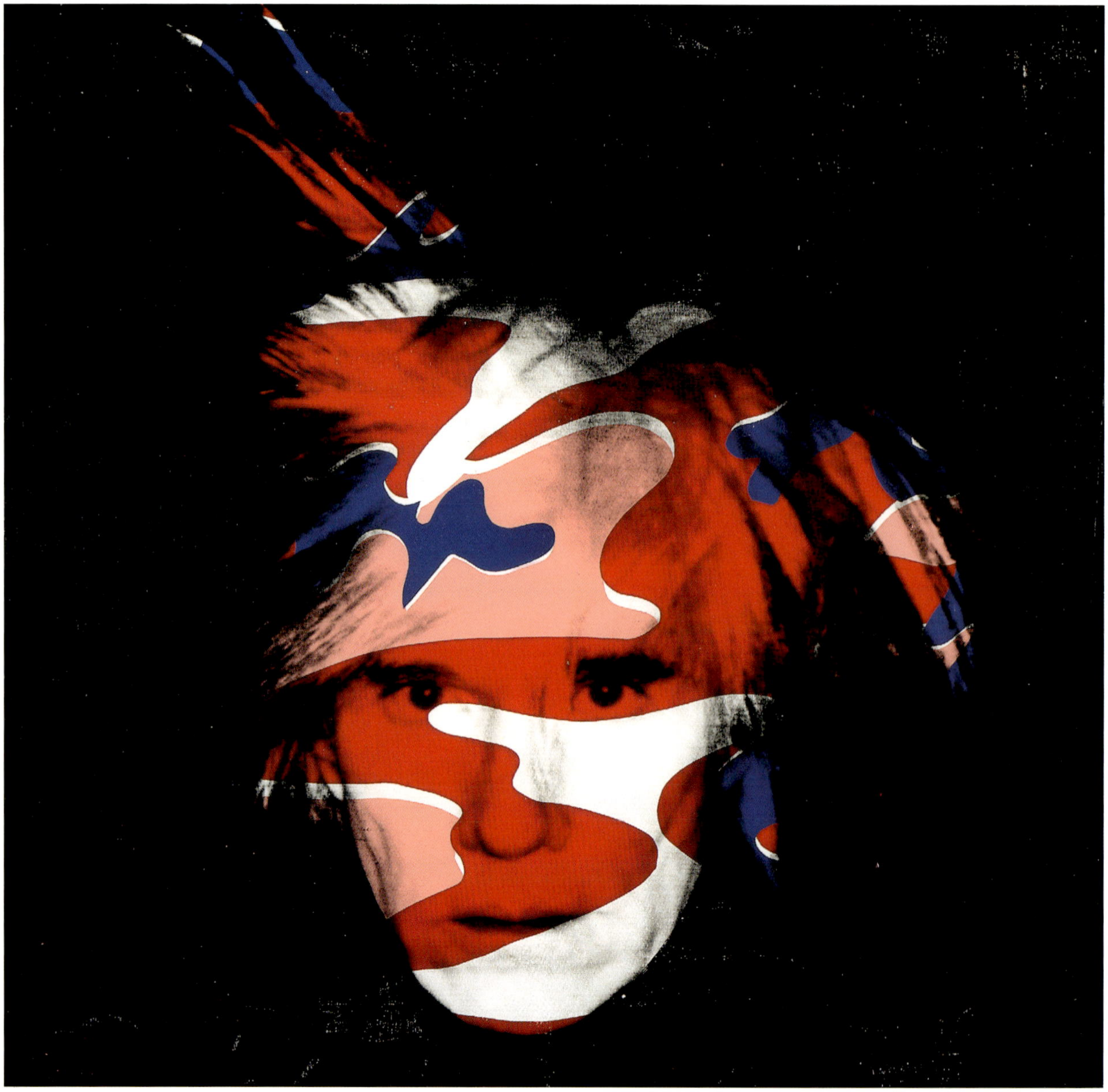

35 Self-Portrait, 1986
Kunstharzfarbe und Siebdruckfarbe auf Leinwand
Synthetic polymer paint and silkscreen ink on canvas
101,6 x 101,6 cm

portrait subject. Having hidden his face behind his hands in the drawings of the fifties, Warhol now achieved a similar effect by exploiting the alienating qualities of his colours and skilfully staging the play of shadow in the photographic source. The entire right-hand side of the face and the left eye are shrouded in darkness in this image, leaving the colours a great deal of room to unfold as autonomous elements of artistic design.

In *The Shadow*, a motif from the *Myths* series done in 1981, Andy Warhol actually presents himself as a personification of a shadow. The self-portrait is one of ten works in a portfolio containing portraits of such figures from popular American myths as Mickey Mouse, the witch in *The Wizard of Oz*, Santa Claus, Uncle Sam and Superman. *The Shadow* was a popular radio programme broadcast from 1930 to 1954. A year after the show was conceived, the first comics featuring the adventures of the beloved hero and crime-fighter appeared on the newsstands. Although Warhol used original source materials for the other figures (Mickey Mouse, Superman) or engaged models, whom he photographed in such a way as to make them resemble the original figures as closely as possible, he posed for *The Shadow* himself, dispensing with all of the typical attributes of the comic figure, such as his black cloak, his broad-brimmed hat and red scarf. The unique silkscreen prints made the same year were variations on the motif from the *Myths* portfolio (ill. pp. 113–117). The shadow outline that dominates the image and the photographic half-profile are supplemented in some of these prints by linear tracings. *The Shadow* is actually much more than a superficial role play. Warhol identified personally with the mysterious shadow figure of the thirties comic series. However, he exposed the self-image he wanted to present to the public as a mere projection of himself onto empty pictorial surface. Warhol often referred to this aspect of surface in conversations with critics. In a 1967 interview, he gave the following advice to Gretchen Berg: 'If you want to know all about Andy Warhol, just look at the surface: of my paintings and films and me, and there I am. There's nothing behind it.'[8] As far as his self-portraits were concerned, that statement was merely a self-defensive ploy. What the viewer sees on the surface of his portraits goes no further than the façade he erected for the public eye, the poses staged by the artist, and the vivid effects of the colour arrangements in his painting. And his last self-portraits with camouflage patterns have precisely the same effect.

The self-portraits of the *Fright Wig* series were commissioned for an exhibition at Anthony d'Offay's gallery in London. Characteristically, Warhol left the choice of subject to the gallery owner. D'Offay was so perplexed by this offer that he hesitated some time before finally making his choice in 1985: 'At Christmas we visited a collector friend of Lucio Amelio who had a powerful red portrait of Beuys by Andy Warhol hanging in his house. As I looked at the painting I realised two things; first that Warhol was without question the greatest portrait painter of the 20th Century, and secondly that it was many years since he had made an iconic self-portrait. A week later, I visited Warhol in New York and suggested to him an exhibition of new self-portraits. A month later he had a series of images to show me in all of which he was wearing the now famous "fright wig". One of the images had not only a demonic aspect but reminded me more of a death mask. I felt it was tempting fate to chose this image, so we settled instead on a self-portrait with a hypnotic intensity. We agreed on the number of paintings and that some would have camouflage. When I returned to New York some weeks later the paintings were complete. The only problem was that Warhol had painted the demonic "Hammer House of Horror" image rather than the one we had chosen. I remonstrated with him and reminded him of our agreement. Without demur he made all the pictures again but with the image we had first selected. And so between us we brought two great series of self-portraits into the world.'[9]

The works were first exhibited at the Anthony d'Offay Gallery in July and August of 1986. Andy Warhol died in New York only a few months later, on February 22, 1987. These last self-portraits focus entirely on the artist's face, which emerges dramatically from the black sur-

8 Andy Warhol, in Gretchen Berg, *'Nothing to Lose: An Interview with Andy Warhol'*, in *Cahiers du Cinema in English* 10 (May 1967), p. 40.

9 Letter from Anthony d'Offay to the author dated February 17, 2004.

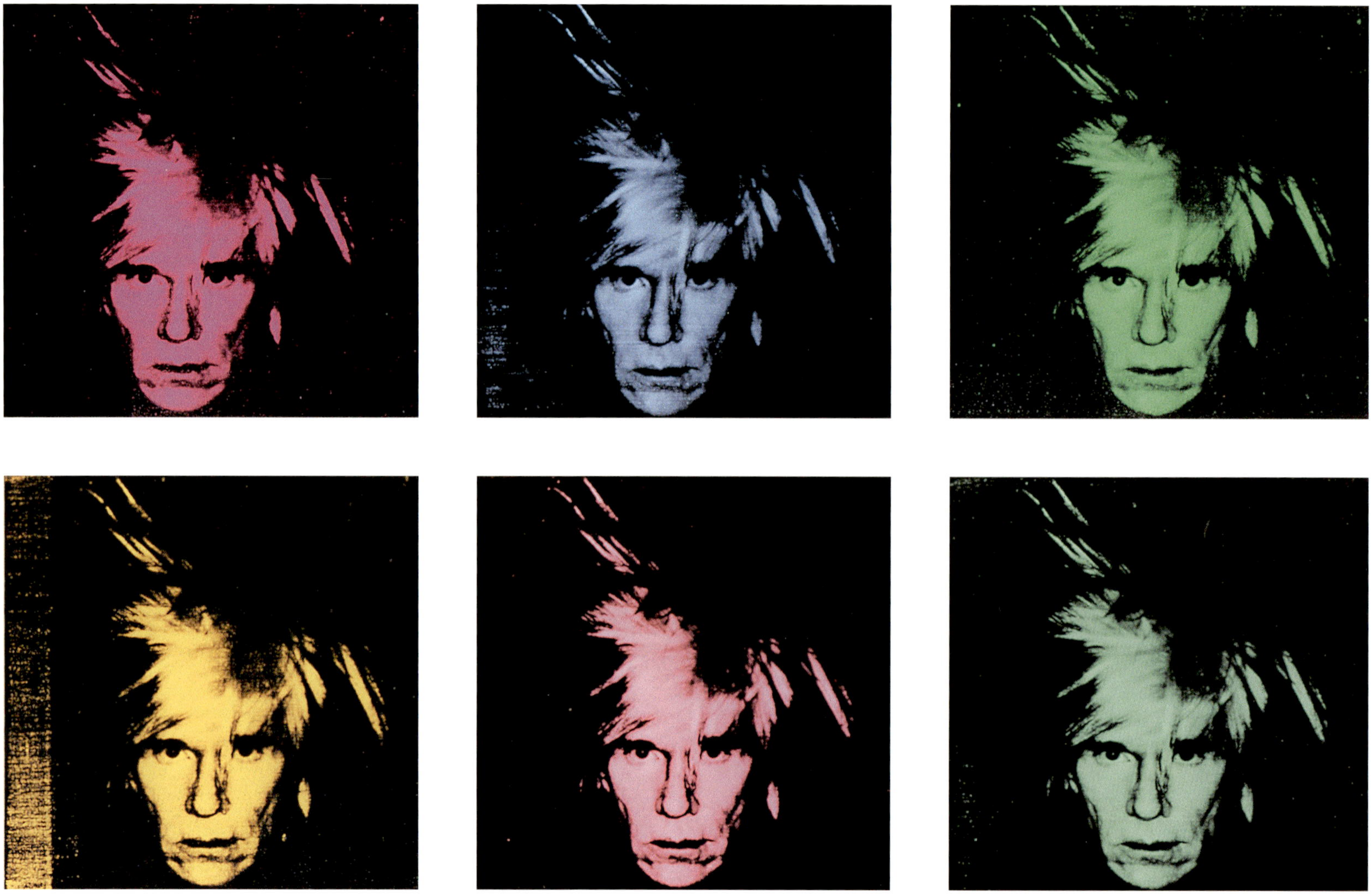

30 Six Self-Portraits, 1986
Kunstharzfarbe und Siebdruckfarbe auf Leinwand
Synthetic polymer paint and silkscreen ink on canvas
6 Tafeln, je / 6 canvases, each 56 x 56 cm

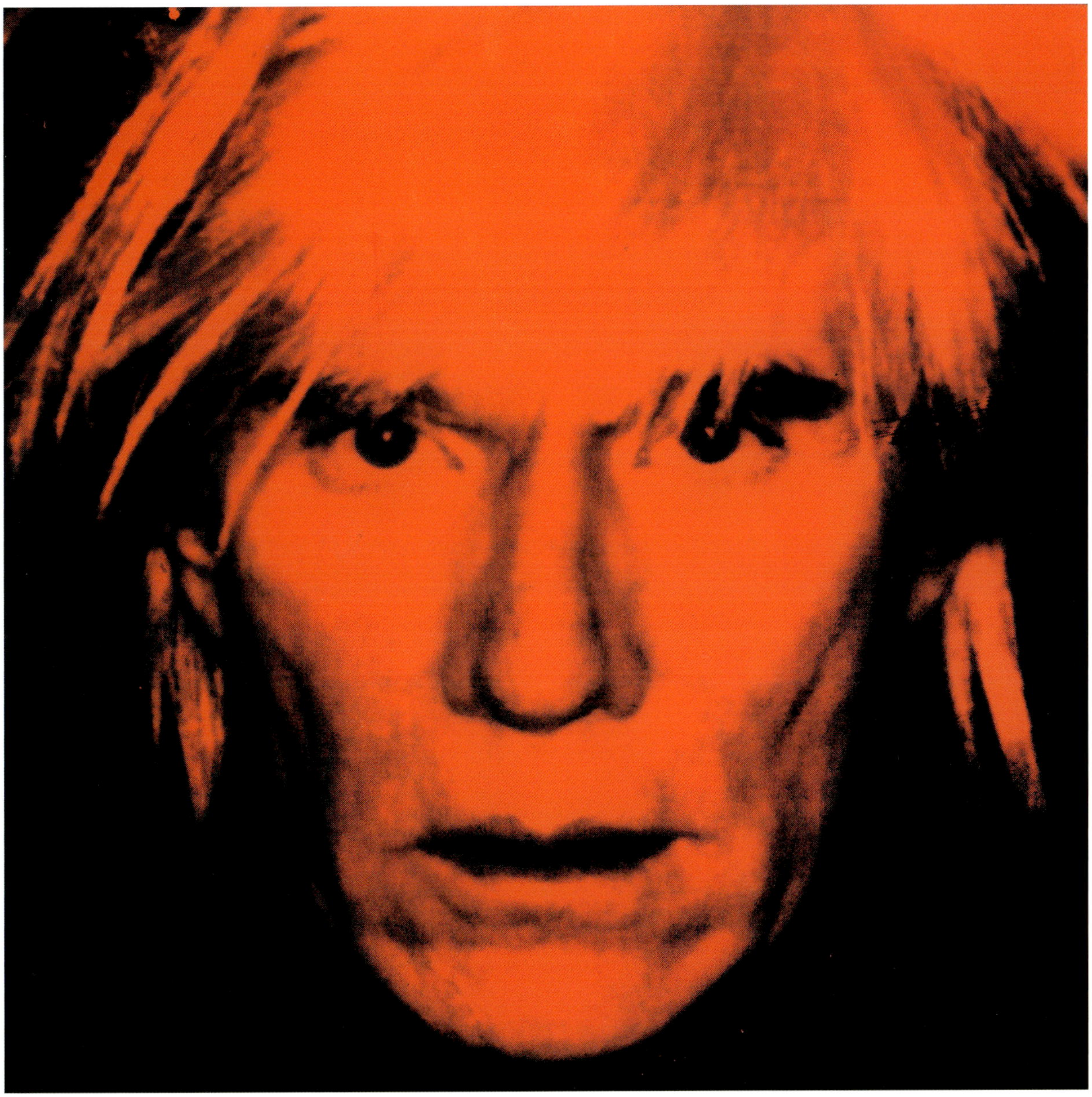

31 Self-Portrait, 1986
Kunstharzfarbe und Siebdruckfarbe auf Leinwand
Synthetic polymer paint and silkscreen ink on canvas
101,6 x 101,6 cm

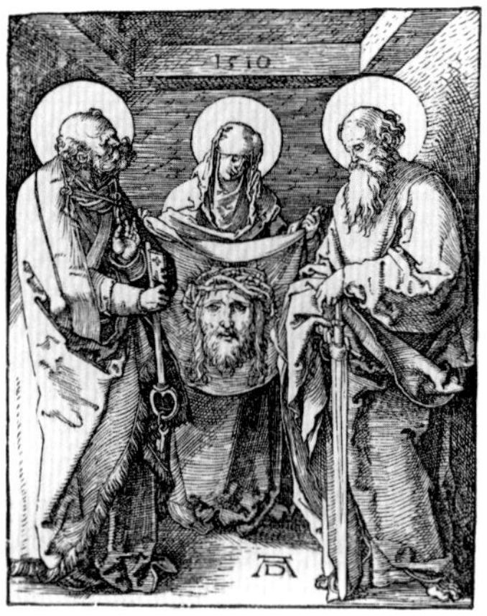

Albrecht Dürer
Veronika zwischen den Heiligen Peter und Paul, 1510
Holzschnitt / Woodcut, 12,6 x 9,7 cm

roundings, and on the strands of hair in his silver wig that virtually explode from the darkness. Warhol's hypnotic gaze is fixed on the viewer and is particularly penetrating in the version in which the frame of view is reduced and the intense red-black contrast intensifies the vivid radiance of the motif (ill. p. 129).

Warhol deliberately toned down this effect in other versions in the series by applying a coloured camouflage pattern. This was the first time that Warhol had combined camouflage with a figurative image. In works with which the *Shadow*, *Yarn* and *Rorschach* series are also associated, Warhol explored the spectrum of tensions ranging from abstract signs to decorative patterns. In the first camouflage portraits he focused on the original function of the motif as a means of concealing objects and allowing them to blend with their surroundings. The *Self-Portraits (Camouflage)* (ill. pp. 126, 135, 136) show the artist revealing himself to the public yet masking himself from its view at the same time. The suggestive gaze directed at the viewer loses all presence and retreats behind the abstract pattern.

Andy Warhol pursued a different painting strategy in the version comprising four portraits loaned by the National Gallery of Art in Washington (ill. p. 137). In these works, he used unusually pale colours and printed the motifs in such extreme offset arrangements that his face begins to blur before the viewer's eyes. In this self-portrait, as in the earlier drawings of the fifties, Warhol also walked a thin line between pleasure in self-exposure and the reluctance to reveal more about himself than can be gleaned from the painted surface of the pictures.

II.

In a famous interview with Gene R. Swenson in 1963, Andy Warhol made the following confession: 'I guess it was the big crash picture, the front page of a newspaper: 129 DIE. I was also painting the Marilyns. I realised that everything I was doing must have been Death.'[10] The theme of violent death, often in anonymity, is present – more or less openly – as a leitmotif throughout the artist's oeuvre. His first European solo exhibition at Ileana Sonnabend's gallery in 1964 was originally supposed to have a corresponding title: 'My show in Paris is going to be called "Death in America." I'll show the electric-chair pictures and the dogs in Birmingham and car wrecks and some suicide pictures.'[11] But Warhol eventually discarded the gloomy title after all. Two museum exhibitions organised shortly after his death were the first to focus on this theme. In a show entitled 'Death and Disaster,' The Menil Collection in Houston featured pictures of anonymous victims of traffic accidents from the sixties, *Electric Chairs*, *Tunafish Disaster*, *Most Wanted Men*, several *Jackie* portraits made following the assassination of President Kennedy and *Atomic Bomb*. The retrospective presented by the Hamburger Kunstverein in the fall of 1987 also included several later series. Among other works, the show featured two *Vesuvius* paintings from 1985 and the three-part work entitled *Fate presto*, relating to the earthquake in Naples on November 23, 1980, as well as several of Warhol's *Flowers*. The flower motif draws upon traditional vanity symbolism and thus represents the transience of all life. Yet it is astonishing that none of the exhibition organisers chose to show a single self-portrait, although Warhol had completed several series of small paintings that demonstratively addressed the theme of death in 1978. In his *Philosophy of Andy Warhol*, the artist devoted a chapter to 'Death,' promising courageously in the table of contents to tell 'All About It,' only to confine himself in the text to two rather awkward statements: 'I don't believe in it, because you're not around to know that it's happened. I can't say anything about it because I'm not prepared for it.'[12]

Andy Warhol was plagued by a profound fear of death that had its roots in his own childhood. At the tender age of four, he witnessed the long illness and death of this father Andrej Warhola. Later, his friend Henry Geldzahler recalled that Warhol called him several times in the middle of the night during the mid-sixties and spoke about his fear of falling asleep. 'He wouldn't fall asleep until dawn cracked because sleep equals death and night is fearsome, and if you fall asleep at night, you're

10 Andy Warhol, in Gene R. Swenson, 'What is Pop Art? Interview with Eight Painters' (Part 1), *Art News* (November 1963), p. 60.

11 Andy Warhol, in Gene R. Swenson, 'What is Pop Art? Interview with Eight Painters' (Part 1), *Art News* (November 1963), p. 60.

12 Andy Warhol, *The Philosophy of Andy Warhol (From A to B and Back Again)* (New York, 1975), p. 123.

not quite sure about waking up again',[13] as Geldzahler attempted to explain Warhol's anxieties. A few years later, Warhol nearly experienced the fate he so deeply feared. On June 3, 1968, he was shot at the Factory by Valerie Solanas, a radical feminist, and suffered life-threatening wounds. This attack on his life remained a lasting trauma for the artist.

Warhol always saw it as an ironic twist of fate that the newspapers reporting the attack the following morning were dated June 4, the same date that appears on the title page of his first *Death and Disaster* picture, *129 Die in Jet* of 1962. Warhol later explained how the attack affected his perception of reality: 'Before I was shot, I always thought that I was more half-there than all-there – I always suspected that I was watching TV instead of living life. People sometimes say the way things happen in movies is unreal, but actually it's the way things happen to you in life that's unreal.'[14] While still in the hospital, Warhol had himself photographed in front of a mirror showing his naked upper body and the surgical scars (ill. p. 58) in an attempt to assure himself of what had happened. He also posed in the same way for photographer Richard Avedon a year later and for painter Alice Neel in 1970.

Andy Warhol turned fifty in 1978, exactly ten years after the shooting. At this point in his life, he began three new series of self-portraits. All of these works appear in the same modest format of sixteen by thirteen inches, a size more appropriate for private use than for museum exhibition. Warhol used two original photographs showing him balancing a skull on his head and shoulder as well as another picture in which he is seen being choked by an unidentifiable figure. None of his other work groups exhibit such an obvious and dramatic linking of the self-portrait with death symbols or struggles with death. On the other hand, Warhol counteracts this dark iconography with an expressive, painterly and extremely *lively* use of colour in the photographic silkscreen print. He had already used the skull for the *Skulls* series (ill. p. 122) two years before. Ronnie Cutrone, his studio assistant, photographed the original image used for these pictures in such a way that the shadow of the skull also appears surprisingly as a foetus-shaped form. According to Cutrone, the motif symbolises the entire lifespan from birth to death.[15] Among the self-portraits of 1986 is a silkscreen print on paper in which the dark area near Warhol's face reveals a similar form, as if by coincidence (ill. p. 123).

Warhol's most unusual and radical self-portraits were also completed during this last year before his untimely death. The works in question are two surprising small formats from the *Fright Wig* series in which Warhol printed the black headed figure as a negative image on gold- and silver-coated canvases (ill. pp. 138, 139). These works evoke an auratic and iconic effect that is unparalleled in any of his other self-portraits. The negative image creates the impression of the artist aloof from the mundane realm of the everyday and the glitter and glamour of the media world. The head floats above the monochrome surface and appears to have separated from the body. The gold background actually calls to mind medieval paintings devoted to Christian themes, particularly the image of St Veronica with her cloth. The face of Christ with the crown of thorns depicted in Albrecht Dürer's famous woodcut of 1510, *Veronica between Saints Peter and Paul* (ill. p. 130), is given a secular reinterpretation in Warhol's wildly standing strands of hair. In retrospect, these pictures, which Warhol probably deliberately refused to exhibit in his London exhibition, can be understood only as a prescient *memento mori*. In none of his other works, particularly his numerous self-portraits, did Andy Warhol, the apologist of surface, stray farther from his Pop aesthetic and iconography than in these two modest examples.

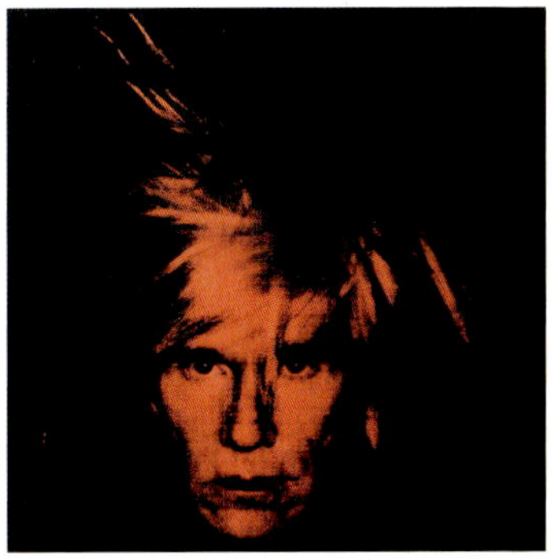

Self-Portrait, 1986
Kunstharzfarbe und Siebdruckfarbe auf Leinwand
Synthetic polymer paint and silkscreen ink
on canvas, 56 x 56 cm
Courtesy Van de Weghe Fine Art, New York

13 Henry Geldzahler, in Victor Bockris, *Warhol* (London, 1989), p. 160.

14 Andy Warhol, *The Philosophy of Andy Warhol (From A to B and Back Again)* (New York, 1975), p. 91.

15 See Trevor Fairbrother, 'Skulls', in *The Work of Andy Warhol: Discussions in Contemporary Culture*, Dia Art Foundation, no. 3 (Seattle 1989), pp. 97–98

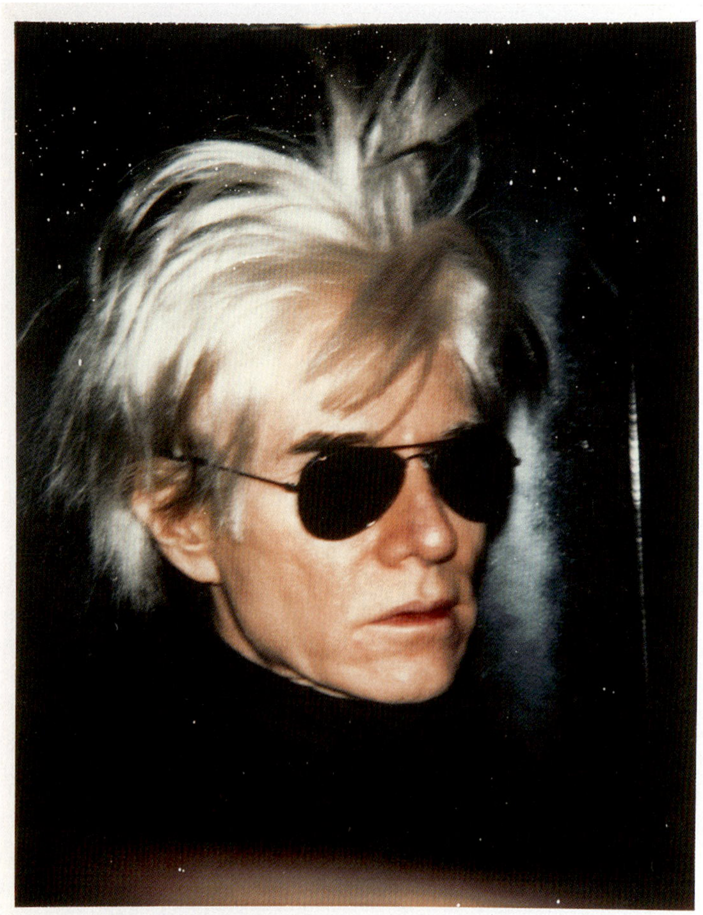

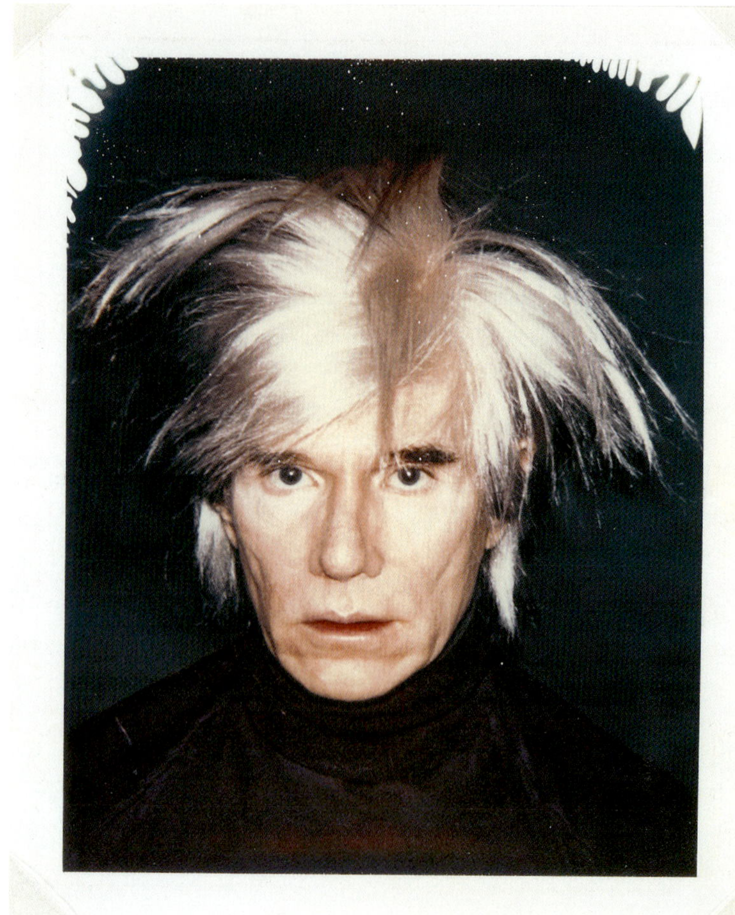

77 Self-Portrait (with 'Fright Wig'), 1986
Polaroid-Fotografie (Unikat)
Unique polaroid photograph
10,8 x 8,5 cm

78 Self-Portrait (with 'Fright Wig'), 1986
Polaroid-Fotografie (Unikat)
Unique polaroid photograph
10,8 x 8,5 cm

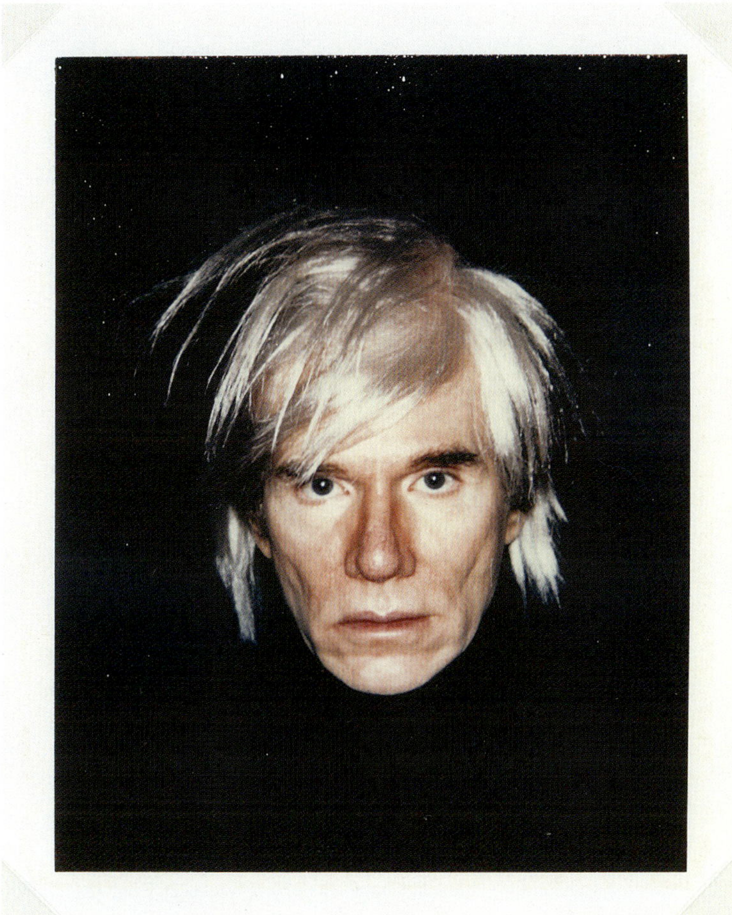

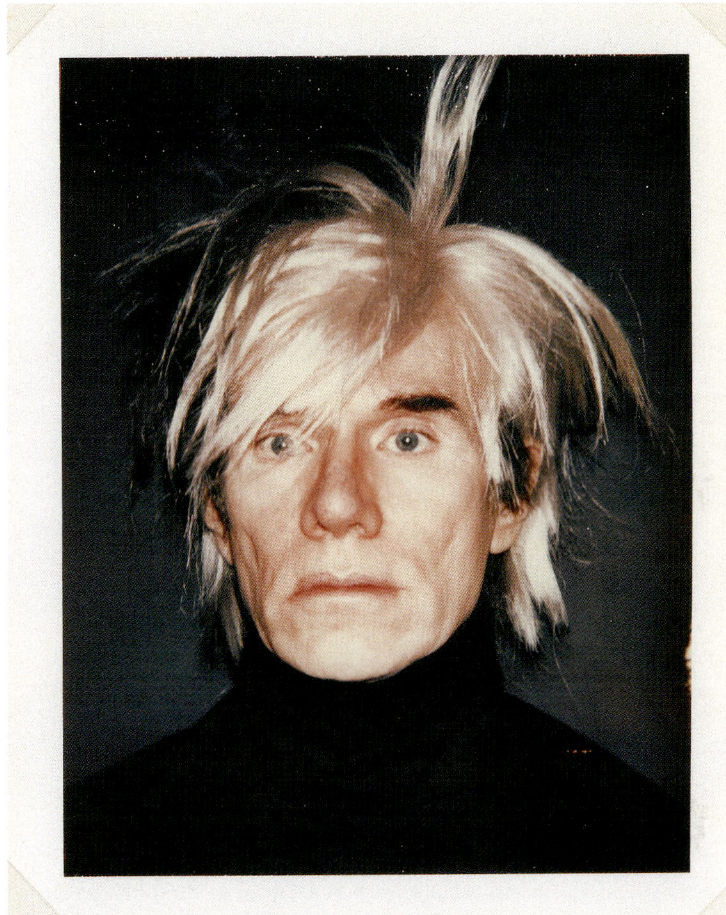

79 Self-Portrait (with ‘Fright Wig’), 1986
Polaroid-Fotografie (Unikat)
Unique polaroid photograph
10,8 x 8,5 cm

80 Self-Portrait (with ‘Fright Wig’), 1986
Polaroid-Fotografie (Unikat)
Unique polaroid photograph
10,8 x 8,5 cm

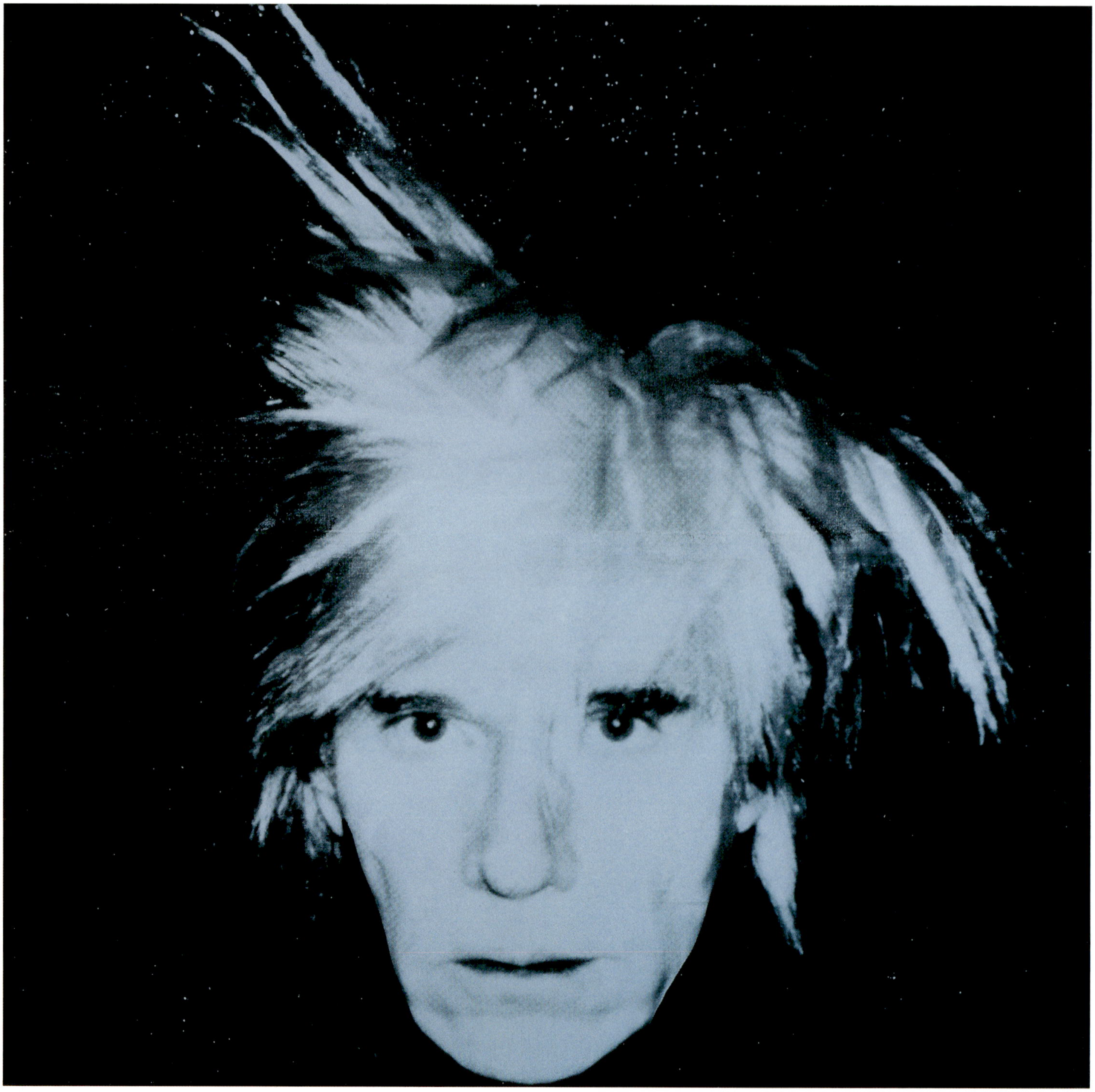

32 Self-Portrait, 1986
Kunstharzfarbe und Siebdruckfarbe auf Leinwand
Synthetic polymer paint and silkscreen ink on canvas
203,2 x 198,1 cm

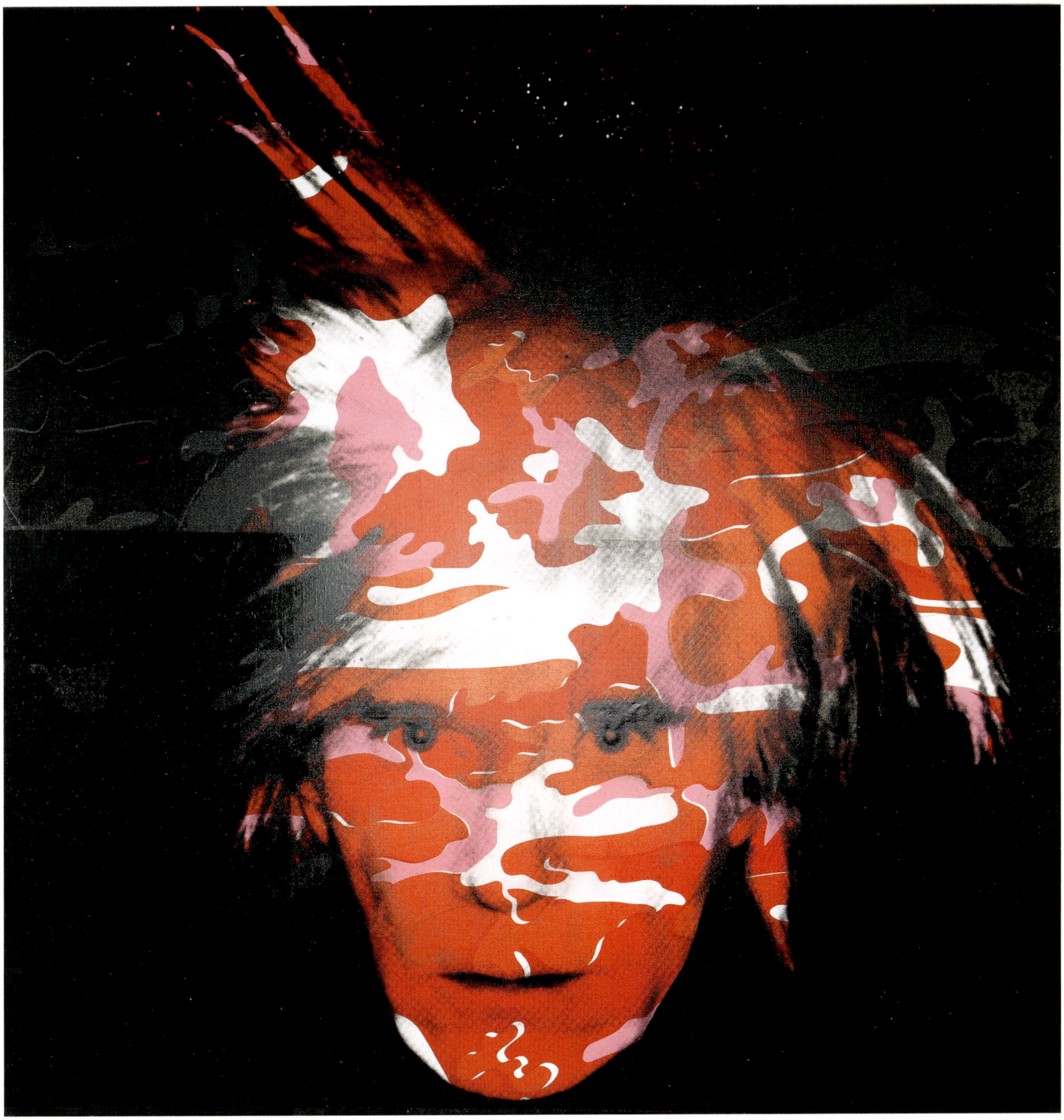

33 Self-Portrait (Camouflage), 1986
Kunstharzfarbe und Siebdruckfarbe auf Leinwand
Synthetic polymer paint and silkscreen ink on canvas
208,3 x 208,3 cm

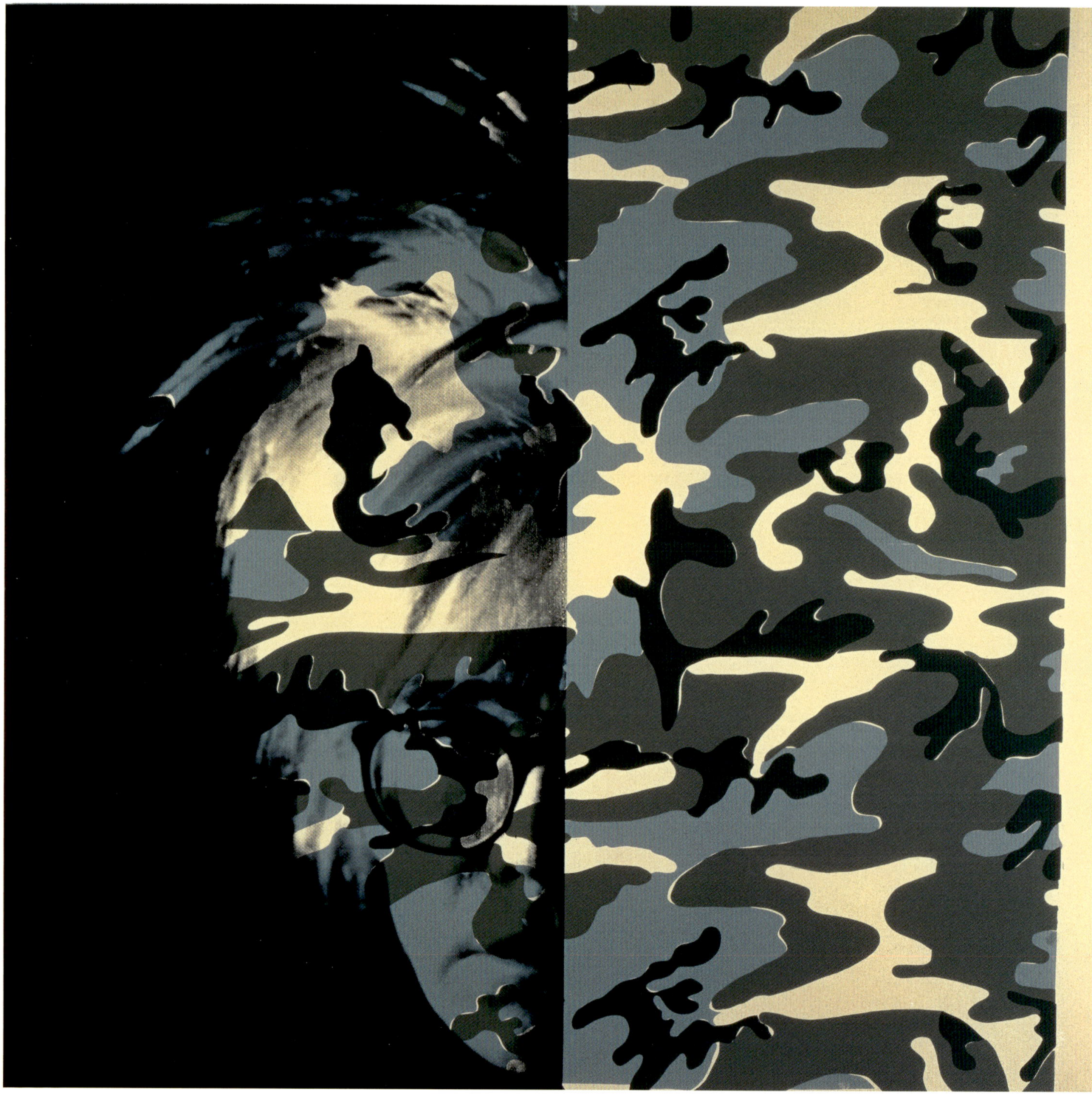

34 Self-Portrait (Camouflage), 1986
Kunstharzfarbe und Siebdruckfarbe auf Leinwand
Synthetic polymer paint and silkscreen ink on canvas
203,2 x 203,2 cm

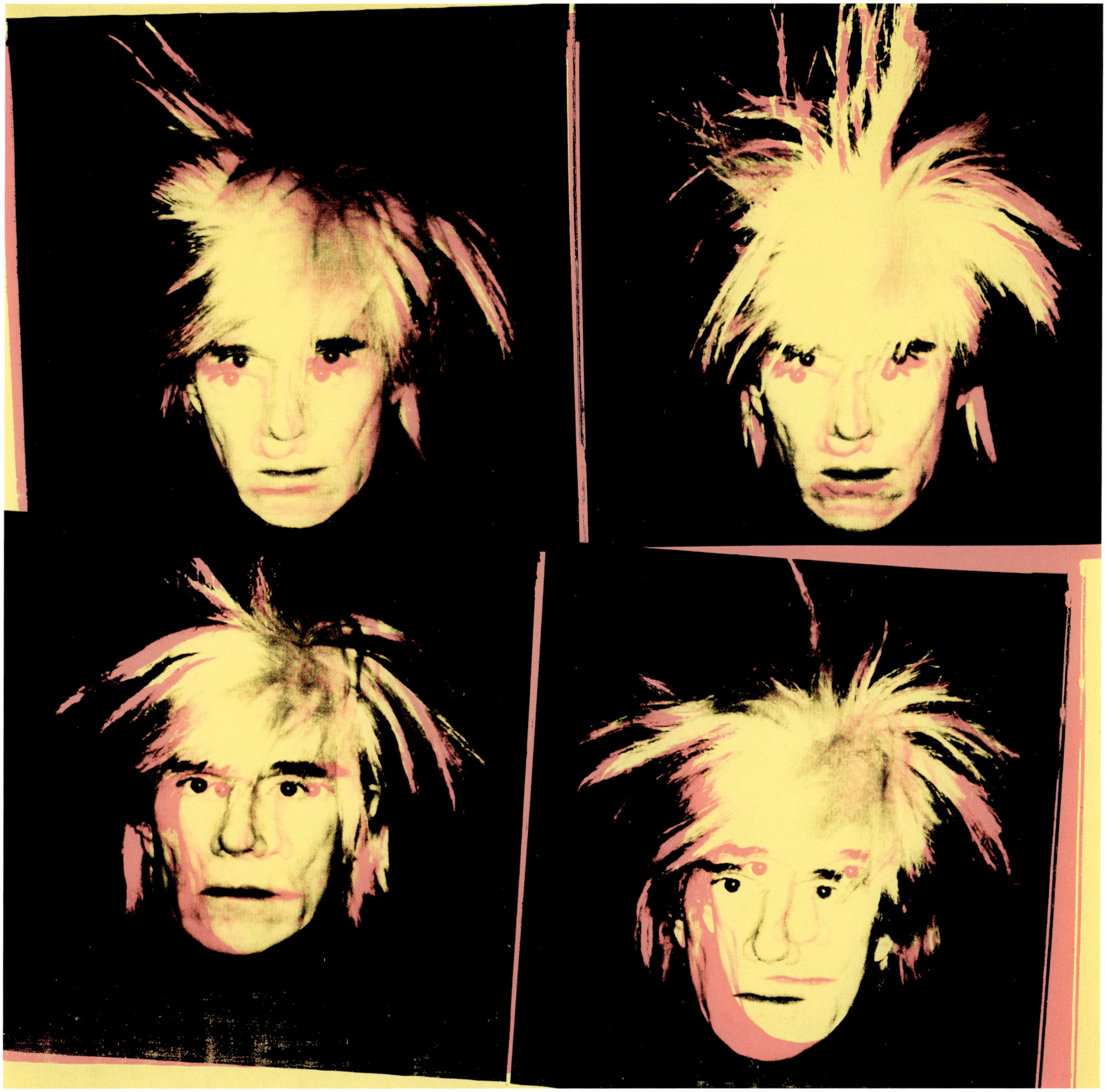

36 Self-Portrait, 1986
Kunstharzfarbe und Siebdruckfarbe auf Leinwand
Synthetic polymer paint and silkscreen ink on canvas
203,2 x 203,2 cm

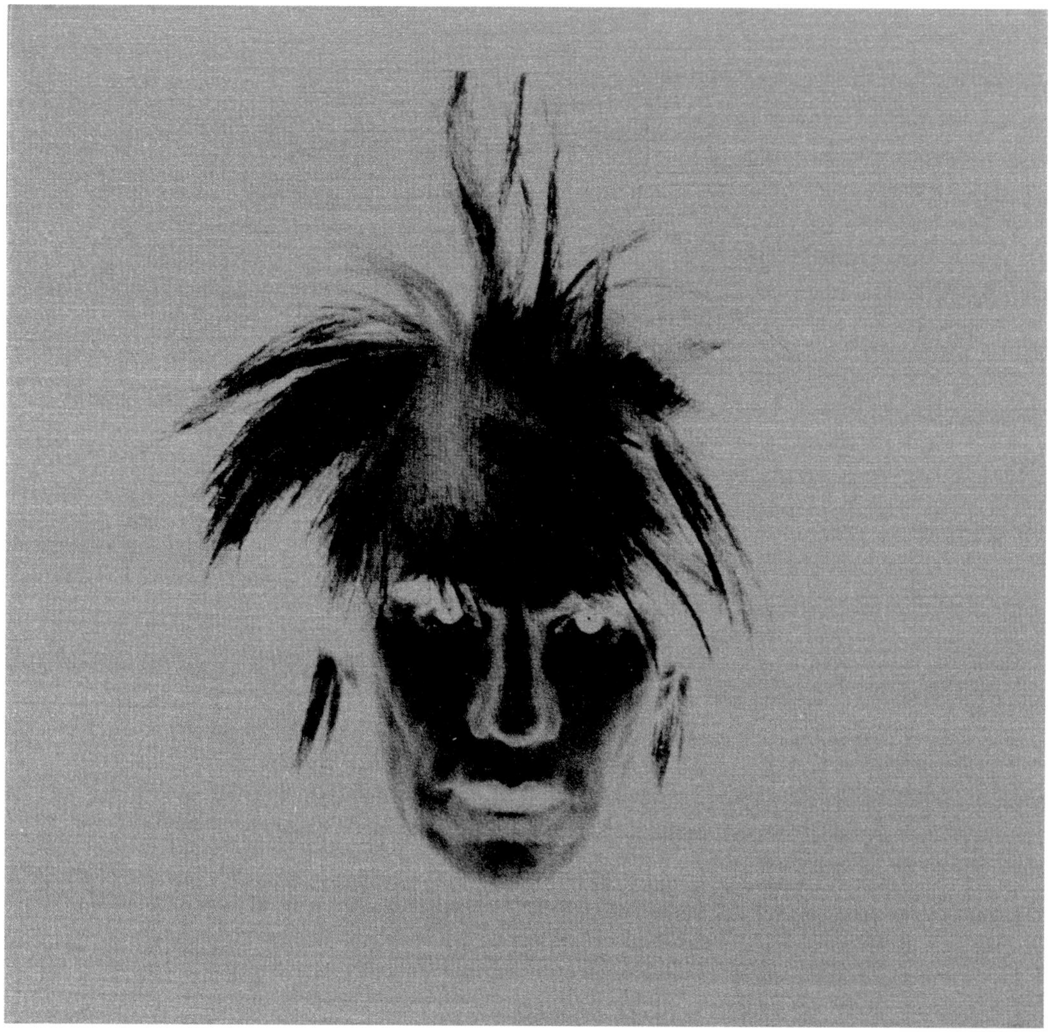

37 Self-Portrait, 1986
Kunstharzfarbe und Siebdruckfarbe auf Leinwand
Synthetic polymer paint and silkscreen ink on canvas
35,6 x 35,6 cm

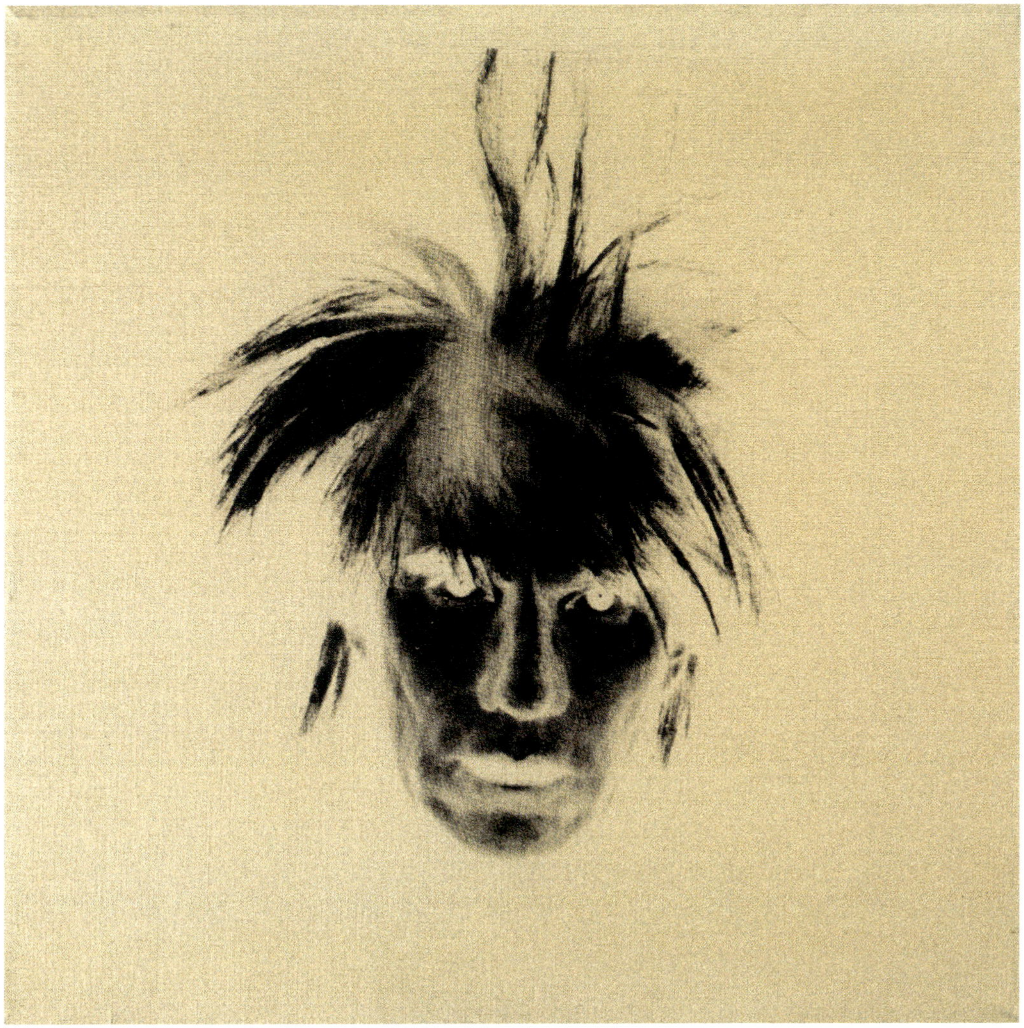

38 Self-Portrait, 1986
Kunstharzfarbe und Siebdruckfarbe auf Leinwand
Synthetic polymer paint and silkscreen ink on canvas
35,6 x 35,6 cm

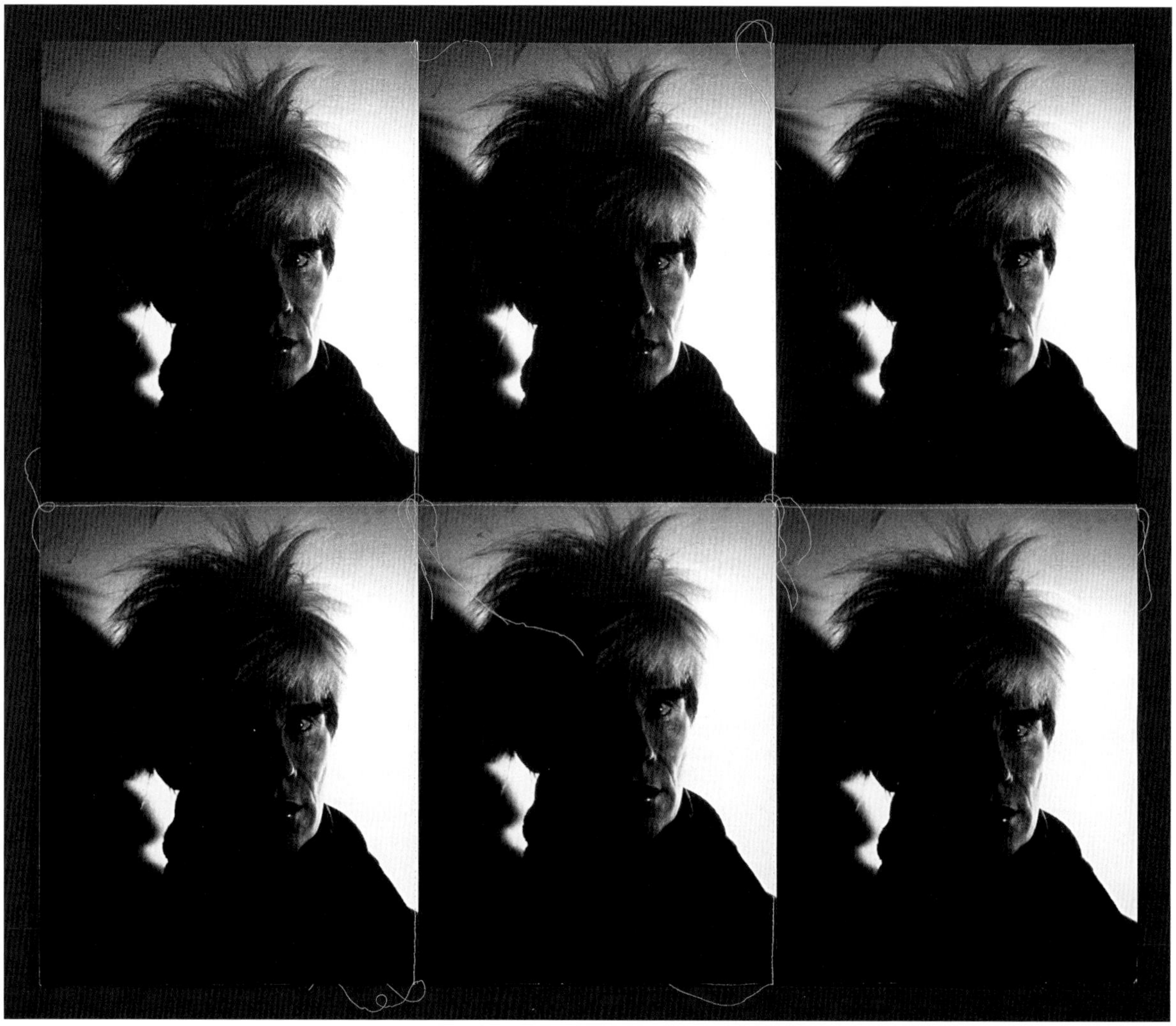

76 Self-Portrait, 1976–1986
6 genähte Silbergelatine-Abzüge
6 stitched gelatin silver prints
55,9 x 106,7 cm

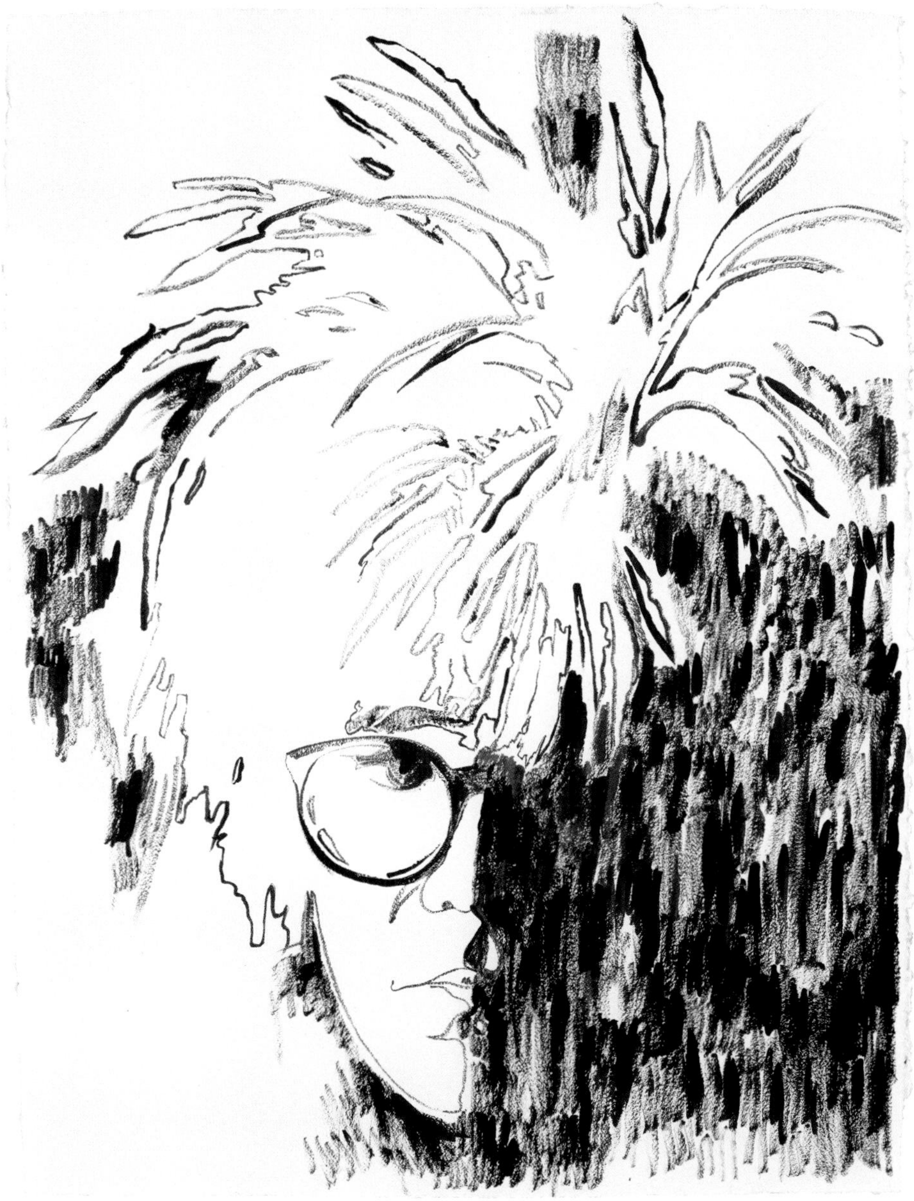

81 Self-Portrait, 1986
Kunstharzfarbe auf HMP Papier
Synthetic polymer paint on HMP paper
101,9 x 76,8 cm

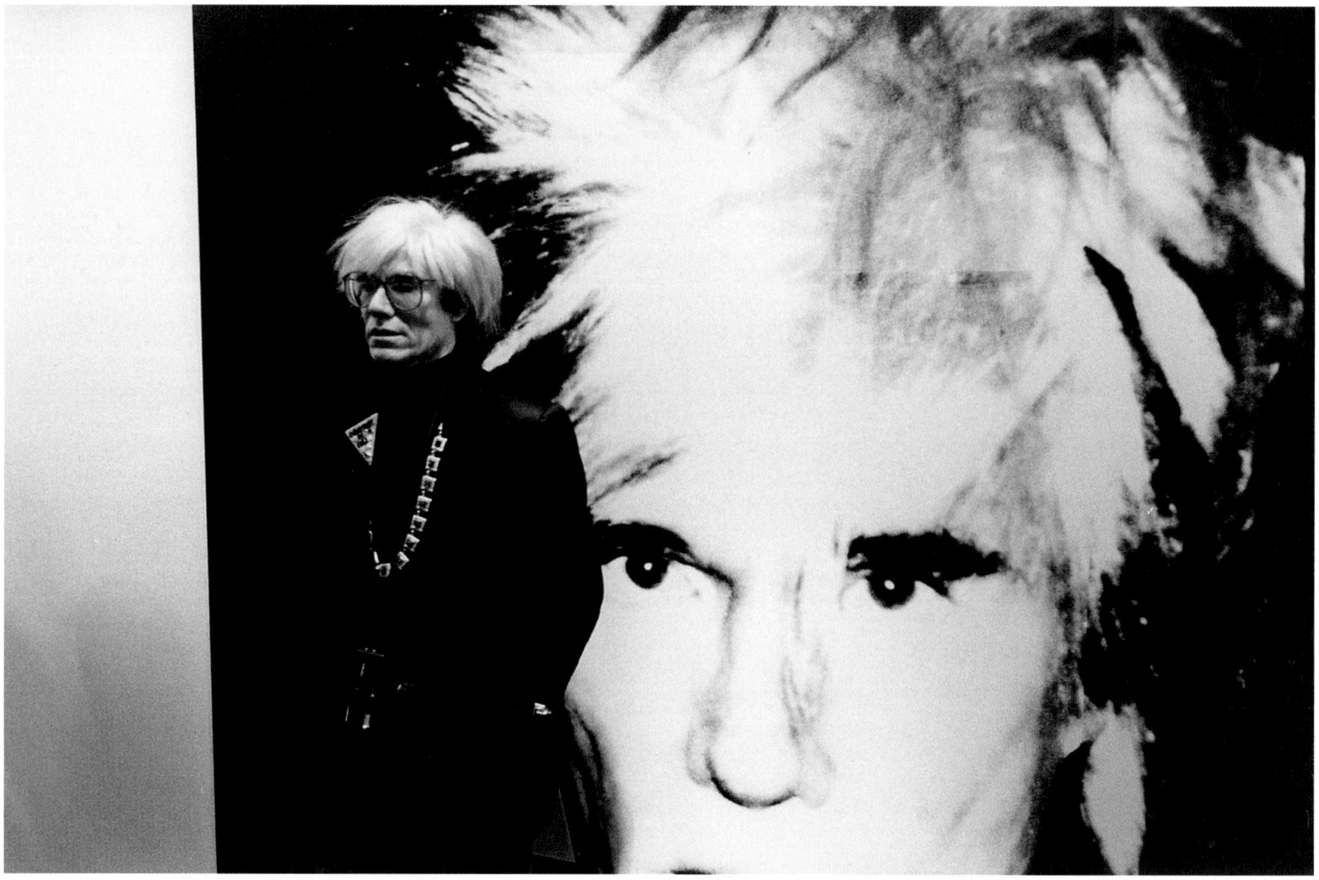

John Wildgoose
Andy Warhol, Anthony d'Offay Gallery, London 1986

BIOGRAFIE

1928
Andy Warhol wird am 6. August als Andrew Warhola in Pittsburgh geboren.

1945
Studienbeginn am Carnegie Institute of Technology.

1947
Gewinnt den »John L. Porter Prize for Progress« für seine Zeichnungen.

1949
Studienabschluss als Bachelor of Fine Arts. Zieht gemeinsam mit Philip Pearlstein nach New York.

1952
Erste Einzelausstellung in der Hugo Gallery, New York.

1956
»Award for Distinctive Merit« des Art Directors Club für seine Schuhwerbungen für die Firma I. Miller.

1960
Die ersten handgemalten Bilder mit Comicmotiven entstehen.

1962
Warhol zeigt in der Ferus Gallery, Los Angeles, die 32 »Campbell's Soup Cans«. Die ersten Siebdruckbilder entstehen, Motive: Marilyn Monroe, »Death and Disaster«, Elvis Presley, Coca-Cola-Flaschen.

1963
Als erstes Gemälde nach Vorlagen aus einem Fotoautomaten entsteht »Ethel Scull Thirty-Six Times«. Warhol mietet ein Studio in der 87. Straße, das er die Factory nennt. Erste Selbstportraits im Stil der Pop Art. Der Film »Sleep« entsteht.

1964
Ausstellung in der Stable Gallery, New York.

1965
Die Filme »My Hustler«, »Restaurant« und die ersten »Screen Tests« entstehen.

1966
Warhol produziert die Band »Velvet Underground«. Die Filme »Chelsea Girls« und »****« (Four Stars) entstehen.

1967
Das Buch »Andy Warhol's Index (Book)« erscheint. Die Serie der »Big Electric Chairs« entsteht.

1968
Retrospektive im Moderna Museet, Stockholm, und weiteren europäischen Museen. Warhol wird in der Factory angeschossen und lebensgefährlich verletzt. Teilnahme an der Documenta 4 in Kassel.

1969
Erste Ausgabe der Zeitschrift »Interview«.

1971
Retrospektive im Whitney Museum of American Art, New York.

1972
Die Serie der »Mao«-Bilder entsteht.

1975
Das Buch »The Philosophy of Andy Warhol (From A to B and Back Again)« erscheint.

1977
Warhol beteiligt sich mit Werken aus der »Hammer and Sickle«-Serie an der Documenta 6.

1978
Retrospektive im Kunsthaus Zürich.

1979
Das Whitney Museum of American Art zeigt die Ausstellung »Andy Warhol. Portraits of the '70s«.

1981
Ausstellung in der Kestner-Gesellschaft, Hannover.

1983
Zusammenarbeit mit Jean-Michel Basquiat und Francesco Clemente.

1986
Die Anthony d'Offay Gallery in London zeigt Warhols letzte Selbstportraitserie.

1987
Andy Warhol stirbt am 22. Februar im New York Hospital an den Folgen einer Gallenblasenoperation.

BIOGRAPHY

1928
Andrew Warhol is born as Andrew Warhola in Pittsburgh on August 6.

1945
Enrols at the Carnegie Institute of Technology.

1947
Awarded the 'John L. Porter Prize for Progress' for his drawings.

1949
Graduates with a Bachelor of Fine Arts. Moves to New York with Philip Pearlstein.

1952
First solo exhibition at the Hugo Gallery, New York.

1956
Receives the 'Award for Distinctive Merit' from the Art Directors Club for shoe ads designed for the I. Miller company.

1960
Produces the first paintings featuring comic motifs.

1962
Warhol shows the thirty-two *Campbell's Soup Cans* at the Ferus Gallery in Los Angeles. Produces his first silkscreen prints. Motifs include Marilyn Monroe, death and disaster, Elvis Presley and Coca-Cola bottles.

1963
Paints *Ethel Scull Thirty-Six Times*, the first of his paintings based on photo-booth pictures. Warhol rents a studio, the Factory, on 87th Street. Completes his first self-portraits in the Pop Art style and shoots the film *Sleep*.

1964
Exhibition at the Stable Gallery in New York.

1965
Warhol produces several films: *My Hustler, Restaurant,* and the first *Screen Tests*.

1966
Warhol serves as producer for the band Velvet Underground and shoots the films *Chelsea Girls* and **** (Four Stars).

1967
Andy Warhol's Index (Book) is published. Warhol produces the *Big Electric Chairs* series.

1968
Retrospective at the Moderna Museet in Stockholm and other European museums. Warhol is shot and severely wounded at the Factory. His work is exhibited at 'Documenta 4' in Kassel.

1969
The first issue of the journal *Interview* is released.

1971
Retrospective at the Whitney Museum of American Art in New York.

1972
Warhol starts working on the *Mao* series.

1975
Warhol's book *The Philosophy of Andy Warhol (From A to B and Back Again)* is published.

1977
Warhol exhibits works from the *Hammer and Sickle* series at 'Documenta 6'.

1978
Retrospective at the Kunsthaus Zürich.

1979
The Whitney Museum of American Art presents the exhibition 'Andy Warhol: Portraits of the '70s'.

1981
Exhibition at the Kestner-Gesellschaft in Hanover.

1983
Collaboration with Jean-Michel Basquiat and Francesco Clemente.

1986
The Anthony d'Offay Gallery in London shows Warhol's last series of self-portraits.

1987
Andy Warhol dies on February 22 at New York Hospital following gall-bladder surgery.

DANK / ACKNOWLEDGEMENTS

Ich danke allen, die die Vorbereitungen der Ausstellung »Andy Warhol. Self-Portraits« durch ihre Mithilfe, Hinweise und Leihgaben unterstützt haben. Ein besonderer Dank gilt den privaten Sammlern, die nicht namentlich genannt werden möchte, sowie den nachfolgenden Personen.

I owe my thanks to all those who helped in the preparations of the exhibition 'Andy Warhol: Self-Portraits' with their participation, comments and loans. Special thanks are due to the private collectors who wish to remain anonymous, as well as the following people.

Dietmar Elger

Doris Ammann
Anita Balogh
Prof. Dr. Reinhold Baumstark
Jacques Beauffet
Ernst Beyeler
Bruno Bischofberger
Daniel Blau
Udo Brandhorst
Gregory J. Burchard
Jan Debbaut
Claudia Defendi
Anthony d'Offay
Peter de Raaf
Christopher Eamon
Carole Eckman
James Elliott
Georg Frei
Jeannie Freilich-Sondik
Prof. Dr. Helmut Friedel
Joseph W. Froehlich
Richard W. Gassen
Peter Hubacher
Tim Hunt
Geralyn Huxley
Rafael Jablonka
Anton Kern
Udo Kittelmann
Jesse Kowalski
Pamela and Richard Kramlich
Neal Meltzer
David Nolan
Marsha & Jeffrey Perelman
Robert Pincus-Witten
Earl A. Powell III
Katrin Rickerts
Robert Rosenblum
Alexander Rotter
Amy Phillips Rotter
Perry Rubinstein
Sir Nicholas Serota
Frederico Sequeira
John Smith
Thomas Sokolowski
Michael Taylor
Dr. Corinna Thierolf
Vicente Todoli
Christophe Van de Weghe
Vincent van Zon
Christoph Vitali
James Warhola
Matthew Wrbican

LEIHGEBER / LENDERS

Tate, London
Wilhelm-Hack-Museum, Ludwigshafen am Rhein
Pinakothek der Moderne, München
Städtische Galerie im Lenbachhaus, München
Philadelphia Museum of Art, Philadelphia
The Andy Warhol Museum, Pittsburgh
The Andy Warhol Foundation for the Visual Arts, Inc.
Musée d'art moderne, Saint-Etienne
National Gallery of Art, Washington, D.C.

Thomas Ammann Fine Art, Zürich
Fondation Beyeler, Riehen/Basel
Galerie Bruno Bischofberger, Zürich
Galerie Daniel Blau, München
Sammlung Brandhorst
Sammlung Froehlich, Stuttgart
Jablonka Galerie, Köln
Anton Kern Gallery, New York
Collection Pamela and Richard Kramlich
Neal Meltzer Fine Art, New York
Nolan/Eckman Gallery, New York
Anthony d'Offay, London
Marsha & Jeffrey Perelman, PA
Van de Weghe Fine Art, New York
Collection van Zon
James Warhola

sowie mehrere private Leihgeber, die ungenannt bleiben möchten.
as well as several private collectors who wish to remain anonymous.

LISTE DER AUSGESTELLTEN WERKE
LIST OF EXHIBITED WORKS

Bilder / Paintings

1
Self-Portrait, 1963/1964
Acryl und Siebdruckfarbe auf Leinwand
Acrylic and silkcreen ink on canvas
47 x 39,4 cm (18 1/2 x 15 1/2 in.)
Courtesy Anthony d'Offay, London
(Frei / Printz no. 490)
(Abb. S. / ill. p. 27)

2
Self-Portrait, 1963/1964
Acryl und Siebdruckfarbe auf Leinwand
Acrylic and silkscreen ink on canvas
50,2 x 40,3 cm (19 3/4 x 15 7/8 in.)
Privatsammlung, courtesy Thomas Ammann Fine Art, Zürich
(Frei / Printz no. 489)
(Abb. S. / ill. p. 29)

3
Early Self-Portrait, 1964
Acryl, Silberfarbe und Siebdruckfarbe auf Leinwand / Acrylic, silver paint and silkscreen ink on canvas
51,5 x 42,5 cm (20 1/4 x 16 3/4 in.)
Privatsammlung, courtesy Thomas Ammann Fine Art, Zürich
(Abb. S. / ill. p. 33)

4
Early Self-Portrait, 1964
Acryl, Silberfarbe und Siebdruckfarbe auf Leinwand / Acrylic, silver paint and silkscreen ink on canvas
50,8 x 41 cm (20 x 16 in.)
Sammlung Froehlich, Stuttgart
(Abb. S. / ill. p. 35)

5
Early Self-Portrait, 1964
Acryl, Silberfarbe und Siebdruckfarbe auf Leinwand / Acrylic, silver paint and silkscreen ink on canvas
51,6 x 42 cm (20 1/2 x 16 1/2 in.)
Sammlung Brandhorst
(nur ausgestellt in / only exhibited in Hannover)
(Abb. S. / ill. p. 34)

6
Early Self-Portrait, 1964
Acryl, Silberfarbe und Siebdruckfarbe auf Leinwand / Acrylic, silver paint and silkscreen ink on canvas
50,8 x 40,6 cm (20 x 16 in.)
Courtesy Van de Weghe Fine Art, New York
(nur ausgestellt in / only exhibited in Edinburgh)
(Abb. S. / ill. p. 37)

7
Self-Portrait, 1966
Acryl und Siebdruckfarbe auf Leinwand
Acrylic and silkscreen ink on canvas
57 x 57 cm (22 1/2 x 22 1/2 in.)
Dauerleihgabe aus Privatbesitz, Städtische Galerie im Lenbachhaus, München
(nur ausgestellt in / only exhibited in St. Gallen, Hannover)
(Abb. S. / ill. p. 41)

8
Self-Portrait, 1966
Acryl und Siebdruckfarbe auf Leinwand
Acrylic and silkscreen ink on canvas
57 x 57 cm (22 1/2 x 22 1/2 in.)
Musée d'art moderne, Saint-Etienne
(Abb. S. / ill. p. 43)

9
Self-Portrait, 1966/1967
Acryl und Siebdruckfarbe auf Leinwand
Acrylic and silkscreen ink on canvas
55,8 x 55,8 cm (22 x 22 in.)
Private collection, Europe, courtesy Jablonka Galerie, Köln
(Abb. S. / ill. p. 40)

10
Self-Portrait, 1966/1967
Acryl und Siebdruckfarbe auf Leinwand
Acrylic and silkscreen ink on canvas
55,8 x 55,8 cm (22 x 22 in.)
Courtesy Van de Weghe Fine Art, New York
(nur ausgestellt in / only exhibited in Edinburgh)
(Abb. S. / ill. p. 42)

11
Self-Portrait, 1967
Acryl und Siebdruckfarbe auf Leinwand
Acrylic and silkscreen ink on canvas
55,8 x 55,8 cm (22 x 22 in.)
Courtesy Van de Weghe Fine Art, New York
(nur ausgestellt in / only exhibited in Edinburgh)
(Abb. S. / ill. p. 44)

12
Self-Portrait, 1967
Acryl und Siebdruckfarbe auf Leinwand
Acrylic and silkscreen ink on canvas
182,8 x 182,8 cm (72 x 72 in.)
Pinakothek der Moderne, München
(nur ausgestellt in / only exhibited in St. Gallen, Hannover)
(Abb. S. / ill. p. 48)

13
Self-Portrait, 1967
Acryl und Siebdruckfarbe auf Leinwand
Acrylic and silkscreen ink on canvas
183,2 x 183,2 cm (72 1/8 x 72 1/8 in.)
Tate. Purchased 1971
(Abb. S. / ill. p. 49)

14
Self-Portrait, 1967
Acryl und Siebdruckfarbe auf Leinwand
Acrylic and silkscreen ink on canvas
182,8 x 183 cm (72 x 72 1/16 in.)
Sammlung Froehlich, Stuttgart
(Abb. S. / ill. p. 47)

15
Self-Portrait, 1967
Acryl und Siebdruckfarbe auf Leinwand
Acrylic paint and silkscreen ink on canvas
200,7 x 177,8 cm (79 x 70 in.)
Fondation Beyeler, Riehen/Basel
(Abb. S. / ill. p. 51)

16
Self-Portrait, 1967
Acryl und Siebdruckfarbe auf Leinwand
Acrylic and silkscreen ink on canvas
20,3 x 20,3 cm (8 x 8 in.)
James Warhola
(Abb. S. / ill. p. 57)

17
Self-Portrait, 1978
Kunstharzfarbe und Siebdruckfarbe auf Leinwand / Synthetic polymer paint and silkscreen ink on canvas
40,6 x 33 cm (16 x 13 in.)
Courtesy Anthony d'Offay, London
(Abb. S. / ill. p. 61)

18
Self-Portrait, 1978
Kunstharzfarbe und Siebdruckfarbe auf Leinwand / Synthetic polymer paint and silkscreen ink on canvas
40,6 x 33 cm (16 x 13 in.)
Courtesy Anthony d'Offay, London
(Abb. S. / ill. p. 60)

19
Self-Portrait with Skull, 1978
Kunstharzfarbe und Siebdruckfarbe auf Leinwand / Synthetic polymer paint and silkscreen ink on canvas
40,6 x 33 cm (16 x 13 in.)
Courtesy Anthony d'Offay, London
(Abb. S. / ill. p. 64)

20
Self-Portrait with Skull, 1978
Kunstharzfarbe und Siebdruckfarbe auf Leinwand / Synthetic polymer paint and silkscreen ink on canvas
40,6 x 33 cm (16 x 13 in.)
Courtesy Anthony d'Offay, London
(Abb. S. / ill. p. 65)

21
Self-Portrait with Skull, 1978
Kunstharzfarbe und Siebdruckfarbe auf Leinwand / Synthetic polymer paint and silkscreen ink on canvas
2 Tafeln, je / 2 canvases, each 40,6 x 33 cm (16 x 13 in.)
Courtesy Anthony d'Offay, London
(Abb. S. / ill. p. 63)

22
Self-Portrait Strangulation, 1978
Kunstharzfarbe und Siebdruckfarbe auf Leinwand / Synthetic polymer paint and silkscreen ink on canvas
Folge von 10 Tafeln, je / Suite of 10 canvases, each 40,6 x 33 cm (16 x 13 in.)
Courtesy Anthony d'Offay, London
(Abb. S. / ill. pp. 67/68)

23
Self-Portrait, 1978
Kunstharzfarbe und Siebdruckfarbe auf Leinwand / Synthetic polymer paint and silk-screen ink on canvas
101,6 x 101,6 cm (40 x 40 in.)
Collection van Zon
(Abb. S. / ill. p. 78)

24
Self-Portrait, 1978
Kunstharzfarbe und Siebdruckfarbe auf Leinwand / Synthetic polymer paint and silk-screen ink on canvas
101,6 x 101,6 cm (40 x 40 in.)
Courtesy Jablonka Galerie, Köln
(nur ausgestellt in / only exhibited in St. Gallen, Hannover)
(Abb. S. / ill. p. 79)

25
Big Retrospective Painting, 1979
Kunstharzfarbe und Siebdruckfarbe auf Leinwand / Synthetic polymer paint and silk-screen ink on canvas
207 x 1080 cm (81 1/2 x 425 1/4 in.)
Galerie Bruno Bischofberger, Zürich
(nur ausgestellt in / only exhibited in St. Gallen)
(Abb. S. / ill. pp. 89–91)

26
Four Multicolored Self-Portraits (Reversal Series), 1979
Kunstharzfarbe und Siebdruckfarbe auf Leinwand / Synthetic polymer paint and silk-screen ink on canvas
120 x 91,4 cm (47 1/4 x 36 in.)
Marsha & Jeffrey Perelman, PA, c/o Neal Meltzer Fine Art, New York
(Abb. S. / ill. p. 95)

27
Self-Portrait (Retrospective Series), 1979
Kunstharzfarbe und Siebdruckfarbe auf Leinwand / Synthetic polymer paint and silk-screen ink on canvas
50,8 x 40,6 cm (20 x 16 in.)
Private Collection
(Abb. S. / ill. p. 92)

28
Three Self-Portaits (triptych), 1979
Kunstharzfarbe und Siebdruckfarbe auf Leinwand / Synthetic polymer paint and silk-screen ink on canvas
3 Tafeln, je / 3 canvases, each 25,4 x 25,4 cm (10 x 10 in.)
Courtesy Anthony d'Offay, London
(Abb. S. / ill. p. 97)

29
Self-Portrait, Diptych, 1981
Kunstharzfarbe und Siebdruckfarbe auf Leinwand / Synthetic polymer paint and silk-screen ink on canvas
2 Tafeln, je / 2 canvases, each 101,6 x 101,6 cm (40 x 40 in.)
Collection of Pamela and Richard Kramlich
(nur ausgestellt in / only exhibited in St. Gallen, Hannover)
(Abb. S. / ill. pp. 106, 107)

30
Six Self-Portraits, 1986
Kunstharzfarbe und Siebdruckfarbe auf Leinwand / Synthetic polymer paint and silk-screen ink on canvas
6 Tafeln, je / 6 canvases, each 56 x 56 cm (22 x 22 in.)
Sammlung Froehlich, Stuttgart
(Abb. S. / ill. p. 128)

31
Self-Portrait, 1986
Kunstharzfarbe und Siebdruckfarbe auf Leinwand / Synthetic polymer paint and silk-screen ink on canvas
101,6 x 101,6 cm (40 x 40 in.)
The Andy Warhol Museum, Pittsburgh, Founding Collection, Contribution The Andy Warhol Foundation for the Visual Arts, Inc.
(Abb. S. / ill. p. 129)

32
Self-Portrait, 1986
Kunstharzfarbe und Siebdruckfarbe auf Leinwand / Synthetic polymer paint and silk-screen ink on canvas
203,2 x 198,1 cm (80 x 78 in.)
Sammlung Brandhorst
(nur ausgestellt in / only exhibited in Hannover)
(Abb. S. / ill. p. 134)

33
Self-Portrait (Camouflage), 1986
Kunstharzfarbe und Siebdruckfarbe auf Leinwand / Synthetic polymer paint and silk-screen ink on canvas
208,3 x 208,3 cm (82 x 82 in.)
Philadelphia Museum of Art. Acquired with funds contributed by the Committee on Twentieth-Century Art and as a partial gift of the Andy Warhol Foundation for the Visual Arts, Inc.
(Abb. S. / ill. p. 135)

34
Self-Portrait (Camouflage), 1986
Kunstharzfarbe und Siebdruckfarbe auf Leinwand / Synthetic polymer paint and silk-screen ink on canvas
203,2 x 203,2 cm (80 x 80 in.)
Courtesy Van de Weghe Fine Art, New York
(nur ausgestellt in / only exhibited in Edinburgh)
(Abb. S. / ill. p. 136)

35
Self-Portrait, 1986
Kunstharzfarbe und Siebdruckfarbe auf Leinwand / Synthetic polymer paint and silk-screen ink on canvas
101,6 x 101,6 cm (40 x 40 in.)
Courtesy Jablonka Galerie, Köln
(nur ausgestellt in / only exhibited in St. Gallen, Hannover)
(Abb. S. / ill. p. 126)

36
Self-Portrait, 1986
Kunstharzfarbe und Siebdruckfarbe auf Leinwand / Synthetic polymer paint and silk-screen ink on canvas
203,2 x 203,2 cm (80 x 80 in.)
National Gallery of Art, Washington
Gift of the Collectors Committee
(Abb. S. / ill. p. 137)

37
Self-Portrait, 1986
Kunstharzfarbe und Siebdruckfarbe auf Leinwand / Synthetic polymer paint and silk-screen ink on canvas
35,6 x 35,6 cm (14 x 14 in.)
The Andy Warhol Museum, Pittsburgh, Founding Collection, Contribution The Andy Warhol Foundation for the Visual Arts, Inc.
(Abb. S. / ill. p. 138)

38
Self-Portrait, 1986
Kunstharzfarbe und Siebdruckfarbe auf Leinwand / Synthetic polymer paint and silk-screen ink on canvas
35,6 x 35,6 cm (14 x 14 in.)
The Andy Warhol Museum, Pittsburgh, Founding Collection, Contribution The Andy Warhol Foundation for the Visual Arts, Inc.
(Abb. S. / ill. p. 139)

Zeichnungen, Collagen, Fotografien, Druckgrafiken

Drawings, Collages, Photographs, Prints

39
Upper Torso Boy Picking Nose, 1948/1949
Grafit auf Papier / Graphite on paper
27,9 x 21,6 cm (11 x 8 1/2 in.)
The Andy Warhol Museum, Pittsburgh, Founding Collection, Contribution The Andy Warhol Foundation for the Visual Arts, Inc.
(Abb. S. / ill. p. 13)

40
Full Figure Boy Picking Nose, 1948/1949
Grafit auf Papier / Graphite on paper
27,9 x 21,6 cm (11 x 8 1/2 in.)
The Andy Warhol Museum, Pittsburgh, Founding Collection, Contribution The Andy Warhol Foundation for the Visual Arts, Inc.
(Abb. S. / ill. p. 14)

41
Self-Portrait, 1950er Jahre / 1950s
Tusche auf Papier / Ink on paper
27,9 x 21,6 cm (11 x 8 1/2 in.)
The Andy Warhol Museum, Pittsburgh, Founding Collection, Contribution The Andy Warhol Foundation for the Visual Arts, Inc.
(Abb. S. / ill. p. 17)

42
Here is Andy at the age of two...,
1950er Jahre / 1950s
Tusche auf Papier / Ink on paper
27.9 x 21.6 cm (11 x 8 1/2 in.)
The Andy Warhol Museum, Pittsburgh, Founding Collection, Contribution The Andy Warhol Foundation for the Visual Arts, Inc.
(Abb. S. / ill. p. 19)

43
Clint Hamilton, Nathan Gluck and Andy Warhol, ca. 1960
Grafit und Farbstift auf Strathmore Papier
Graphite and coloured pencil on Strathmore paper
58,6 x 73,6 cm (23 x 29 in.)
Galerie Daniel Blau, Munich and Anton Kern Gallery, New York
(Abb. S. / ill. p. 23)

44
Andy Warhol and Ted Carey, 1961
Grafit und Strathmore Seconds Papier
Graphite and Strathmore Seconds paper
72,6 x 57,4 cm (28 $^{1}/_{2}$ x 22 $^{1}/_{2}$ in.)
Galerie Daniel Blau, Munich and
Anton Kern Gallery, New York
(Abb. S. / ill. p. 20)

45
Self-Portrait (Being Punched), 1963–1966
Fotoautomaten-Streifen
Photo booth photograph
20 x 3,8 cm (7 $^{7}/_{8}$ x 1 $^{1}/_{2}$ in.)
The Andy Warhol Museum, Pittsburgh, Founding Collection, Contribution The Andy Warhol Foundation for the Visual Arts, Inc.
(Abb. S. / ill. p. 24)

46
Self-Portrait, 1964
Fotoautomaten-Streifen
Photo booth photograph
20 x 3,8 cm (7 $^{7}/_{8}$ x 1 $^{1}/_{2}$ in.)
The Andy Warhol Museum, Pittsburgh, Founding Collection, Contribution The Andy Warhol Foundation for the Visual Arts, Inc.
(Abb. S. / ill. p. 24)

47
Self-Portrait, ohne Jahr / undated
Fotoautomaten-Streifen
Photo booth photograph
19,4 x 5.4 cm (7 $^{5}/_{8}$ x 2 $^{1}/_{8}$ in.)
The Andy Warhol Museum, Pittsburgh, Founding Collection, Contribution The Andy Warhol Foundation for the Visual Arts, Inc.
(Abb. S. / ill. p. 24)

48
Self-Portrait, 1967
Siebdruck auf Silberfolie
Screenprint on silver-coated paper
56 x 53 cm (22 x 20 $^{13}/_{16}$ in.)
Wilhelm-Hack-Museum, Ludwigshafen am Rhein
(Abb. S. / ill. p. 52)

49
Royaltone Bonus photographs of Andy Warhol in Columbus Hospital after shooting, 1968
Royaltone Bonus Fotografie
Royaltone Bonus photograph
15,2 x 8,9 cm (6 x 3 $^{1}/_{2}$ in.)
Archives of The Andy Warhol Museum, Pittsburgh, Founding Collection, Contribution The Andy Warhol Foundation for the Visual Arts, Inc.
(Abb. S. / ill. p. 58)

50
Self-Portrait, ca. 1977
Siebdruck auf Curtis Rag Papier
Screenprint on Curtis Rag paper
114,3 x 88,9 cm (45 x 35 in.)
The Andy Warhol Foundation for the Visual Arts, Inc.
(Abb. S. / ill. p. 83)

51
Self-Portrait, ca. 1977
Siebdruck auf Curtis Rag Papier
Screenprint on Curtis Rag paper
114,3 x 88,9 cm (45 x 35 in.)
The Andy Warhol Foundation for the Visual Arts, Inc.
(Abb. S. / ill. p. 84)

52
Self-Portrait, ca. 1977
Siebdruck auf Curtis Rag Papier
Screenprint on Curtis Rag paper
114,3 x 88,9 cm (45 x 35 in.)
The Andy Warhol Foundation for the Visual Arts, Inc.
(Abb. S. / ill. p. 85)

53
Self-Portrait, ca. 1977
Siebdruck auf Curtis Rag Papier
Screenprint on Curtis Rag paper
114,3 x 88,9 cm (45 x 35 in.)
The Andy Warhol Foundation for the Visual Arts, Inc.
(Abb. S. / ill. p. 86)

54
Self-Portrait (in Interview T-shirt), 1977/1978
Polaroid-Fotografie (Unikat)
Unique polaroid photograph
10,8 x 8,5 cm (4 $^{1}/_{4}$ x 3 $^{3}/_{8}$ in.)
Courtesy Anthony d'Offay, London
(Abb. S. / ill. p. 76)

55
Self-Portrait (in Blue Shirt, Eyes Staring), 1977/1978
Polaroid-Fotografie (Unikat)
Unique polaroid photograph
10,8 x 8,5 cm (4 $^{1}/_{4}$ x 3 $^{3}/_{8}$ in.)
Courtesy Anthony d'Offay, London
(Abb. S. / ill. p. 59)

56
Self-Portrait (with Hand to Cheek), 1977/1978
Polaroid-Fotografie (Unikat)
Unique polaroid photograph
10,8 x 8,5 cm (4 1/4 x 3 3/8 in.)
Courtesy Anthony d'Offay, London
(Abb. S. / ill. p. 74)

57
Self-Portrait (with Dark Suit and White Shirt), 1986
Polaroid-Fotografie (Unikat)
Unique polaroid photograph
10,8 x 8,5 cm (4 1/4 x 3 3/8 in.)
Courtesy Anthony d'Offay, London
(Abb. S. / ill. p. 74)

58
Self-Portrait, 1978
Grafit auf Papier / Graphite on paper
80 x 61 cm (31 1/2 x 24 in.)
Courtesy Anthony d'Offay, London
(Abb. S. / ill. p. 77)

59
Self-Portrait Wallpaper, 1978
Siebdruck auf Papier
Silkscreen on paper
104,2 x 96 cm (41 x 37 3/4 in.)
Courtesy Andy Warhol Museum, Pittsburgh
(neu produziert / refabricated 2004)
(Abb. S. / ill. p. 101)

60
Andy Warhol für die Grünen, 1980
Siebdruck auf Papier
Screenprint on paper
110,5 x 76,5 cm (43 1/2 x 30 1/8 in.)
Wilhelm-Hack-Museum, Ludwigshafen am Rhein
(Abb. S. / ill. p. 98)

61
Self-Portrait in Drag, 1980
Polaroid-Fotografie (Unikat)
Unique polaroid photograph
10.8 x 8,5 cm (4 1/4 x 3 3/8 in.)
The Andy Warhol Museum, Pittsburgh, Founding Collection, Contribution The Andy Warhol Foundation for the Visual Arts, Inc.
(Abb. S. / ill. p. 102)

62
Myths: The Shadow, ca. 1981
Grafit auf HMP Papier
Graphite on HMP paper
80 x 60.6 cm (31 1/2 x 23 7/8 in.)
The Andy Warhol Museum, Pittsburgh, Founding Collection, Contribution The Andy Warhol Foundation for the Visual Arts, Inc.
(Abb. S. / ill. p. 111)

63
The Shadow, 1981
Kohle auf HMP Papier
Charcoal on HMP paper
80 x 58,4 cm (31 1/2 x 23 in.)
Courtesy Nolan/Eckman Gallery, New York
(Abb. S. / ill. p. 112)

64
The Shadow, 1981
Grafit auf HMP Papier
Graphite on HMP paper
80 x 61 cm (31 1/2 x 24 in.)
Courtesy Anthony d'Offay, London
(Abb. S. / ill. p. 110)

65
The Shadow, 1981
Unikat-Siebdruck auf Lenox Museumskarton
Unique screenprint on Lenox Museum Board
96,5 x 96,5 cm (38 x 38 in.)
Courtesy Anthony d'Offay, London
(Abb. S. / ill. p. 115)

66
The Shadow, 1981
Unikat-Siebdruck auf Lenox Museumskarton
Unique screenprint on Lenox Museum Board
2 Drucke, je / 2 prints, each 96,5 x 96,5 cm (38 x 38 in.)
Courtesy Anthony d'Offay, London
(Abb. S. / ill. p. 116)

67
The Shadow, 1981
Unikat-Siebdruck auf Lenox Museumskarton
Unique screenprint on Lenox Museum Board
96,5 x 96,5 cm (38 x 38 in.)
The Andy Warhol Foundation for the Visual Arts, Inc.
(Abb. S. / ill. p. 113)

68
The Shadow, 1981
Unikat-Siebdruck auf Lenox Museumskarton
Unique screenprint on Lenox Museum Board
96,5 x 96,5 cm (38 x 38 in.)
The Andy Warhol Foundation for the Visual Arts, Inc.
(Abb. S. / ill. p. 114)

69
The Shadow, 1981
Unikat-Siebdruck auf Lenox Museumskarton
Unique screenprint on Lenox Museum Board
96,5 x 96,5 cm (38 x 38 in.)
The Andy Warhol Foundation for the Visual Arts, Inc.
(Abb. S. / ill. p. 117)

70
Self-Portrait in Drag, 1981
Polaroid-Fotografie (Unikat)
Unique polaroid photograph
10,8 x 8,5 cm (4 1/4 x 3 3/8 in.)
The Andy Warhol Museum, Pittsburgh
(Abb. S. / ill. p. 102)

71
Self-Portrait in Drag (with Bouffant Wig), 1981
Polaroid-Fotografie (Unikat)
Unique polaroid photograph
10,8 x 8,5 cm (4 1/4 x 3 3/8 in.)
The Andy Warhol Museum, Pittsburgh, Founding Collection, Contribution The Andy Warhol Foundation for the Visual Arts, Inc
(Abb. S. / ill. p. 103)

72
Self-Portrait, 1981
Polaroid-Fotografie (Unikat)
Unique polaroid photograph
10,8 x 8,5 cm (4 1/4 x 3 3/8 in.)
The Andy Warhol Museum, Pittsburgh, Founding Collection, Contribution The Andy Warhol Foundation for the Visual Arts, Inc.
(Abb. S. / ill. p. 103)

73
Self-Portrait (in Profile with Shadow), 1981
Polaroid-Fotografie (Unikat)
Unique polaroid photograph
10,8 x 8,5 cm (4 1/4 x 3 3/8 in.)
Courtesy Anthony d'Offay, London
(Abb. S. / ill. p. 108)

74
Self-Portrait (in Dark Suit and Plaid Shirt), 1981
Polaroid-Fotografie (Unikat)
Unique polaroid photograph
10,8 x 8,5 cm (4 1/4 x 3 3/8 in.)
Courtesy Anthony d'Offay, London
(Abb. S. / ill. p. 105)

75
Self-Portrait (in Dark Suit and Plaid Shirt), 1981
Polaroid-Fotografie (Unikat)
Unique polaroid photograph
10,8 x 8,5 cm (4 1/4 x 3 3/8 in.)
Courtesy Anthony d'Offay, London
(Abb. S. / ill. p. 105)

76
Self-Portrait, 1976–1986
6 genähte Silbergelatine-Abzüge
6 stitched gelatin silver prints
55,9 x 106,7 cm (22 x 42 in.)
Courtesy Anthony d'Offay, London
(Abb. S. / ill. p. 140)

77
Self-Portrait (with 'Fright Wig'), 1986
Polaroid-Fotografie (Unikat)
Unique polaroid photograph
10,8 x 8,5 cm (4 1/4 x 3 3/8 in.)
Courtesy Anthony d'Offay, London
(Abb. S. / ill. p. 132)

78
Self-Portrait (with 'Fright Wig'), 1986
Polaroid-Fotografie (Unikat)
Unique polaroid photograph
10,8 x 8,5 cm (4 1/4 x 3 3/8 in.)
Courtesy Anthony d'Offay, London
(Abb. S. / ill. p. 132)

79
Self-Portrait (with 'Fright Wig'), 1986
Polaroid-Fotografie (Unikat)
Unique polaroid photograph
10,8 x 8,5 cm (4 1/4 x 3 3/8 in.)
Courtesy Anthony d'Offay, London
(Abb. S. / ill. p. 133)

80
Self-Portrait (with 'Fright Wig'), 1986
Polaroid-Fotografie (Unikat)
Unique polaroid photograph
10,8 x 8,5 cm (4 1/4 x 3 3/8 in.)
Courtesy Anthony d'Offay, London
(Abb. S. / ill. p. 133)

81
Self-Portrait, 1986
Kunstharzfarbe auf HMP Papier
Synthetic polymer paint on HMP paper
101,9 x 76,8 cm (40 1/8 x 30 1/4 in.)
The Andy Warhol Museum, Pittsburgh, Founding Collection, Contribution The Andy Warhol Foundation for the Visual Arts, Inc.
(Abb. S. / ill. p. 141)

82
Self-Portrait, 1986
Grafit auf HMP Papier
Graphite on HMP paper
79,7 x 60,3 cm (31 3/8 x 23 3/4 in.)
The Andy Warhol Museum, Pittsburgh, Founding Collection, Contribution The Andy Warhol Foundation for the Visual Arts, Inc.
(Abb. S. / ill. p. 121)

83
Self-Portrait, 1986
Siebdruck auf HMP Papier
Screenprint on HMP paper
79.7 x 60.3 cm (31 3/8 x 23 3/4 in.)
The Andy Warhol Museum, Pittsburgh, Founding Collection, Contribution The Andy Warhol Foundation for the Visual Arts, Inc.
(Abb. S. / ill. p. 123)

84
Self-Portrait, 1986
Siebdruck und Collage aus Farbpapieren auf handgeschöpftem Papier
Screenprint and coloured graphic art paper collage on handmade paper
81,3 x 61 cm (32 x 24 in.)
Courtesy Anthony d'Offay, London
(Abb. S. / ill. p. 124)

85
Self-Portrait, 1986
Siebdruck und Collage aus Farbpapieren auf handgeschöpftem Papier
Screenprint and coloured graphic art paper collage on handmade paper
81,3 x 61 cm (32 x 24 in.)
Courtesy Anthony d'Offay, London
(Abb. S. / ill. p. 125)

FOTO- UND BILDNACHWEIS
PHOTO AND IMAGE CREDITS

Museum für moderne Kunst, Frankfurt am Main: S./p. 2
Richard Stoner / The Warhol Museum, Pittsburgh: S./pp. 11, 13, 14, 17, 19, 24, 26, 32, 58, 94, 101, 102, 103, 111, 121, 122, 123, 129, 138, 139, 141
Picasso Archiv, Musée Picasso. Paris, © Succession Picasso / VG Bild-Kunst, Bonn 2004: Pablo Picasso: S./p. 15
© Duane Michals: S./pp. 16, 96
Galerie Daniel Blau, München: S./pp. 20, 23
Privatbesitz, Brüssel, © VG Bild-Kunst, Bonn 2004: Jean Cocteau: S./p. 21
Courtesy Anthony d'Offay, London: S./pp. 27, 59, 60, 61, 63, 64, 65, 67, 68, 74, 76, 77, 97, 105, 108, 110, 115, 116, 124, 125, 132, 133, 140
Thomas Ammann Fine Art, Zürich: S./pp. 29, 33
© Ken Heyman / Woodycamp, New York 2004: S./p. 30
Sammlung Brandhorst: S./pp. 34, 134
Sammlung Froehlich, Stuttgart: S./pp. 35, 128
Courtesy Van de Weghe Fine Art, New York: S./pp. 37, 42, 44, 131, 136
Jablonka Galerie, Köln: S./pp. 40, 79, 126
Städtische Galerie im Lenbachhaus, München: S./p. 41
Musée d'art moderne, Saint-Etienne: S./p. 43
D. James Dee /Sammlung Froehlich, Stuttgart: S./p. 47
Joachim Blauel, Artothek: S./p. 48
John Webb / © Tate, London 2004: S./p. 49
Robert Bayer / Fondation Beyeler, Riehen/Basel: S./p. 51
Wilhelm-Hack-Museum, Ludwigshafen am Rhein: S./pp. 52, 98
Stefan Rohner, St. Gallen: S./pp. 56, 62, 70
James Warhola: S./p. 57
Axel Schneider, Frankfurt am Main: S./pp. 66, 71, 80, 81
Collection van Zon: S./p. 78
Kevin Ryan / The Andy Warhol Foundation for the Visual Arts, Inc.: S./pp. 83, 84, 85, 86, 113, 114, 117
Galerie Bruno Bischofberger, Zürich: S./pp. 89–91
Neal Meltzer Fine Art, New York: S./pp. 92, 95
Collection of Pamela and Richard Kramlich: S./pp. 106, 107
Nolan/Eckman Gallery, New York: S./p. 112
© Thomas Höpker / Agentur Focus, Hamburg 2004: S./p. 118
Philadelphia Museum of Art: S./p. 135
National Gallery of Art, Washington: S./p. 137
© John Wildgoose / courtesy Anthony d'Offay, London: S./p. 142

Andy Warhol. Selbstportraits / Self-Portraits

Kunstverein St. Gallen Kunstmuseum
12. Juni bis 12. September 2004

Sprengel Museum Hannover
3. Oktober 2004 bis 16. Januar 2005

Scottish National Gallery of Modern Art, Edinburgh
February 12 until May 2, 2005

Kurator / Curator
Dietmar Elger

Umschlagabbildung / Cover illustration:
Self-Portrait, 1986
(Kat.-Nr. / cat. no. 31)

Seite / Page 2:
Ankündigung / Announcement
Stable Gallery, New York 1964

Redaktion / Editing
Dietmar Elger

Verlagslektorat / Copy-editing
Mareike Ahlborn (Deutsch/German),
Tas Skorupa (Englisch/English)

Übersetzungen / Translations
Bernhard Geyer (Hartley, Rosenblum),
John S. Southard (Elger, Wäspe)

Grafische Gestaltung, Herstellung und Satz / Graphic design, layout and typesetting
Christina Hackenschuh, Stuttgart

Reproduktion / Reproduction
Pallino Media Integration, Ostfildern-Ruit

Gesamtherstellung / Printed by
Dr. Cantz'sche Druckerei, Ostfildern-Ruit

Erschienen im / Published by
Hatje Cantz Verlag
Senefelderstraße 12
73760 Ostfildern-Ruit
Deutschland / Germany
Tel. +49 / 7 11 / 4 40 50
Fax +49 / 7 11 / 4 40 52 20
www.hatjecantz.de

Hatje Cantz books are available internationally at selected bookstores and from the following distribution partners:

USA/North America – D.A.P., Distributed Art Publishers, New York, www.artbook.com
UK – Art Books International, London, sales@art-bks.com
France – Interart, Paris, interart.paris@wanadoo.fr
Belgium – Exhibitions International, Leuven, www.exhibitionsinternational.be
Australia – Towerbooks, French Forest (Sydney), towerbks@zipworld.com.au

For Asia, Japan, South America, and Africa, as well as for general questions, please contact Hatje Cantz directly at sales@hatjecantz.de, or visit our homepage www.hatjecantz.com for further information.
ISBN 3-7757-1390-5

Printed in Germany

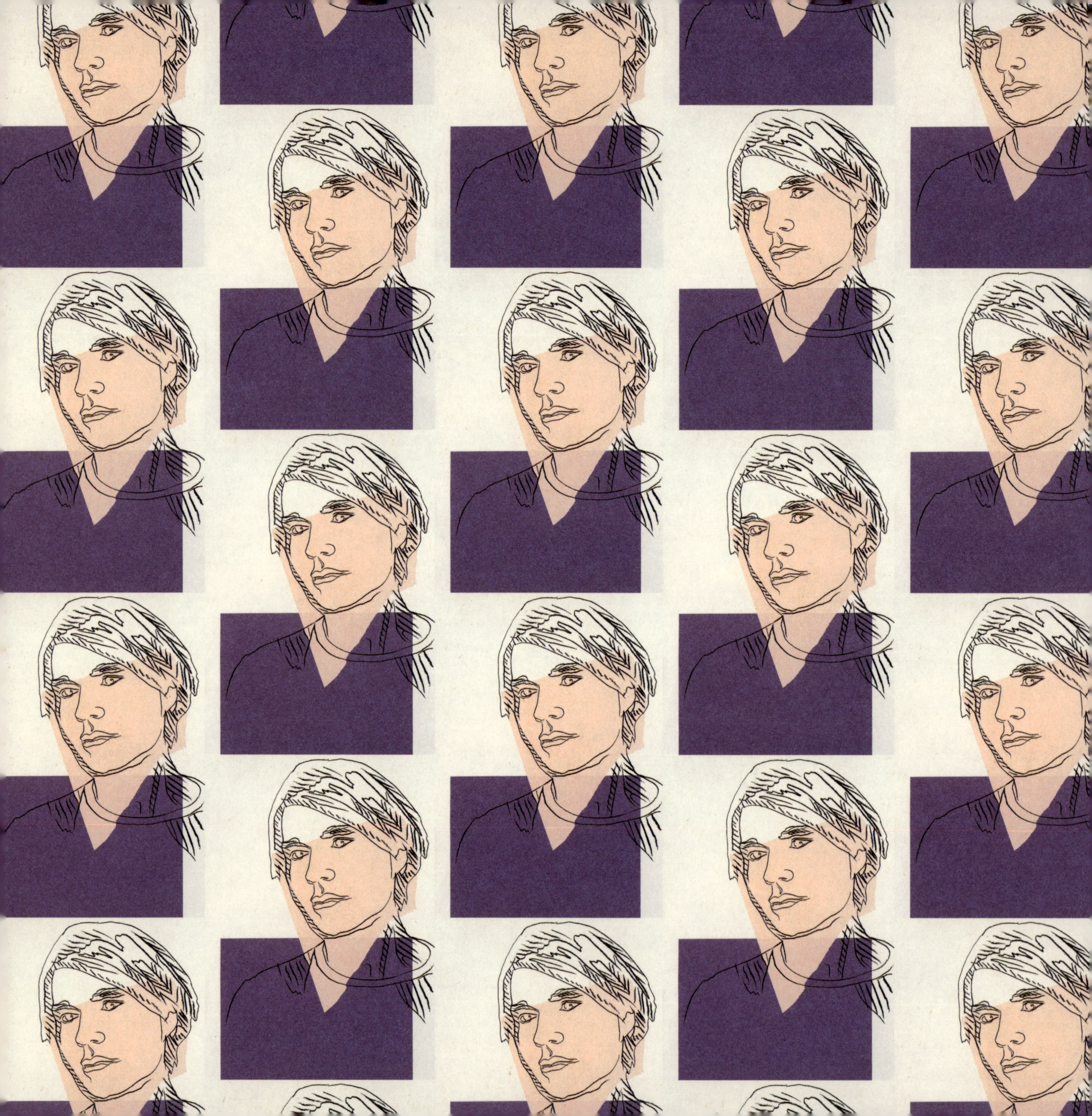